Inhalt

4

40 Fragen an Karl Dönitz

Vierte Auflage 1980
mit einem Vorwort von Großadmiral a. D.
Karl Dönitz

Die erste und zweite Auflage erschien
unter dem Titel „Deutsche Strategie zur
See im Zweiten Weltkrieg"

Bernard & Graefe Verlag München

Titel der französischen Originalausgabe:
»La guerre en 40 questions«
© Édition de la Table Ronde, Paris 1969

4. Auflage 1980

© Bernard & Graefe Verlag München
Druck + Bindung: Verlagsdruckerei E. Rieder, Schrobenhausen
Printed in Germany

ISBN 3-7637-5182-3

Ich legte seinerzeit Wert darauf, die 40 Fragen dieses Buches franz. Journalisten zu beantworten.

Denn der militärische Beruf, besonders in hohen Stellungen, bringt außer den rein militärischen Pflichten noch andere mit sich, wie z. B. Menschen-Erziehung und Menschen-Führung. Je größer bei einer Truppe auch die Gemeinschaft, die seelische Geschlossenheit ist, um so größer ist ihre Kampfkraft, um so eher wird sie Krisen überstehen.

Führende Soldaten haben z. B. neben ihrem militärischen Sachdienst auch manchmal politische Dinge zu behandeln.

Also, diese 40 Fragen zeigen, wie vielseitig ein militärischer Beruf sein kann.

Das zu wissen, ist wertvoll. Darum wünsche ich diesem Buch eine gute Verbreitung im Leserkreis.

3. März 1979

Dönitz

Großadmiral a. D.

1. Welches war das Grundprinzip Ihrer Erziehung zum Offizier in der Kaiserlichen Marine?

Bei unserem Eintritt als Seekadetten in die Kaiserliche Marine im Jahre 1910 wurden wir im Sinne des Kantschen Prinzips, des kategorischen Imperativs, erzogen, also nach dem Grundsatz dieses deutschen Philosophen, daß die Pflichterfüllung an der Spitze der moralischen Werte stände.

Für viele von uns Kadetten bot dieses Prinzip in seinem Wesen nichts Neues. Waren wir doch schon als Kinder von unseren Eltern in diesem Sinne beeinflußt worden, zu einer geistigen und seelischen Haltung, die seit Generationen in Preußen und in Deutschland gepflegt worden war, die zur Größe Preußens und zu seiner politischen Sicherheit wesentlich beigetragen hatte.

Neben diesem Prinzip der Pflichterfüllung und zum großen Teil auch mit diesem verknüpft, stand die erzieherische Forderung unserer Vorgesetzten nach Anständigkeit, also nichts zu tun, was gegen den *moralischen* Grundsatz des guten Verhaltens verstieß. Mochten wir als junge Menschen auch häufig und in verschiedenster Art gegen die *Form* verstoßen, so waren diese Versehen Bagatellen, verglichen mit der entscheidenden Forderung, moralisch einwandfrei zu handeln, über die wir anschließend kurz belehrt wurden. Im Sinne dieser Richtlinien erzogen unsere Vorgesetzten uns junge Kadetten, die wir aus den verschiedensten Gesellschaftskreisen und aus allen Provinzen Deutschlands nach Kiel zur Kaiserlichen Marine gekommen waren. Unsere Erzieher waren nach Charakter und Persönlichkeit für diese Aufgabe von dem Personalamt der Marine besonders ausgewählt. An erster Stelle dieser Vorgesetzten standen die beiden »Seekadetten-Offiziere«, der Kapt. Lt. Schaarschmidt und der zweite »Seekadetten-Offizier«, Oberlt. z. S. Ludwig von Müller

In Dankbarkeit denke ich an diese beiden Männer. Ich denke an dieses erste, für die Erziehung so wesentliche Seekadettenjahr auch heute noch mit einer stillen, sicheren Zufriedenheit mit dem Gefühl: Es war alles gut, so wie es gehandhabt wurde und wie es verlief. So ereignete sich z. B. einmal folgendes: Als die Offiziere unseres Kadettenschiffes auf der Auslandsreise der Einladung eines Königlichen Hauses Folge zu leisten hatten und die Königlichen Gastgeber darum gebeten hatten, daß auch einige Seekadetten an dem Besuch teilnehmen sollten, wurden diese Kadetten von unseren Offizieren ausgewählt, es wurde ihnen aber nicht eine einzige Belehrung gegeben, wie sie sich formell zu verhalten hätten. Daß wir den Anstand nicht verletzen würden, das wußten unsere Offiziere und allein darauf kam es ihnen an. Also brauchten wir auch keine weitere Belehrung! Was zeigte besser die richtige Einstellung unserer Vorgesetzten auf das allein Wichtige, wenn sie, wie geschehen, unsere Unterrichtung über das Formelle für unnötig hielten? Dieses Verhalten unserer Offiziere imponierte mir damals schon und gefällt meiner Beurteilung auch heute noch.

So war die Seekadettenzeit für uns eine schöne, wenn auch, als Folge dieses Prinzips der Pflichterfüllung, harte Zeit, die große Anforderungen an uns stellte. Und doch wuchs bereits damals die Erkenntnis in uns auf: Erfüllst Du Deine Pflicht und handelst Du anständig, dann bleibst Du ein freier Mensch, in welch' äußerer Lage Du Dich auch befinden magst. Verstößt Du aber gegen den kategorischen Imperativ der Pflichterfüllung und dagegen, sauber nach Deinem Gewissen zu handeln, fühlst Du Dich gebunden und innerlich unfrei, in welch' noch so scheinbar respektablen äußeren Situation Du zur Zeit auch sein magst.

Und damit hängt es auch zusammen, daß derjenige, der nur das materielle Glück als sein Lebensziel ansieht, innerlich nicht wahrhaft ausgefüllt ist, nicht die souveräne Freiheit besitzt wie derjenige, der nach höheren moralischen Werten strebt. Auch das materielle Glück muß es im Leben geben, und oft ist es sogar dringend notwendig, aber es kann nicht allein das Lebensziel bedeuten und der Maßstab sein, nach dem die Menschen zu achten und entsprechend zu klassifizieren sind.

In keiner Weise bin ich der Ansicht, daß die Pflichterfüllung allein eine ausgesprochen deutsche Eigenschaft ist. Jawohl, die einzelnen Völker sind verschieden, aber ist das eine besser als das andere? Diese Frage ist doch sehr schwer zu beantworten, denn die Eigenchaften der einzelnen Völker sind unterschiedlich. Stärken und Schwächen, die man bei dem eigenen Volk kennt, mögen bei einem anderen anders gelagert sein. Es mag gute Eigenschaften des eigenen Volkes nicht so ausgeprägt besitzen, aber dafür offensichtlich andere hervorragende

Eigenschaften, über die wiederum das eigene Volk in diesem Maße nicht verfügt.

So soll man auch nicht urteilen oder verurteilen, was andere Völker anbetrifft, ohne eine gründliche Kenntnis dieser Völker und ohne alle Prämissen zu beherrschen, die für ein solches Urteil erforderlich sind.

Um ein Beispiel für die soldatische Pflichterfüllung bei einem anderen Volk zu nennen: Ich glaube, daß diese soldatische Pflichterfüllung das türkische Volk im 1. Weltkrieg in hervorragendem Maße bewiesen hat. Dafür zunächst ein sehr kleines, aber selbst erlebtes Beispiel: Als der deutsche Kreuzer S.M.S. »Breslau« Mitte August 1914 im Goldenen Horn in Konstantinopel lag, unter türkischer Flagge, als türkischer Kreuzer »Midilli«, waren wir Leutnante in Uniform einmal zu einem Besuch des türkischen Basars in Instanbul an Land gegangen. Als wir in einem zivilen Boot, einem »Kaik«, das wir uns mit dem türkischen Ruderer gemietet hatten, im Goldenen Horn zu unserem Kreuzer zurückkehren wollten, lagen um den Kreuzer herum türkische Boote mit je einem bewaffneten türkischen Soldaten als Posten.

Diese Sicherheitsmaßnahme war, anscheinend gegen mögliche Sabotageakte von der feindlichen Seite, ohne daß wir Leutnante davon wußten, inzwischen angeordnet worden. Als wir Offiziere, in deutscher Marine-Uniform und sicherlich auch als Besatzungsmitglied der »Breslau« kenntlich, uns dem türkischen Postenboot näherten, rief der türkische Soldat, die Waffe in der Hand: »yassak«, auf deutsch »verboten«, und ließ uns nicht zu unserem Schiff zurückkehren. Alle Erklärungen, daß wir »aleman sabit«, also deutsche Offiziere der »Breslau« waren, nutzten nichts, wir wurden abgewiesen. Wir ließen uns wieder mit dem türkischen »Kaik« an Land pullen, telefonierten von dort mit der »Breslau« und wurden daraufhin durch ein eigenes Kriegschiffboot abgeholt. Unsere Achtung aber vor dem türkischen Posten war damals groß. Er hatte Befehl, niemand vorbei zu lassen, da gelang es auch keinem ihm höher gestellten »aleman sabit« der »Breslau«, ihn von der Durchführung dieses Befehls abzubringen.

Aufgrund dieser standhaften Pflichterfüllung haben die Türken dann auch ihre Dardanellen gegen den französisch-englischen Angriff mit Erfolg verteidigt und die Dardanellenschlacht 1916 gewonnen. Der türkische Soldat hielt und blieb in dem Schützengraben der eigenen Stellung, wenn er den Befehl hatte, diesen Posten, auch bei stärkster Übermacht des Gegners, unter keinen Umständen aufzugeben.

So ist meines Erachtens der türkische Soldat aufgrund dieser Charaktereigenschaft stark in der *Verteidigung*. Er ist standhaft, da er unbedingt den ihm erteilten Befehl erfüllt.

Im gleichen Sinne sollte sich bei uns Seekadetten diese Erziehung zur Pflichterfüllung auch noch in den späteren Jahren unserer Marinelaufbahn auswirken.

Und es gibt ein Wort: »Aller Anfang ist die Anständigkeit«. Ist man auch diesem Leitwort zu Beginn gerecht geworden, so wirkt auch diese Tatsache sich noch bis in spätere Zeiten des eigenen Lebens aus.

2. Was erlebten Sie vor dem Ersten Weltkrieg? Wo waren Sie dann im Ersten Weltkrieg eingesetzt und welchen Einfluß hatten diese Zeiten auf Ihr Können als Offizier und Ihren späteren Werdegang?

Nach Beendigung unserer 2½jährigen Ausbildung als Seekadetten und Fähnriche zur See wurde ich im Herbst 1912 auf S.M.S. »Breslau« kommandiert. Dies war damals der modernste leichte Kreuzer der deutschen Flotte. Er hatte im Sommer 1912, bevor er nach seinen Erprobungen zum Flottenverband trat, den deutschen Kaiser auf seiner Reise nach Norwegen begleitet.

Für uns alle überraschend, wurde die »Breslau« am 6. November 1912, ebenso wie der deutsche Schlachtkreuzer »Goeben«, ins Mittelmeer geschickt. Der Balkankrieg war ausgebrochen, und die deutsche Politik hielt deshalb die Anwesenheit dieser Schiffe im Mittelmeer für erforderlich. So erlebte ich junger Mensch in diesem Brennpunkt des politischen Geschehens damals das Zusammenwirken unseres Schiffes mit den Kriegsschiffen anderer Nationen, die Blockade von Montenegro, die internationale Besetzung der albanischen Stadt Skutari, die Einsetzung des Prinzen von Wied als Fürsten – »Mbret« – von Albanien und seine Beschützung durch uns in Durazzo, zusammen mit dem albanischen Stammes-Häuptling Prenk Bibdoda, gegen den Aufstand der albanischen Volksgruppe unter Essad Pascha.

Zweifelsohne waren solche internationalen Berührungen, das Kennenlernen fremder Marinen und fremder Völker, für die Weitung meines Gesichtskreises, damals junger Fähnrich und ab 1913 Leutnant zur See, günstig. Es war jedenfalls so für mich vorteilhafter, als wenn ich, wie die meisten meiner gleichaltrigen Kameraden, diese Jahre im deutschen Flottenverband und hauptsächlich in der südlichen Nordsee verbracht hätte.

Aber nicht nur diese genannten internationalen Erlebnisse wurden mir geboten: Im Frühjahr 1914 holten wir als »Kaiserbegleitschiff« den Kaiser auf seiner Yacht »Hohenzollern« von Venedig ab und gingen mit ihm zu seinem Erholungsaufenthalt nach Korfu. In dieser Zeit gab es für mich jungen Menschen persönliche Begegnungen mit Familienmitgliedern der damals regierenden Häuser, die sicherlich von Einfluß auf meine Wertung der Menschen war. Im Verkehr mit dieser Gesellschaftsschicht war mein Prinzip: Verliere Dich nicht selbst, bleibe der Du bist, verhalte Dich, wie Du es verantworten zu können glaubst und handle danach. Dann wirst Du auch von diesen Menschen als Persönlichkeit anerkannt.

Dann brach der 1. Weltkrieg aus. Der »Goeben« und »Breslau«, unter Führung des Admiral Souchon, gelang es, der Übermacht der französischen und englischen Mittelmeerflotte zu entgehen und Konstantinopel zu erreichen. Die Folge unseres Einlaufens in die Dardanellen war, daß die Türkei auf die deutsche Seite trat.

Nun begann für die »Breslau« in den letzten Monaten des Jahres 1914 und in den Jahren 1915 und 1916 ein unaufhörlicher Einsatz im Schwarzen Meer, zum Geleitschutz von türkischen Transportern, für die Kaukasusfront der Türkei, zu Beschießungsaufgaben und für Minenoperationen. Hierbei erfolgten natürlich auch Feindberührungen und wiederholte Tag- und Nachtgefechte mit russischen Seestreitkräften.

Unser Einsatz erfolgte gelegentlich auch gegenüber der Übermacht der ganzen russischen Schwarzmeer-Flotte und auch bei ebenso zufälligen Begegnungen mit dem weit überlegenen russischen Schlachtkreuzer »Imperatricia Maria«, bei dem das Schicksal der »Breslau« an einem seidenen Faden hing, wenn wir bei unsichtigem Wetter überraschend auf sie stießen. Diese Kriegsaufgaben hatte unser Schiff in einem geschlossenen Seeraum durchzuführen, dem Schwarzen Meer, das nur ein einziges Ausfalltor und eine einzige Rückfahrmöglichkeit für uns hatte, den Bosporus.

Was war die Lehre für mich jungen Offizier aus diesen 2jährigen Kriegserlebnissen auf S.M.S. »Breslau«? Ein praktischer Anschauungsunterricht der taktischen Gefechts- und Verhaltensmöglichkeiten von Überwasser-Seestreitkräften bei Tage und bei Nacht.

Meine Lehre war: Wenn Du in See im Feindgebiet nur marschierst, lege das Schwergewicht auf Deine Sicherheit, sei wachsam, sichere Dich gegen alle Möglichkeiten des Gegners, wenn sie Dir auch noch so unwahrscheinlich erscheinen. Bist Du aber im Gefecht, dann sei Dein dominierender Gedanke die Vernichtung des Gegners, handle dann für dieses Ziel mit aller Energie, schlagartig, mit vollem Einsatz Deiner Kampfmittel. Stehst Du so dem unterlegenen, gleichartigen oder gar überlegenen Gegner gegenüber, dann kämpfe, kämpfe und brich den Kampf nicht vorzeitig ab aus irgendwelchen Gedanken, die sehr oft nur scheinbar richtig sind, weil ihre Grundlage, bewußt oder unbewußt, nur die Sorge um Deine eigene Sicherheit ist.

Herbst 1916 wurde ich dann zur U-Boot-Waffe kommandiert. Nach meiner Ausbildung wurde ich Februar 1917 Wachoffizier auf U 39 unter dem hervorragenden U-Boot-Kommandanten Kapt. Lt. Forstmann. Ich machte auf diesem Boot 5 Fernfahrten im Mittelmeer und im Atlantik. Im Februar 1918 wurde ich selbst U-Boot-Kommandant, und auch mir gelangen Erfolge. Auf der dritten Fernfahrt wurde mein U-Boot infolge eines Stabilitätsfehlers dieser Bootsserie nach einem erfolgreichen nächtlichen Überwasserangriff auf einen englischen Geleitzug östlich von Malta am 4. Oktober vernichtet, wobei ich in englische Gefangenschaft geriet.

So lernte ich nach den Lehrjahren der Überwasser-Seekriegführung auf S.M.S. »Breslau« auch die Unterwasser-Kriegführung auf U-Booten kennen.

Aber auch den Überwasser-Angriff mit einem U-Boot wandte ich, wie vorstehend schon gesagt, als Kommandant von U B 68 an. Als Quintessenz der U-Boot-Kriegführung nahm ich Oktober 1918 folgende Erkenntnis mit in die englische Gefangenschaft: Die U-Boote müssen zusammen, zu mehreren kämpfen, um z. B. der Konzentration von Schiffen und Bewachern eines Geleitzuges gewachsen zu sein, sie müssen daher taktisch geführt werden können, also über Wasser beweglich sein und daher auch vorzugsweise nachts über Wasser angreifen können.

So waren die Erfahrungen – vom Kreuzer- und vom U-Boot-Einsatz – des Seekrieges im 1. Weltkrieg, den ich von 1914 bis 1918 nur im kämpfenden Einsatz verbracht hatte, die Grundlage z. B. für meine Einführung der sogenannten »Rudeltaktik«, also für die taktische Führung von U-Boot-Rudeln zum gemeinsamen Angriff des Gegners, die im 2. Weltkrieg den Alliierten im Atlantik sehr zu schaffen machte.

3. *Wie haben Sie das Ende des Krieges 1918 und die Revolution in Deutschland erlebt?*

Wie schon gesagt, ging mein U-Boot UB 68 am 4. Oktober 1918 im englischen Geleitzug verloren. Ich kam zunächst nach Malta in englische Gefangenschaft. Dort erfuhren wir Kriegsgefangenen von dem Notenwechsel, der zwischen dem Präsidenten der Vereinigten Staaten, Woodrow Wilson, und der deutschen Regierung zum Zwecke der Beendigung des Krieges und der Einleitung von Waffenstillstandsverhandlungen stattfand. Auf diese Weise hörten wir dort gefangenen Offiziere der Kaiserlichen Marine von Wilsons Forderung, daß der Kaiser abzutreten hätte, denn die preußisch-deutsche Monarchie wäre die Quelle des deutschen Militarismus gewesen. Der Kaiser hätte daher die Hauptschuld am Ausbruch des Krieges und wäre deshalb als Verhandlungspartner ungeeignet. Aus diesem angeblichen Grunde wurde er auch bald darauf zum Hauptkriegsverbrecher erklärt und von den Alliierten als solcher angeklagt.

Daß die deutsche Wehrmacht diesen Krieg nicht herbeigeführt hatte – genauso wenig wie die Armeen und Kriegsmarinen der feindlichen Nationen – das wußten wir. Dieser Krieg war eine Folge des Handelns der Politiker. Daß der Kaiser hierbei alles andere als ein Kriegstreiber gewesen ist, war uns ebenso bewußt. Daß nun, nach Wilsons Forderung, die Monarchie in Deutschland zu beseitigen war, schien uns ein politischer Irrtum zu sein, entstanden aus falscher Beurteilung der deutschen Verhältnisse und aus einem überheblichen moralisierenden Geist heraus.

Wir waren also mit Wilsons Forderung, der Beseitigung der deutschen Monarchie, nicht einverstanden. Das war natürlich und ist, wie bei jeder historischen Betrachtung der Vergangenheit, aus der damaligen Zeit heraus zu erklären und zu verstehen. Die deutschen Länder waren seit Jahrhunderten von Fürsten regiert worden, die Staatsform war also die Monarchie. Die einzige Ausnahme bildeten die Hansestädte. Auch bei der Gründung des Deutschen Reiches 1871 wurde durch die Verfassung dieses neuen Staates wiederum die Monarchie als

Staatsform festgelegt: Der König von Preußen, also der Monarch des größten deutschen Landes, wurde gleichzeitig Deutscher Kaiser.

Die Wehrmachtteile waren das Organ dieser einzelnen deutschen Staaten und ab 1871 das des Deutschen Reiches. Die Wehrmachtangehörigen hatten kein Wahlrecht, sie hatten also keinen Einfluß darauf, welche Staatsform das Volk, das sie zu verteidigen hatten, sich gab. Die Fürsten, in höchster Instanz der Deutsche Kaiser, waren die Oberbefehlshaber der Wehrmacht. Es war daher selbstverständlich, daß die Wehrmacht monarchisch eingestellt war, und dies beruhte auch auf einer jahrhunderte alten Tradition der Wehrmachtteile: Stammten doch die Offiziere anfänglich ausschließlich und später noch in erheblichem Maße aus dem deutschen Adel, der selbstverständlich monarchistisch gesinnt war.

So war für uns junge Offiziere die 1918/1919 geschaffene republikanische deutsche Staatsform eine Neuerung, die uns innerlich zu schaffen machte und manchen von uns davon abhielt, in der Wehrmacht dieser deutschen Staatsform weiter zu dienen.

Ich setzte mich auch mit diesen Zweifeln auseinander.

Es rang sich aber in mir die Erkenntnis durch: Als Soldat hast Du Deinem Volk zu dienen. Die Entscheidung darüber, welche Staatsform sich Deine Volksgenossen geben, treffen sie selbst. Deine Aufgabe ist, die Menschen Deines Volkes gegen eine feindliche Bedrohung anderer Völker zu schützen. Dies ist Deine selbstlose Aufgabe und nicht, darüber zu rechten, ob die innerpolitische Form, die Dein Volk sich wünscht und sich gibt, Dir paßt.

Die Meutereien in der Kaiserlichen Marine, die 1917 und am Ende des Krieges 1918 erfolgten, geschahen im wesentlichen nicht auf kleinen Kriegsschiffen, wie z. B. Torpedobooten, U-Booten und Minensuchbooten, sondern hauptsächlich auf den großen Schlachtschiffen mit einer 1000 bis 2000 Mann starken Besatzung. Diese Tatsache weist bereits auf die disziplinaren Verhältnisse hin, die diese Befehlsverweigerungen möglich gemacht haben.

Es hat auf diesen Schiffen zweifelsohne an einer ausreichenden persönlichen Verbundenheit zwischen Offizieren und den so zahlreichen unteren militärischen Rängen gefehlt. Denn diese menschliche Verbundenheit ist bei allen Zusammenschlüssen von Menschen von größter Bedeutung. Je enger dieses menschliche Band ist, um so krisenhärter ist eine menschliche Vereinigung, um so größer ist ihre innere Stärke.

Das beste grundsätzliche Beispiel dieses Wertes und dieser Wichtigkeit der menschlichen Beziehungen untereinander ist die Familie. Nur aus diesem Grunde, weil ihre Mitglieder menschlich stark verbunden sind, ist die Familie im allgemeinen der dauerhafteste und widerstandsfähigste Zusammenschluß von Menschen untereinander.

Beim Soldatentum ist nun ein Grundsatz richtig: Die Kampfkraft einer Truppe ist um so größer, je größer die seelische Geschlossenheit einer solchen soldatischen Gemeinschaft ist.

Hieraus folgt, daß gerade für das Soldatentum der Wert der oben genannten menschlichen Beziehungen untereinander von größter Bedeutung ist.

Ein wesentlicher Punkt hierbei ist das Verhältnis des Vorgesetzten zum Untergebenen. Der Vorgesetzte muß für den Untergebenen Vorbild sein, und zwar nicht aufgrund seines höheren Dienstgrades, sondern aufgrund seiner Haltung und aufgrund des Beispiels, das er dem Untergebenen gibt. Hierzu gehört vor allem, daß der Vorgesetzte dem Untergebenen gegenüber offen und ehrlich ist. Ohne die Gewißheit des Untergebenen, daß der Vorgesetzte es aufrichtig mit ihm meint, kann ein Vertrauensverhältnis zwischen beiden nicht entstehen. Es gehört weiter dazu, daß der Vorgesetzte jeden Untergebenen danach wertet, achtet und behandelt, was dieser nach Charakter, Können und Leistung wirklich ist und nicht etwa nach dem, was er seinem Dienstgrad entsprechend vorstellt. Und es gehört auch dazu, daß der Untergebene fühlt, daß der Vorgesetzte nichts von ihm fordert, was er nicht ebenfalls selbst, an der Stelle des Untergebenen stehend, tun würde und was er z. B. im Kriege nicht auch offenkundig von seinem eigenen Fleisch und Blut fordern würde. Werden diese Voraussetzungen erfüllt, so bildet sich im Untergebenen die Überzeugung, daß die ihm gegebenen Befehle notwendig sind, notwendig im Sinne des soldatischen Zieles, das Bestmögliche zur Erfüllung der Aufgabe, Gemeinschaft, Volk, Vaterland und Nation zu verteidigen, zu leisten. Dann bildet sich in dieser soldatischen Gemeinschaft die seelische Haltung des echten Soldatentums, die bewußte und unbewußte Überzeugung, daß es höhere Werte gibt als das eigene Leben, also die Bereitschaft des Einzelnen, sich einzusetzen und sein Leben hinzugeben, um andere zu retten oder zu schützen. Diese Tapferkeit des Einzelnen wird immer, wie der Zeitgeist und die Zeitläufe auch sein mögen, zu den höchsten menschlichen Tugenden gehören.

Nur bei einer solchen seelischen Haltung ist der Soldat wirklich ein Soldat. Beherrschung der Waffen, Können und Ausbildung genügen nicht, wenn diese einsatzbereite Haltung des Soldaten fehlt.

So haben wir nach 1918 versucht, als Vorgesetzte zu handeln. Daß wir damit Erfolg hatten, beweisen die historischen Tatsachen.

Die Deutsche Kriegsmarine hat bis zum Kriegsende im Mai 1945 in voller Kampfkraft ihre soldatische Pflicht erfüllt. Ich möchte nur zwei Beispiele nennen:

Durch ihren unaufhörlichen Einsatz in tapferer Opferbereitschaft sind in den letzten Monaten des Krieges – noch bis über die Tage des Waffenstillstands Anfang Mai 1945 hinaus – mehr als 2 Millionen Verwundete, Flüchtlinge und Soldaten über See von der Ostsee nach Westen transportiert und gerettet worden.

Und als im Mai 1943, hauptsächlich infolge der Radarortung auf kurzer Welle, ein erfolgreicher U-Boot-Krieg zu Ende war, mußten trotzdem die deutschen U-Boote weiterkämpfen, weil sie ein gar nicht abzuschätzendes Maß von gegnerischen Kampfkräften hierdurch banden, welche sonst unmittelbar auf Deutschland gedrückt hätten: Zum Beispiel wären dann die Flugzeuge des Gegners, die bei Fortsetzung des U-Boot-Krieges in großer Zahl nach wie vor in allen Seeräumen zur Aufklärung und zum Kampf gegen die deutschen U-Boote eingesetzt werden mußten, bei seiner Einstellung mit Bomben beladen unmittelbar nach Deutschland geflogen und hätten dort der armen deutschen Zivilbevölkerung noch viel größere Verluste zugefügt. Dieser U-Boot-Einsatz nach Mai 1943 war also ein Opfergang der deutschen U-Boot-Waffe, den sie in tapferster seelischer Haltung freiwillig ging.

So sagt der offizielle Bericht der englischen Regierung in »The battle of the Atlantic«, Seite 5: »Bis ganz zum Ende kämpften die deutschen U-Boote mit Manneszucht und Wirkung. Es gab kein Nachlassen ihrer Anstrengungen oder Zögern sich Gefahren auszusetzen.«

Und auch Churchill schließt seinen letzten Abschnitt über die deutsche U-Boot-Waffe im Band VI seiner Erinnerungen auf Seite 474 mit den Worten: »Derartig war die Hartnäckigkeit des deutschen Widerstandes und die Seelengröße der deutschen U-Boot-Waffe.«

So haben es also die deutschen Marineoffiziere nach der Meuterei in der Kaiserlichen Marine im Jahre 1918 fertiggebracht, die Marine zu einem in Kameradschaft und Disziplin gefestigten Wehrmachtteil zu erziehen. Die Haltung der deutschen Kriegsmarine am Ende des 2. Weltkrieges war vorbildlich.

5. Welche Dienststellungen hatten Sie zwischen beiden Weltkriegen?

6. Welchen Einfluß hatten diese Dienststellungen auf Ihre Entwicklung und auf Ihren späteren Werdegang?

Ich hatte zwischen beiden Weltkriegen die folgenden wesentlichen Dienststellungen inne:

Nach meiner Rückkehr aus der Gefangenschaft im Juli 1919 war ich von Frühjahr 1920 bis März 1923 Torpedoboot-Kommandant.

Was ich im Schwarzen Meer von der Taktik und Wirkungsmöglichkeit russischer Torpedoboote erfahren und was ich in den Jahren 1916 bis 1918 als U-Boot-Fahrer von der Bekämpfung von U-Booten durch englische Torpedoboote am eigenen Leibe verspürt hatte, das sollte ich nun selbst taktisch und waffenmäßig in Friedenszeiten ausführen.

Nach dieser Torpedoboot-Zeit war ich vom Herbst 1924 bis Oktober 1927 Referent im Oberkommando der Kriegsmarine. Die Disziplinarvorschrift, innerpolitische Fragen der Wehrmacht, militärische Mitwirkung an der Novelle des Militärstrafgesetzbuches, und infolge dieser Aufgaben auch Verkehr mit Ausschüssen des Reichstages und anderer Dienststellen der Regierung, füllten meine Tätigkeit aus. Also etwas ganz anderes als das, womit ich mich bisher an der Front beschäftigt hatte. Aber gerade wohl auch deshalb war ich in diese Referentenstellung kommandiert worden, um hier die Dinge so zu vertreten, wie sie an der Front wirklich lagen, damit die genannten Vorschriften und entsprechenden Entscheidungen auch wirklich frontgerecht geformt werden konnten.

Selbstverständlich war für mich diese zu meinem bisherigen militärischen Werdegang unterschiedliche Tätigkeit im Oberkommando der Kriegsmarine eine wertvolle Belehrung.

Nach dieser Zeit war ich ein Jahr Navigationsoffizier auf dem Flaggschiff des Befehlshabers der Seestreitkräfte in der Ostsee. Welch' glückliche Zeit: Seefahrt, Navigation, taktische Übungen. Zudem war auf dem Kreuzer des Befehlshabers, auf den ich kommandiert war, ein froher, einheitlicher Geist der ganzen Besatzung, wo jeder Mann versuchte sein Bestes zu tun, und ein junger Matrose sich bei den gemeinsamen Übungen über einen Erfolg des eigenen Schiffes genauso freute wie der Kommandant selbst.

Nach dieser Zeit stellte ich Oktober 1928 die 4. Torpedoboots-Halbflottille mit den 4 neugebauten Torpedobooten und mit ganz neuer Besatzung in Dienst. Es folgten zwei Jahre unentwegter Ausbildung, taktischer Übungen, Übungsschießen der Artillerie- und Torpedowaffen, Manöver im Flottenverband, Menschenführung, seemännische und taktische Führung, also Dienst und Arbeit. Ich hätte für spätere Führungsstellen vorher kein besseres militärisches Kommando bekommen können, als diese Aufgabe als Chef der 4. Torpedoboots-Halbflottille.

Im Herbst 1930 wurde ich für 4 Jahre 1. Admiralstabsoffizier und Leiter der Admiralstabsabteilung des Oberkommandos der Nordsee in Wilhelmshaven. Das sagt für meine Tätigkeit schon alles. Ich hatte vorher im Jahre 1923 durch den damaligen Inspekteur des Bildungswesens, Konteradmiral Raeder, den späteren Großadmiral und Oberbefehlshaber der Kriegsmarine, die Admiralstabsoffiziersausbildung erhalten. Diese 4 Jahre in Wilhelmshaven mit einem Stab der Admiralstabsabteilung von cirka 40 Offizieren und Angestellten waren wirklich eine Zeit, angefüllt mit Arbeit.

Im September 1934 wurde ich Kommandant des Kreuzers »Emden« und ging mit ihm durch den Atlantik um Afrika herum in den Indischen Ozean, nach Ceylon und Vorderindien und dann durch das Mittelmeer zurück.

Also die Zeit von 1918 bis 1935 zusammengefaßt: Die Vielseitigkeit meiner Dienststellungen war groß. Ich hatte auch verhältnismäßig viele selbständige Stellungen, in denen ich zu führen hatte.

Nicht nur mit dem Kreuzer »Emden«, sondern auch als Torpedobootskommandant, sowie mit dem Flaggschiff des Befehlshabers der Seestreitkräfte der Ostsee und als Halbflottillenchef, war ich wiederholt im Ausland. Dazu kam noch im Jahre 1933 eine private Auslandsreise nach Niederländisch-Indien und Ceylon, die der Reichspräsident von Hindenburg in jedem Jahr an einen Offizier der deutschen Wehrmacht zu vergeben hatte. In diesem Jahr hatte seine Wahl mich getroffen.

7. Wie kam es, daß Ihnen im Sommer 1935 der Aufbau der neuen deutschen U-Boot-Waffe vom Oberbefehlshaber der Kriegsmarine übertragen wurde?

Auf der Heimreise des Kreuzers »Emden«, dessen Kommandant ich war, besuchten wir als letzten Auslandshafen Vigo in Spanien. Dort erhielt ich Anfang Juli 1935 die dienstliche Mitteilung, daß ich nochmals im Herbst des Jahres mit dem Kreuzer ins Ausland zu gehen hätte, nach Niederländisch-Indien, Japan, China und Australien.

Ich war sehr mit dieser Planung einverstanden. Kurz darauf, Mitte Juli 1935, kam ich mit der »Emden« vor Wilhelmshaven an. Admiral Raeder, der Oberbefehlshaber der Kriegsmarine, kam zu mir an Bord und erklärte mir jedoch, daß ich als Kommandant der »Emden« abgelöst würde und die neue deutsche U-Boot-Waffe auszubilden hätte. Zu diesem Zweck würde am 1. Oktober 1935 die U-Flottille »Weddigen« mit den ersten drei deutschen Front-U-Booten in Dienst gestellt werden.

Wie kam es zu dieser Kommandierungsänderung? Durch den Versailler Vertrag war Deutschland der Besitz von U-Booten überhaupt verboten worden. Am 18. Juni 1935 war nun das deutsch-englische Flottenabkommen abgeschlossen worden, wonach die Größe der deutschen Kriegsmarine auf 35% der einzelnen englischen Kriegsschiff-Kategorien, bei den U-Booten auf 45 % der englischen Stärke, festgelegt wurde. Die deutsche Kriegsmarine durfte hiernach also auch wieder U-Boote besitzen. Warum war aber bei der U-Boot-Zahl diese erhöhte Quote von 45% zugebilligt worden? Die Engländer hatten nur verhältnismäßig wenig U-Boote. Dies war erklärlich.

In jedem Staat ist die erste Voraussetzung für die Rüstung, daß die Politik der Wehrmacht sagt, wer der mögliche Gegner in einem Kriege sein könnte. Ebenso ist die zweite Voraussetzung für die entsprechende Wehrmachtrüstung festzustellen, wo und in welchem Bereich der eigene Staat durch den wahrscheinlichen Gegner bedroht sein könnte. Danach hat sich dann die eigene Wehrmachtrüstung zu richten, um die feindliche Bedrohung in einem möglichen Kriege abzuwenden.

Für den englischen Inselstaat war es selbstverständlich, daß für ihn die erste Voraussetzung, einen Krieg auch nur zu überstehen, geschweige denn ihn zu gewinnen, das Erhalten seiner eigenen Lebensbedürfnisse war, also sichergestellt werden mußte, daß die Einfuhr der notwendigen Nahrungsmittel, Rohstoffe und Industrieprodukte durch die Schiffahrt über den Atlantik gewährleistet blieb. Also mußte der Schutz dieser Lebenslinien, dieser Handelsschiffswege, die Hauptaufgabe der englischen Kriegsmarine sein. So ist es denn auch seit Jahrhunderten gewesen. Entsprechend dieser Schutzaufgabe der englischen Marine mußte also im Interesse dieser lebenswichtigen Einfuhren in erster Linie der Bau solcher englischen Kriegsschiffe erfolgen, die geeignet waren, einen Angreifer dieser Lebenslinien zu bekämpfen, sei es, daß der Angreifer eine gegnerische Flotte sein würde, der durch eigene überlegene Schlachtschiffe begegnet werden mußte, sei es, daß der Gegner mit leichteren Kriegsfahrzeugen Handelskrieg führen würde, den die englische Marine durch Kreuzer, Torpedoboote und Geleitfahrzeuge in unmittelbarer Sicherung der Handelsschiffe abzuwehren hätte.

Für diese Hauptaufgabe, den Schutz der lebenswichtigen Seeverbindungen war jedoch das U-Boot in seiner Eigenart kein geeignetes Kriegsfahrzeug.

Ebenso gab es auch keinen mutmaßlichen Gegner für England, dessen Schiffahrtslinien es nur durch U-Boote bekämpfen konnte, so daß es aus diesem Grunde etwa viele U-Boote hätte bauen müssen.

So kam es, daß die Zahl der englischen U-Boote auch in den Jahren vor dem 2. Weltkrieg, verglichen mit anderen Nationen, z.B. Frankreich, nur gering war (im Jahre 1939 besaß z.B. England 59, die französische Marine dagegen 78 U-Boote).

Die erlaubten 45% für den deutschen U-Boot-Bau bedeuteten für uns daher in keiner Weise eine große U-Boot-Waffe.

Ich war also zunächst von dieser Änderung meiner Kommandierung durchaus nicht begeistert, sondern hatte bei Raeders Mitteilung das Gefühl, daß man mich nunmehr für eine nebensächliche Aufgabe abgestellt hätte.

Warum ich für diese Ausbildungsaufgabe der neuen U-Boot-Waffe ausgesucht worden war, weiß ich nicht. Sicherlich sprach hierbei mit, daß ich im 1. Weltkrieg auch U-Boot-Fahrer gewesen bin. Vielleicht hielt man mich infolge meiner bisherigen Laufbahn geeignet für entsprechende Stellungen, die selbständiges Handeln erforderten, denn ich machte später, nach Antritt des neuen Kommandos die Erfahrung, daß ich von keiner Seite, etwa dem vorgesetzten Flottenkommando oder dem Oberkommando der Kriegsmarine, irgendwelche Anweisungen erhielt, was und wie ich auszubilden oder in welcher Richtung ich die Taktik der U-Boot-Waffe zu entwickeln hätte.

Jedenfalls war meine erste Enttäuschung über dieses Kommando ein Beispiel dafür, daß der Mensch nicht in die Zukunft sehen kann und alles das, was er erhofft und wovon er glaubt, daß es in der Zukunft so und nicht anders kommen wird, unsicher bleibt, bis es durch das wirkliche Geschehen bewiesen ist.

Ich glaubte 1935, durch die Kommandierung zur kleinen deutschen U-Boot-Waffe, auf ein Nebengleis geschoben zu sein. Die Welt gestaltete sich nun aber in der Zukunft derartig, daß mir hierdurch die spätere Führung der Hauptwaffe der deutschen Kriegsmarine im 2. Weltkrieg übertragen wurde.

8. Welche Ansichten hatten Sie in strategischer, taktischer und ausbildungsmäßiger Beziehung für diesen Auftrag?

Ich möchte nun erst einmal etwas Persönliches sagen, bevor ich auf die Beantwortung der Frage eingehe.

Als ich mit der »Emden« im Frühjahr 1935 in Trinkomalee auf Ceylon war – wir lagen in diesem englischen Kriegshafen etwa 14 Tage, um von dort aus das Torpedo- und Artillerie-Übungsschießen mit unserem Schiff durchzuführen – entwickelte sich ein persönliches Verhältnis zwischen dem englischen Admiral und Gouverneur, Vizeadmiral Rose, und mir. Täglich war ich an unseren Hafentagen bei ihm und seiner sehr zu verehrenden Gattin zu Gast. Sein charaktervolles und kluges Wesen gefiel mir. Und dieser Admiral sagte mir, wenn er z. B. von den englischen Sorgen wegen der politischen Zukunft von Singapore sprach, wiederholt: »We want a Hitler!« So urteilte damals ein großer Teil der Welt über diesen Mann, bevor die schwarzen Seiten seines dämonischen Charakters sich durch Taten offenbart hatten.

Admiral Rose zeigte ich eines Tages einen Brief meiner beiden Söhne Klaus und Peter, damals 15 und 13 Jahre alt, die mir schrieben: »Vati, wenn Du Mitte Juli mit der ›Emden‹ in Wilhelmshaven einläufst, dann segeln wir doch sofort mit unserer Jacht 5 Wochen in die Ostsee, denn unsere großen Sommer-Schulferien fangen gerade an Deinem Einlaufstage an.« Ich sagte dazu dem Admiral Rose: »Mitte Juli 1935 bin ich dann aber bereits fast ein Jahr zur See gefahren und möchte dann wirklich einmal einen deutschen Wald sehen und mich an Feldern und Wiesen erfreuen.« Aber Admiral Rose meinte ruhig: »No, Captain, tue das, was Deine Jungs wünschen. Es ist schön, daß sie ihre Ferien so gern segelnd auf dem Wasser verbringen. Sie lernen dabei in vieler Beziehung etwas, und sie sehen auch fremde Länder und Kulturen, wenn Ihr auf Eurer Reise Häfen anlauft.« Der Admiral Rose hatte recht. Ich erfüllte auch den Wunsch meiner Söhne, als ich nach Wilhelmshaven zurückgekehrt war. Immer hatte ich in den letzten Jahren, als Admiralstabsoffizier in Wilhelmshaven, meinen Urlaub so gelegt, daß er in die Sommerferien meiner Kinder fiel, und wir waren dann mit einer kleinen, aber seetüchtigen 50 qm – Segeljacht des Wilhelmshavener Jachtklubs die Jade abwärts, die Elbe aufwärts und dann durch den Nord-Ostsee-Kanal in die Ostsee gesegelt. Die Jungen bedienten die Segel, und ich ließ sie auch manchmal am Ruder sitzen. Sie erlebten Gut- und Schlecht-Wetter in See, die Navigation und z. B. das Einlaufen in die engen Fahrwasser der Sunde der Dänischen Inseln. Sie sahen Städte wie Kopenhagen, Helsingör und das schwedische Helsingborg. Aber nicht nur die Söhne, sondern auch ich lernte auf jeder Segelreise; z. B., daß man beim Kreuzen in sehr engem Gewässer, wenn es gleichzeitig stark brist, nicht zuviel Segelfläche wegnehmen darf, denn das Boot muß beim Wenden unbedingt genügend eigene Fahrt behalten können, sonst wird es hierbei leicht von dem Sturm nach Lee auf den nahen Grund gedrückt; oder: wohl kann man bei stürmischem Wetter über flache Küstengründe segeln, die nach See zu offen sind – z. B. über die Gründe des Jade-Busens –, wenn der Unterschied groß genug ist zwischen der eigenen Fahrt des Bootes und der Geschwindigkeit der steilen, sich immer brechenden Grundsee. Haben die Jacht und die See etwa die gleiche Geschwindigkeit, so wird mit ziemlicher Sicherheit die Jacht von den hohen, sich überschlagenden Brechern begraben.

So bin ich einmal von der Unterelbe, bei Windstärke 7–8 aus Nordwesten, vor dem Wind über die Gründe des Jade-Busens nach Wilhelmshaven gesegelt, weil ich dringend dorthin zurückkehren mußte. Nur die Fock, ein kleines Vorsegel, hatte ich als Großsegel gesetzt. Die Jacht machte daher wenig Fahrt, so daß die Grundseen mit ihren Brechern an ihr nach vorn vorbeirauschten. Glücklich kamen wir in Wilhelmshaven an.

Aber nicht nur auf seemännischem Gebiet ist eine solche Segelreise für Kinder lehrreich, nein, sie erleben, daß es wirklich so ist wie eine alte Redewendung sagt: »Nicht das Wort, sondern die Tat ist das Maßgebende!« Kann doch ein junger Mensch noch soviel erzählen, von sich behaupten und über sich angeben, befindet er sich aber bei Schlechtwetter auf offener See in einer kleinen, stark arbeitenden, also erheblich schlingernden oder stampfenden Jacht, so zeigt sich sehr bald, ob der kleine Angeber wirklich der Kerl ist, als den er sich, noch an Land befindlich, so geschickt geschildert hatte. Meine Frau sorgte auf der Jacht für unsere Verpflegung. Und wenn auch meine Söhne von der Teilnahme ihrer 18jährigen Schwester an der Segelreise nicht viel hielten, denn nach Ansicht der Jungens machte sie nur in Schönheit, um braun zu werden lag sie an Deck in der Sonne –, so verlebten wir doch alle gern zusammen in dieser Weise unseren Sommerurlaub. Die Familie war einmal wirklich beieinander. Denn, wem dies nicht paßte, der konnte sich diesem Zustand, wenn wir in See waren, nur dadurch entziehen, daß er über Bord sprang und wegschwamm. Aber diese Alternative schien nicht vorteilhaft zu sein.

So geschah es also auch Mitte Juli 1935: Ich nahm nach der Emden-Reise sofort meinen Urlaub, aber zum Segeln diesmal nur 14 Tage, denn ich war außerdem nach Konstantinopel eingeladen, zur türkischen U-Boot-Waffe, deren U-Boote in Deutschland auf der Germania-Werft gebaut worden waren und deren Instrukteur der hervorragende deutsche U-Boot-Kommandant Valentiner aus dem 1. Weltkrieg war.

Einen Punkt möchte ich noch klären: Meine anfängliche Enttäuschung, nicht noch einmal mit der »Emden« eine Ostasien-Reise machen zu können, hatte ich sehr bald überwunden. Ich sagte mir in Gedanken an das Oberkommando der Kriegsmarine: Nun wartet nur, ich werde Euch zeigen, was ich aus der neuen deutschen U-Boot-Waffe machen werde und welche neuen Wege in taktischer Beziehung und in der Anwendung der Waffen der U-Boote ich gehen möchte! – Es war sehr gut, daß ich bereits im Juli 1935 mein neues Kommando mit dem Dienstantritt am 1. Oktober erfahren hatte. So war mir Zeit gegeben, alle Probleme zu prüfen und mir selbst über diese klar zu werden. So konnte ich zum 1. Oktober einen genauen Ausbildungsplan fertiggestellt haben und genau wissen, was ich wollte; für den Bau weiterer U-Boote, für die Grundideen des Einsatzes ihrer Waffen, für neue taktische Wege und ebenso auch für die Erprobungen auf all diesen Gebieten, die sicherlich unerläßlich waren.

Nach meinem 14tägigen Urlaub fuhr ich also nach Konstantinopel und war dort einige Tage bei der türkischen U-Boot-Waffe. In Ismid sah ich auch unsere alte »Goeben«, jetzt »Sultan Yavus Selim«, wieder und wurde von dem türkischen Flottenchef an Bord dieses Schiffes eingeladen.

Gott sei Dank, es gab zum Mittagessen die türkische Kost, wie ich sie gelegentlich auch in den Jahren 1914–1916 erlebt hatte. In der Mitte der Tafel lag als kalter Braten auf einer großen Schale ein Hammelkopf. Liebenswürdigerweise legte mir mein Gastgeber, der Flottenchef, die größte Kostbarkeit dieses kalten Hammelhauptes auf meinen Teller: nämlich die beiden kalten Hammelaugen! Ich aß sie, daran denkend, daß der Geschmack der Völker auch in dieser Beziehung verschieden ist. Sicherlich: Was gut schmeckt, dafür gibt es in der Welt keinen absoluten, überall geltenden Maßstab.

Nun zur Sache: In den 30er Jahren herrschte allgemein der Glaube, daß das U-Boot als ein wirkungsvolles Mittel des Seekrieges, welches es im 1. Weltkrieg gewesen war, überholt sei. Der wesentliche Grund für diese in vielen Marinen vorhandene Anschauung war: Die Engländer hatten ein ultraschallsonores Ortungsmittel, das sogenannte Asdic entwickelt, mit dem sie ein getauchtes U-Boot, wie sie behaupteten, schon auf mehrere tausend Meter feststellen konnten. Entsprechend berichtete die Englische Admiralität 1937 an das Englische Shipping Defence Advisory Commitee, daß »the submarine should never again be able to present us with the problem we were faced with 1917«. Also die Englische Admiralität hatte das U-Boot als gefährlichen Gegner abgeschrieben. Darüber berichtet auch der englische Marinehistoriker Roskill sehr klar im I. Band seiner »History of the Second World War«.

Selbstverständlich wurde diese Erfindung des Asdic und seine erwartete Wirkung von den Engländern auch veröffentlicht.

Diese englische Ansicht über den Wert des U-Bootes hatte auch in der deutschen Marine ihre Folgen. Wenn auch der damalige Kapitän z. S. Boehm in der Seekriegsleitung diese allgemeine negative Ansicht nicht teilte, so wurde doch in der U-Boot-Schule in den Jahren 1934 bis 1935 den designierten Besatzungen der neuen deutschen U-Boote von alten U-Boot-Fahrern, Kommandanten aus dem 1. Weltkrieg, gelehrt: »Bleibt beim Unterwasserangriff mindestens 3000 m ab, sonst werdet Ihr geortet und dann durch Wasserbomben eines feindlichen Zerstörers angegriffen.« – Daß ein solcher Schuß auf eine so große Entfernung nur noch geringe Treffaussichten hat, ist selbstverständlich, weil sich hierbei auch nur kleine Schätzungsfehler der Fahrtgeschwindigkeit oder der Richtung des Kurses des Gegners bereits erheblich auswirken.

Als ich am 1. Oktober 1935 Chef der neuen Front-Flottille »Weddigen« wurde, ordnete ich daher an: Der Nahschuß aus 600 m ist anzustreben. Aus dieser nahen Entfernung sind die Trefferaussichten groß. Ich halte für ausgeschlossen, daß ein akustisches Ortungsmittel gegen den Unterwasserangriff unfehlbar ist. Seegang, verschiedene Wasserdichten, Geräusche des eigenen Schiffes, können zweifelsohne die Ortung erschweren. Solange wir keine weiteren Angaben über dieses englische Mittel gegen das getauchte U-Boot haben, halte ich den genannten Nahangriff des U-Boots immer noch für durchführbar und daher für richtig. Die neue deutsche U-Boot-Waffe wird entsprechend ausgebildet werden. – Dies war also der erste wesentliche Punkt meines Programms zum 1. Oktober 1935, den Unterwasserangriff betreffend.

Jetzt zum 2. Punkt: Die Erfindung des Torpedos hat die Schaffung eines Fahrzeuges zur Folge gehabt, mit welchem diese neue Torpedowaffe an den Feind herangetragen werden konnte. So entstand in allen Marinen das Torpedoboot. Dies war in den ersten Anfängen ein kleines Fahrzeug, flach, also ohne hohe Aufbauten, welches nachts schwer zu sehen war, also ein vorzüglicher Torpedoträger, der infolge seiner schweren Erkennbarkeit nachts an den Gegner sehr nahe heranfahren konnte, um dann auf kurze Entfernung den sicher treffenden Torpedoschuß abzugeben.

Im Laufe der Jahrzehnte wurden diese anfänglich kleinen Torpedoboote jedoch in allen Marinen vergrößert, sei es, um artilleristischen Abwehrwaffen eines gegnerischen Torpedobootes überlegen zu sein oder sei es, um eine höhere Geschwindigkeit bzw. einen größeren Aktionsradius und bessere Seefähigkeit für das eigene Torpedoboot zu erzielen.

Sicherlich waren diese neuen Eigenschaften sehr wertvoll, aber sie hatten jedoch gleichzeitig zur Folge, daß das nunmehr größere Torpedoboot sich nicht mehr in dem alten Maß für den Nachtschuß eignete, infolge seiner größeren Silhouette, welche nachts nunmehr leichter zu erkennen war. Durch den fächerförmigen Abschuß von mehreren Torpedos versuchte man diesen Nachteil, aus größerer Entfernung schießen zu müssen, auszugleichen. Aber trotz alledem und grundsätzlich war das moderne Torpedoboot für den Nachtangriff kein idealer Torpedoträger mehr.

Damit komme ich zum 2. Punkt der Ausbildung der neuen deutschen U-Boot-Waffe ab Herbst 1935. Das moderne U-Boot ist, weil es infolge seiner ausreichenden Überwassergeschwindigkeit beweglich genug geworden war, ein vorzüglicher Torpedoträger für den Überwassernachtangriff; denn es ist nachts sehr schwer zu erkennen, weil der Bootskörper des U-Bootes sich auch im aufgetauchten Zustand fast völlig im Wasser befindet und nur der Turm des U-Bootes schmal hoch emporragt. So wurde der Überwassernachtangriff des U-Bootes ein wesentlicher Faktor in der Ausbildung der neuen deutschen U-Boot-Waffe. Daß das akustische Ortungsmittel, von welchem vorstehend gesprochen wurde, gegen ein *überwasser*angreifendes U-Boot so gut wie unwirksam ist, möchte ich hier noch kurz erwähnen.

Und nun komme ich zum dritten und wesentlichsten Punkt meiner Ausbildung der neuen deutschen U-Boot-Waffe, der »Rudeltaktik«: Es ist selbstverständlich, daß man im Kriege am Ort des Kampfes so stark wie möglich sein möchte. Dieses Verlangen besteht, seitdem es in der Menschheit Kämpfe gibt. Deshalb rotteten sich bereits in Urzeiten die Menschen zu mehreren zusammen, um zu kämpfen. Dieser Grundsatz wurde in den Jahrtausenden der Kriege für alle Formen des Land- oder Seekrieges angewandt. Nur das U-Boot, das im 1. Weltkrieg zum ersten Male als Kampfmittel eingesetzt wurde, mußte bisher im wesentlichen allein kämpfen, weil eine gemeinsame Führung von U-Booten nicht möglich gewesen war. Diese Führung zum gemeinsamen, zum gleichzeitigen Kampfeinsatz von mehreren U-Booten war das Hauptziel, welches ich mir ab Herbst 1935 gesteckt hatte. In zahlreichen Übungen versuchte ich durch entsprechende taktische Aufstellung von U-Booten den Gegner zu finden und dann, auf Grund einer Aufklärungsmeldung über seinen Standort, die U-Boote zum gemeinsamen Angriff auf diesen Gegner anzusetzen. Daß hierbei eine ganze Reihe von Problemen gelöst werden mußte, liegt auf der Hand: z. B. die Frage, in welchem Umfang, wie weit kann geführt werden? Nur zum Zusammenwirken der U-Boote in der Taktik, um den Gegner zu finden, ihn zu melden und andere U-Boote heranzuführen? Oder kann auch zum gemeinsamen Angriff mehrerer U-Boote geführt werden? Und wer muß führen? Kann ein U-Boot, das sich im Feindbereich in See befindet, überhaupt führen, weil es durch Maßnahmen des Gegners zum Tauchen gezwungen werden kann und dann blind ist, also zweifelsohne sich nicht mehr in der Lage befindet, führen zu können? Also muß dann von einem Befehlshaber, welcher sich an Land befindet, geführt werden? Hat dieser aber, infolge seines entfernten Landaufenthaltes, dann genug Milieu-Kenntnis von der jeweiligen Lage im Gefechtsbereich in See, was den Gegner anbetrifft und wie die Wetterverhältnisse, welche doch auch sehr schnell wechseln können, sind? Ist der Befehlshaber an Land daher aus diesen Gründen überhaupt zum Führen befähigt? Zu diesen Problemen kamen ebenfalls eine ganze Reihe von technischen Fragen, was die Nachrichtenverbindung anbetrifft, z. B. auch, bis zu welcher Tiefe mit einem getauchten U-Boot verkehrt werden konnte.

In den Jahren 1935 bis 1939 versuchte ich, diese Probleme zu lösen, in vieler Beziehung gelang dies. Wir gewannen allmählich in zahlreichen Übungen eine feste Grundlage für die Rudeltaktik, die bei allen gemeinsamen Flottenmanövern dem jeweiligen Gegner bei den Übungen wirkungsvoll zeigte, daß z. B. bei Nacht mit einem gleichzeitigen Angriff von mehreren U-Booten gerechnet werden mußte.

So waren diese ersten Übungsjahre der jungen deutschen U-Boot-Waffe für die Besatzungen und für mich eine glückliche Zeit. Der Komplex, daß das U-Boot eine überholte Waffe sei, wurde den U-Boot-Männern genommen. Im Gegenteil, sie sahen, welche Erfolge sie besonders auch im Nachtangriff und bei der von mir eingeführten Rudeltaktik erreichen konnten. So bildete sich während der Friedensjahre 1935 bis 1939 in der jungen deutschen U-Boot-Waffe bereits ein besonderer Geist soldatischer Gemeinschaft, der sich dann bis zum Ende des 2. Weltkrieges bewähren sollte.

Im Herbst 1938 wurde der Kapitän zur See von Friedeburg zur U-Boot-Waffe kommandiert. Er sollte, so war die Friedensplanung des Oberkommandos der Kriegsmarine, nach einer Ausbildungs- und Einarbeitungszeit später einmal mein Nachfolger als Führer der U-Boote werden.

Nach entsprechender Grundausbildung machte ich von Friedeburg zum Kommandanten eines U-Bootes, dann kam er in meinen Stab. Im Frühjahr 1940 sollte er mich ablösen. Es war vom Oberbefehlshaber der Kriegsmarine vorgesehen, daß ich zu diesem Zeitpunkt allein auf eine Weltreise zu gehen hätte, um eine Auslandsfahrt, einmal um die Erde herum, vorzubereiten. Ich sollte der Befehlshaber eines Geschwaders unserer 4 modernsten Kreuzer werden, die diese Weltreise am 1. Oktober 1940 antreten sollten.

So war es beabsichtigt. Aber im Herbst 1939 kam der Krieg und es wurde alles anders. Ich hatte selbstverständlich mit der U-Boot-Waffe, die ich ausgebildet hatte, Krieg zu führen. Und der hervorragende, getreue Kapitän zur See von Friedeburg leitete in meinem U-Boot-Bereich in der heimatlichen Ostsee die Ausbildung der Besatzungen für die neu in Dienst zu stellenden U-Boote, die dann von mir im Kriege an der Front eingesetzt wurden.

9. Wie beurteilten Sie vor dem Zweiten Weltkrieg den Nationalsozialismus?

Es ist schwer heute über Vergangenes zu schreiben, weil wir heute Dinge wissen, welche die Menschen damals nicht gewußt haben. Aber wenn ein Historiker versucht, vergangene Verhältnisse und vergangenes Handeln zu beurteilen, so muß er das Wissen von damals zugrunde legen und darf keinesfalls ganz andere Umstände der Gegenwart für seine Betrachtung maßgeblich sein lassen. So werde auch ich mich bemühen, objektiv heute zu sagen, wie ich damals die Dinge gesehen habe.

Wir Offiziere waren – wie jeder Angehörige einer Nation, der seine Heimat liebt – durch den Verlust des Krieges im Jahre 1918 und die politischen Folgen, die sich daraus ergaben, schwer getroffen. Auf diese Folgen hatten wir – weder in inner- noch in außenpolitischer Beziehung – keinerlei Einfluß. Wir hatten, was unsere innerpolitische Stellung anbetrifft, dem gesamten deutschen Volk und dem Staat als Soldaten zu dienen, dessen Form sich unsere Volksgenossen gegeben hatten. Wir hatten daher auch gesetzlich kein Wahlrecht. Dies sollte, unter den damaligen Verhältnissen mit Recht, unsere völlige innerpolitische Neutralität dokumentieren und gewährleisten.

So erfüllten wir unsere soldatischen Berufspflichten. Aber sicherlich hatten auch wir in den 20er und Anfang der 30er Jahre Sorgen, wie sich für Deutschland die außen- und innenpolitische Lage weiter entwickeln würde.

Die ganze Welt befand sich damals in einer großen Wirtschaftskrise. Diese wirkte sich, besonders auch infolge der Reparationszahlungen aufgrund des Versailler Vertrags, vor allem in Deutschland aus. Die Arbeitslosenzahl hatte in Deutschland im März 1932 die Höhe von 6,1 Millionen Menschen erreicht. Der Kanzler der deutschen Demokratie, Brüning, sah sich gezwungen, »Notverordnungen« zu erlassen, um den vollkommenen wirtschaftlichen Zusammenbruch zu verhindern und um für die Sicherheit des Staates zu sorgen.

Es bedarf keiner Worte: Bei dieser großen Arbeitslosigkeit und den ständig wachsenden wirtschaftlichen Schwierigkeiten, welche die arbeitslosen Männer und ihre Familien hatten, gab es einen sehr großen Teil des deutschen Volkes, der mit der augenblicklichen politischen Führung tief unzufrieden war. Es war daher kein Wunder, daß Flügel-Parteien, sei es die der Nationalsozialisten oder die der Kommunisten, erheblichen Zulauf erhielten. Die Menschen hofften, daß durch diese Parteien die trostlosen Zustände beseitigt werden würden, deren die Mittelparteien unter dem Reichskanzler Brüning nicht hatten Herr werden können. So wurde bei der Reichstagswahl vom 14. September 1930 die NSDAP (Nationalsozialistische Deutsche Arbeiterpartei) die zweitstärkste Partei, und nach ihr kamen die Kommunisten. Bei den Wahlen im Juli und im November 1932 wurde die NSDAP sogar die stärkste und die KPD wiederum die drittstärkste Partei.

Bei diesen Zuständen kam es auch zu öffentlichen Auseinandersetzungen zwischen diesen beiden radikalen politischen Flügeln. Es bestand die Gefahr des Bürgerkrieges. Ihn zu verhindern, war Aufgabe der Wehrmacht.

Ich war in diesen Jahren der erste Admiralstabsoffizier beim Oberkommando der Nordsee in Wilhelmshaven. Zu meinen Aufgaben gehörten daher auch die Maßnahmen des Schutzes gegen innere Unruhen. Öfter wurden diese Fragen auch im Reichswehrministerium in Berlin mit den zuständigen Vertretern aller Wehrkreise besprochen. Klar war uns, daß wir uns mit der Wehrmacht nicht gegen beide Seiten wenden und nicht gleichzeitig sowohl gegen die NSDAP wie auch gegen die kommunistische Partei eingesetzt werden konnten. Dann hätten wir gegen die große Mehrheit des deutschen Volkes kämpfen müssen.

Es war leider so, daß es den mittleren bürgerlichen Parteien in der Weimarer Republik nicht gelungen war, die Arbeiterschaft für sich zu gewinnen, im Gegensatz zur kommunistischen Partei bzw. zur NSDAP.

Für das Wachsen der NSDAP kam auch noch ein anderer Punkt hinzu. Diese Partei hatte erklärt, daß sie sich dafür einsetzen wollte, das deutsche Volk von den Fesseln des Versailler Vertrages zu befreien. Aus diesem Grunde hatten ihr auch viele Menschen aus bürgerlichen Kreisen ihre Stimmen gegeben. Daß auch die deutsche Wehrmacht eine Lösung der einschränkenden Bestimmungen des Versailler Vertrages erhoffte, ist selbstverständlich.

Aus diesen Verhältnissen heraus ist es daher zu verstehen, daß auch die deutsche Wehrmacht der NSDAP zuneigte und nicht etwa der internationalen kommunistischen Partei.

Es ist deshalb wahrscheinlich, daß die innerpolitische Entwicklung Deutschlands anders verlaufen wäre, wenn der französische Ministerpräsident Briand und der deutsche Reichskanzler Stresemann ihre Verständigungspolitik, die sie, weit vorausschauend, bereits 1925/1926 geplant hatten, auch hätten durchführen können und schon damals die für die deutsche Öffentlichkeit so wichtigen Fragen, wie die der Rheinlandräumung, der Reparationen, der gleichmäßigen Abrüstung aller Staaten und der Kriegsschuldfrage hätten gelöst werden können. Dann wären diese das deutsche Volk so sehr bewegenden Gesichtspunkte nicht die Hauptgründe für die bürgerlichen Wähler der NSDAP gewesen.

Aus all diesen Zusammenhängen begrüßte es die deutsche Wehrmacht im allgemeinen, daß der deutsche Reichspräsident von Hindenburg aufgrund des Ergebnisses der Reichstagswahlen Hitler im Januar 1933 zum Reichskanzler ernannte. Wir Soldaten hofften hierbei auch, daß durch diesen Wechsel in der deutschen Führung die kommunistische Gefahr beseitigt sein würde.

Auf die dann folgende politische Entwicklung, deren wesentliche Grundlage das vom Reichstag für Hitler beschlossene »Ermächtigungs-Gesetz« war, hatte die Wehrmacht keinerlei Einfluß.

So war es auch mir nicht möglich, in irgendeiner Form während dieser Zeit politisch zu wirken. Ich hatte damals nur den Rang eines Fregattenkapitän bzw. Kapitän zur See, welcher dem Dienstalter eines Oberstleutnant bzw. Oberst entsprach.

Aber trotzdem habe ich in aller Schärfe protestiert, wenn es der Öffentlichkeit erkennbar geworden war, daß die NSDAP den Rechtsstandpunkt verletzt hatte. Als z. B. in der sogenannten Kristallnacht am 9. November 1938 mit Gewaltmaßnahmen gegen die Juden vorgegangen worden war, protestierte ich dagegen, auch im Namen meines Offizierkorps, bei meinem Vorgesetzten, dem Flottenchef. Dieser gab meinen Einspruch an den Oberbefehlshaber der Kriegsmarine, Großadmiral Raeder nach Berlin weiter. (Siehe Raeders Erinnerungen Bd. II, Seite 133.)

Daß wir andererseits die außenpolitischen und innerpolitischen Erfolge der Regierung Hitlers in den Jahren vor dem Kriege begrüßten, war selbstverständlich. Welcher Soldat einer anderen Nation, der sein Vaterland liebt, hätte anders gefühlt?

Wir waren frei geworden von den Folgen des verlorenen Krieges: Der einmalige Erfolg der Saarabstimmung, die Rheinlandbesetzung,

die Erklärung der deutschen Wehrhoheit, der Anschluß des Sudeten-
landes und Österreichs zeigten das. Im Inneren war die Arbeitslosigkeit beseitigt und von den Gegensätzen des Klassenkampfes war nichts
mehr zu spüren. Wie anders war die Geisteshaltung der Arbeiter uns
Soldaten, besonders auch den Offizieren gegenüber, als vor 1933!

So standen wir Soldaten vor dem 2. Weltkrieg hinter diesem Staat.
Denn Kenntnisse von den Auswüchsen dieser Regierung, die im Großen auch erst später während des Krieges entstanden, hatten wir in
diesen Jahren vor dem Kriege nicht. Wie wir heute wissen, hat sicherlich die damalige Pressebeschränkung hierbei eine Rolle gespielt.

10. Welches Urteil hatten Sie im Sommer 1939 über die politische Lage Deutschlands? Glaubten Sie, daß die Gefahr eines Krieges bestünde und hielten Sie diesen für vermeidbar? Wie wollten Sie ihm rüstungsmäßig begegnen?

Seit dem Mittelalter bestand Englands Europa-Politik darin, sich gegen die stärkste Nation dieses Erdteils zu wenden. Denn diese konnte durch ihre zwangsläufig sich ergebende Vormachtstellung auf dem europäischen Kontinent dem Inselstaat England in seiner Weltpolitik gefährlich werden. Der englische Historiker Fuller hat diese Einstellung in seinem Buch »Der 2. Weltkrieg« so ausgedrückt: »Von den Tagen der Tudors bis zum Jahre 1914 bestand die Politik Großbritanniens darin, das Gleichgewicht der Mächte aufrecht zu erhalten, d. h. die großen Nationen des Kontinents durch Rivalität getrennt zu halten und selbst den Ausgleich zwischen ihnen zu bilden. Diese Ausgleichsrolle ergab automatisch, wer als Feind in Betracht kam. Es war nicht die *verrufenste* Nation, sondern *die* Nation, deren Politik mehr als die einer anderen Großbritannien oder das Empire bedrohte.«

Hitler hatte im Juni 1935 das Flottenabkommen mit England abgeschlossen – welches ja die deutsche Flotte auf nur 35% der englischen beschränkte – um England eindeutig zu zeigen, daß eine Gegnerschaft Deutschlands gegen England nicht beabsichtigt sei. Wenn dann aber die deutsche Politik in den 30er Jahren einen fortlaufenden Machtzuwachs auf dem europäischen Kontinent erreichte, – siehe Sudetenland und Anschluß Österreichs –, dann war es historisch und politisch gesehen selbstverständlich, daß auch dieses, uns schwächende Flottenabkommen nicht eine wachsende Gegnerschaft Englands verhindern konnte. Als Beispiel für diese englische Einstellung möchte ich noch erwähnen: England hatte nach der Schlacht bei Sedan am 2. September 1870, – man lese die Ausgaben der »Times« von den Tagen vor und nach dieser Schlacht –, sofort die Front gewechselt und nunmehr sein politisches Wohlwollen Frankreich gegeben, nachdem in diesem deutsch-französischen Krieg bisher England Preußen und die übrigen deutschen Staaten politisch unterstützt hatte, weil diese ja die damals stärkste Macht in Europa und den stärksten Konkurrenten als Kolonialmacht, das große Frankreich, bekämpften.

Nun, nach der Schlacht bei Sedan, schien Frankreich besiegt zu sein. Also müßte die englische Haltung sich ändern und sich ganz gegen den Sieger Preußen-Deutschland wenden. Und zwar mit Recht vom englischen Standpunkt aus, denn ein siegreiches, einiges Deutschland würde unübersehbare Entwicklungsmöglichkeiten auch auf wirtschaftlichem und industriellem Gebiet haben und damit ein starker Konkurrent für England werden können. So kam es also bereits nach dem 2. September 1870 zur englischen Gegnerschaft, die entsprechend dem Wachsen Deutschlands bis zum 1. Weltkrieg ständig größer wurde.

Entsprechend dieser historischen Haltung Englands glaubte ich im letzten Jahr vor dem 2. Weltkrieg, daß England gegenüber den Erfolgen der Politik Hitlers auf dem europäischen Kontinent dieselbe Haltung einnehmen würde. Ich war daher der Ansicht, daß es sehr leicht zu einem Kriege mit England kommen könnte, und daß wir politisch alles tun müßten, um einen solchen Krieg zu vermeiden, daß wir aber militärisch verpflichtet wären, für eine solche Kriegsgefahr gerüstet zu sein.

Ich hatte bereits erwähnt, siehe meine Beantwortung der Frage 8, daß ich in taktischer Beziehung eine Zusammenfassung von U-Booten, in erster Linie für den nächtlichen Überwasserangriff, für aussichtsreich hielt. Als geeigneten Bootstyp hierfür hielt ich das 500-t-U-Boot vom Typ VII, das über Wasser relativ sehr schnell (16 sm) und daher wendig war, und mit seinen 4 Bug- und einem Hecktorpedorohr und den 12 bis 14 Torpedos, die das U-Boot mitnehmen konnte, eine starke Kampfkraft besaß.

Es war auch meine Ansicht, daß die Engländer trotz des U-Boot-Abkommens von 1936 das Geleitzugsystem in einem Kriege sofort wieder einführen würden. Als mit den deutschen außenpolitischen Erfolgen eine Gegnerschaft Englands sich ab 1939 entwickelte, hielt ich daher um so mehr die taktische Zusammenfassung von U-Booten, die Rudeltaktik, für richtig. Denn auch das Ende des 1. Weltkrieges hatte ja bereits gezeigt, daß ein Geleitzug, also eine Konzentration von Schiffen, nur durch eine Konzentration von U-Booten, die diesen Geleitzug angriffen, wirkungsvoll bekämpft werden konnte.

Ich schlug daher dem Oberkommando der Kriegsmarine vor, den Schwerpunkt des U-Boot-Baus auf ein verbessertes U-Boot des Typs VII, des Typ VII b von 517 t, zu legen, bei dem der Aktionsradius des Bootes von 6200 sm auf 8700 sm erhöht war. Ich hielt es außerdem für notwendig, die mit uns im deutsch-englischen Flottenabkommen von 1935 vereinbarte und damit uns zustehende U-Boot-Tonnage beschleunigt baulich voll auszunutzen.

Das Oberkommando der Kriegsmarine teilte meine Ansicht nicht. Man war nicht von der englischen Einführung des Geleitzugsystems in einem kommenden Kriege überzeugt. Man glaubte ferner, daß das U-Boot in einem kommenden Kriege wieder allein kämpfen würde. Meiner Rudeltaktik gegenüber war man trotz ihrer sichtlichen Erfolge bei unseren Flottenmanövern sehr skeptisch. Weiter: Im Oberkommando der Kriegsmarine legte man besonderen Wert darauf, möglichst große U-Boote zu bauen, U-Kreuzer von cirka 2000 t, die artilleristisch stark armiert waren, um über Wasser Artilleriegefechte zu führen. Diese U-Kreuzer, so sagte man mir z. B.: »wären durch ihre Armierung dann jedem angreifenden Zerstörer überlegen«.

Ich teilte, wie ich schon bemerkt habe, diese Ansichten des Oberkommandos nicht, z. B. was den Artilleriekampf eines U-Bootes gegen einen Zerstörer anbetrifft: Wenn ein U-Boot hierbei einen Treffer erhalten hat, ist es lebensgefährlich verletzt, weil es nun nicht mehr tauchen kann, ihm also seine einzige Möglichkeit, einem überlegenen Gegner zu entkommen, genommen ist. Ein Treffer auf einen Zerstörer hat dagegen nur in den allerseltensten Fällen diese entscheidende Folge. Das bedeutet also in einem gegenseitigen Artilleriekampf von vornherein ein Handicap für das U-Boot.

Und weiter: Der Trend einer starken Entwicklung der Luftwaffen aller Nationen war bereits 1937 erkennbar. Diese kommende Entwicklung bedeutete aber gleichzeitig, daß U-Boote Artilleriegefechte, also am Tage über Wasser, kaum noch würden durchführen können.

Und weiter: Wenn wir von der geringen U-Boot-Tonnage, die uns für den U-Boot-Bau entsprechend dem deutsch-englischen Flottenabkommen zur Verfügung stand, anstelle des vom Oberkommando der Kriegsmarine geplanten etwa 2000 t großen Kreuzers vier U-Boote des Typ VII b von 517 t bauen würden, ergab diese vierfache Zahl von U-Booten natürlicherweise eine größere Kampfkraft, als sie nur ein U-Boot haben konnte, wenn dieses auch artilleristisch stärker war. Vor allem war es aber auch eher möglich, den Gegner in der Welt des Atlantik mit diesen 4 aufklärenden und suchenden Booten zu finden, also mit der vierfachen Zahl von Augen, als wenn in diesen großen Seeräumen des Atlantik nur ein U-Boot, wenn es auch in der Tonnage größer war, stehen würde. Unsere geringe Tonnage, die uns für den U-Boot-Bau zustand, war also in diesem Falle durch den Bau von vier U-Booten besser ausgenutzt.

Das Oberkommando der Kriegsmarine glaubte auch nicht, daß eine Kriegsgefahr mit England so groß war, wie ich es 1939 annahm.

So hatten diese gegensätzlichen Auffassungen zwischen Größe und Kampfkraft der zu bauenden U-Boote und hinsichtlich ihres taktischen Operierens in einem kommenden Kriege, sowie unser politisches Verhältnis zu England in den Jahren 1935 bis 1939 zur Folge, daß der Oberbefehlshaber der Kriegsmarine nicht klar entschied, welche U-Boot-Typen zu bauen seien, geschweige denn, daß es zu einem beschleunigten U-Boot-Bau kam, um einer Kriegsgefahr mit England begegnen zu können.

Um dem Oberkommando der Kriegsmarine nochmals eindeutige und wohlüberlegte Unterlagen für den von mir geforderten U-Boot-Bau zu geben, führte ich im Winter 1938/39 mit allen Offizieren meiner U-Boot-Flottillen ein größeres Kriegsspiel durch: Es wurde in der Weite des Atlantik die Gruppentaktik erprobt in all ihren Problemen, der Führung, der taktischen Aufstellung von U-Booten, um Geleitzüge zu finden und um weitere U-Boote heranzuführen. Und es wurden in dem Kriegsspiel die U-Boot-Angriffe unter Berücksichtigung der zu erwartenden feindlichen Abwehr-Streitkräfte durchgeschlagen.

Das Ergebnis war:

1. Daß für einen erfolgreichen Handelskrieg im Atlantik wir mindestens 300 Front-U-Boote haben müßten, denn von dieser Zahl wären in jedem Fall nur $^1/_3$, also hundert U-Boote im Operationsgebiet zum Einsatz gegen den Feind verfügbar; 100 U-Boote befänden sich auf dem Hin- oder Rückmarsch und die restlichen 100 lägen in den Werften zur Instandsetzung und zur gleichzeitigen Erholung der Besatzungen in der Heimat.

2. Ergab dieses Kriegsspiel sehr klar, daß wir mit der augenblicklich für einen Kampf im Atlantik verfügbaren deutschen U-Boot-Zahl, es waren etwa 22, dem Gegner nur »Nadelstiche« versetzen konnten.

In einer Denkschrift berichtete ich dem Oberbefehlshaber der Kriegsmarine und dem Flottenchef über das Ergebnis dieses Kriegsspiels. Der Flottenchef, Admiral Boehm, unterstützte meine strategische Konzeption und meine entsprechende Forderung für den U-Boot-Bau eindeutig. Vom Oberkommando der Kriegsmarine erhielt ich auf meine Denkschrift keine Antwort oder Entscheidung.

Inzwischen war vom Oberbefehlshaber der Kriegsmarine ein anderer Entschluß gefaßt worden. Im Frühjahr 1938 hatte Hitler ihm mitgeteilt, daß nunmehr auch mit England als möglichem Gegner zu rechnen sei, wenn auch ein Kriegsausbruch in den kommenden Jahren nicht erfolgen würde. Aber die Kriegsmarine hätte rüstungsmäßig aus dieser Gegnerschaft ihre Konsequenzen zu ziehen. Daraufhin hatte ein Planungsausschuß im Oberkommando der Kriegsmarine das Programm einer Flotte von großer Kampfstärke ausgearbeitet. Ihr strategischer Zweck war, die englischen Zufahrtswege im Atlantik durch Kampfgruppen anzugreifen, welche so stark waren, daß sie auch den Kampf mit englischen, schwer armierten Seestreitkräften aufnehmen konnten. Dieser Plan sah für seine Fertigstellung einen Zeitraum bis 1948 vor.

In dem Plan waren folgende Schiffskategorien enthalten: 10 Großkampfschiffe, 3 Schlachtkreuzer, 8 Panzerschiffe bzw. schwere Kreuzer, 4 Flugzeugträger, 44 leichte Kreuzer, 68 Zerstörer, 90 Torpedoboote und 249 Unterseeboote.

Das Wesentliche dieser Konzeption war also der Bau einer starken Überwasserflotte. Der im Plan vorgesehene Bau von 249 U-Booten, die ebenfalls 1948 fertig sein sollten, zeigte sehr deutlich, daß meine Ansichten über den U-Boot-Krieg und den entsprechenden Bau von U-Boot-Typen vom Oberkommando der Kriegsmarine nicht angenommen worden waren; z. B. sollte nach wie vor beschleunigt der Bau von großen Artillerie-U-Booten, also von Artillerie-U-Kreuzern, erfolgen.

Hitler stimmte Januar 1939 diesem langfristigen Bauplan einer großen Flotte, genannt der Z-Plan, zu. Seine psychologische Veranlagung, so Großes und so Eindrucksvolles wie möglich zu schaffen, mag hierbei eine Rolle gespielt haben. Er forderte auch, daß der Bau dieser Flotte, mit dem Schwerpunkt in Überwasser-Schiffen, vor allem mächtigen 50 000-t-Schlachtschiffen, möglichst bereits in 6 Jahren, als bis 1945, durchzuführen sei.

Dieser Z-Plan entsprach nicht – wie schon gesagt – meiner Konzeption. Ich hatte hierfür folgende Gründe:

1. Niemand kann in die Zukunft sehen, auch in der Politik nicht. Hitlers Garantie an Großadmiral Raeder, daß eine Friedenszeit mindestens bis 1945, wenn nicht sogar bis 1948, für den Aufbau dieser starken Überwasserflotte zur Verfügung stände, war eine illusorische Behauptung.

2. Der Aufbau einer solchen Groß-Schiffsflotte läßt sich keinesfalls geheim halten. Englands Folgerung wäre, falls es nicht sogar den Krieg

erklären würde, eine in gleicher Richtung liegende Rüstung. Sicherlich wären wir bei einem solchen Wettrüsten die Unterlegenen geblieben, weil wir beim Start hierzu noch nicht einmal die 35% an Schiffen der englischen Flotte besaßen.

3. Der wesentliche Punkt dieser Konzeption, dem ich nicht zustimmen konnte, war aber die operative Grundlage des Z-Plans. Wir hätten mit unseren Kampfgruppen in den Atlantik vorstoßen müssen, denn dort laufen Englands Zufuhr-Straßen. Die Kampfgruppen hätten also aus den deutschen Häfen in der südöstlichen Nordsee oder aus der Ostsee den langen Weg nach Norden um die Shetland-Inseln machen müssen, um den entscheidenden Operationsraum des Atlantik zu erreichen. Auf diesem langen Anmarsch durch die Nordsee, flankiert von nahen englischen Kriegsschiffhäfen und Flugplätzen, wären die deutschen Schiffe ein leicht zu erreichendes Angriffsobjekt englischer leichter Seestreitkräfte und englischer Flugzeuge gewesen. Das gleiche Schicksal hätten unsere Kampfgruppen auf dem Rückweg gehabt.

Auch im Operationsgebiet, im Atlantik selbst, hätten die deutschen Streitkräfte sich von vornherein in einem Handicap den englischen Schiffen gegenüber befunden. Ohne Stützpunkte und Reparaturplätze am Atlantik, welche englischen Seestreitkräften dagegen zur Verfügung standen, hätten sich auf den deutschen Schiffen Treffer ungleich schwerwiegender ausgewirkt, weil das havarierte deutsche Schiff dann noch den langen und, wie oben schon gesagt, gefährlichen Rückweg durch die Nordsee hätte machen müssen.

Diese Strategie deutscher Kampfgruppen hatte daher unsere kontinentale geographische Lage nicht genügend berücksichtigt.

Und weiter: Schon damals war der Trend der Entwicklung der Luftwaffen offensichtlich. Er war aber bei dieser Schlachtschiff-Konzeption nicht ausreichend berücksichtigt worden, denn die deutschen Kampfgruppen hätten im Atlantik nur die Flugzeuge von ihren Flugzeugträgern zur Verfügung gehabt, wohingegen der englische Gegner auch mit weitreichenden großen Flugzeugen von seinen westlichen Landflugplätzen hätte angreifen können. Im Fertigstellungsjahr der deutschen Kampfgruppen, frühestens 1945, wäre die englische Luftwaffe im Atlantik daher der deutschen, – aufgrund des Unterschieds der geographischen Lage beider Länder –, sicherlich weit überlegen gewesen.

Fraglos wäre es notwendig gewesen, diese strategische Planung im Oberkommando der Kriegsmarine, die dann zu dem Bauprogramm des Z-Planes führte, in Kriegsspielen gründlich durchzuspielen, um alle operativen Bedingungen dieser Konzeption erkennen zu können. Im Gegensatz zu der Notwendigkeit der deutschen Kampfgruppen, sich mit den feindlichen Überwasserstreitkräften und ihren Flugzeugen, sowohl bei dem An- und Rückmarsch wie ebenso im Operationsgebiet des Atlantik selbst auseinandersetzen zu müssen, brauchte das deutsche U-Boot dies infolge seiner Tauchfähigkeit nicht zu tun. Es konnte daher den An- und Rückmarschraum der Nordsee ohne wesentliche feindliche Einwirkung passieren, es konnte sich im Operationsraum des Atlantik, wenn auch die Überwasser-Streitkräfte des Gegners die »Seeherrschaft« dort hatten, aufhalten und sogar infolge seines großen Aktionsradius lange Zeit dort verweilen. Das tauchfähige U-Boot war daher schon aus diesem Grunde das geeignete deutsche Kampfmittel, die englischen Lebenslinien im Atlantik anzugreifen.

Mit dieser Ablehnung des Z-Planes stehe ich nicht allein. So schreibt der deutsche Historiker Prof. Dr. Walther Hubatsch in seinem Buch »Der Admiralstab und die obersten Marinebehörden in Deutschland 1848–1945« auf Seite 210 über den Z-Plan: »Der doppelte Ausgriff nach der Unterbrechung des englischen Handelsverkehrs und der Zerschlagung der britischen Seeherrschaft ließ jede politische Erfahrung und Einsicht in die kontinentale Gebundenheit Deutschlands beiseite.« – Und der englische Marinehistoriker Roskill sagt in Bd. I seines Werkes »The War at Sea 1939–1945« auf Seite 52: »Raeder's choice of the long-term plan, combined with Hitler's miscalculation of the date when war would break out, was to have very lucky consequences for ourselves. It caused Germany to lose much of the advantage gained by the Anglo-German naval agreement and had the result that, in 1939, the German Navy was actually below its permitted strength.«

Am 26. April 1939 wurde dann von Hitler das deutsch-englische Flottenabkommen gekündigt. Nun war es doch nach dieser stark negativen politischen Handlung klar, daß unter keinen Umständen noch die Sicherheit kommender Friedensjahre bestand, welche zum Aufbau der im Z-Plan vorgesehenen großen Überwasserschiffe erforderlich war. Nunmehr hätte auf jeden Fall durch den beschleunigten Bau von U-Booten die fehlende Rüstung gegen den Gegner England so gut wie möglich ersetzt werden müssen. Dies geschah nicht. Die deutsche politische Führung und der Oberbefehlshaber der Kriegsmarine blieben bei dem Bau der großen Kriegsschiffe des Z-Plans.

Selbstverständlich hatte ich nach der Kündigung des Flottenabkom-
mens in einem Schreiben an den Oberbefehlshaber der Kriegsmarine
auf die Notwendigkeit des nunmehr beschleunigten U-Boot-Baus hingewiesen. Daß dieser nicht erfolgte, war ein entscheidender Fehler
nicht nur der Politik, sondern auch der militärischen Spitze der Kriegsmarine.

Da sich an der Baupolitik nichts geändert hatte, begab ich mich im
Juni 1939 zum Oberbefehlshaber der Kriegsmarine, Großadmiral
Raeder, und bat ihn, Hitler zu melden, daß meine U-Boot-Offiziere
und ich sich Sorge machten wegen der Möglichkeit eines baldigen
Krieges mit England. »Wir könnten mit den wenigen U-Booten, die
wir hätten, den Engländern im Kriege nur Nadelstiche versetzen.« –
Raeder sagte mir zu, meine Sorge Hitler zu melden. Ich hatte damals
nur den Rang eines Kapitän zur See, also Oberst; ich weiß nicht, ob
andere Offiziere eines solch relativ niederen Dienstgrades in der deutschen Wehrmacht dem Staatsoberhaupt gegenüber einen ähnlichen
Hinweis gegeben haben. Am 22. Juli 1939 ließ Raeder mich und mein
Offizierkorps zu sich auf das Aviso »Grille« nach Swinemünde kommen und teilte uns Hitlers Antwort mit: Ich und meine Offiziere sollten sich beruhigen, »es gäbe keinen Krieg mit England, das wäre Finis
Germaniae«. (Siehe Erich Raeder, »Mein Leben«, Bd. II, Seite 164/
165; und mein Buch »10 Jahre und 20 Tage«, Seite 44. – Ich weiß
heute, das auch Admiral Boehm April 1939 dem Oberbefehlshaber der
Kriegsmarine gemeldet hat, daß wir seiner Ansicht nach einem Krieg
mit England zusteuerten.)

Selbstverständlich hatte diese sehr eindeutige Mitteilung des Staatsoberhauptes eine stark beruhigende Wirkung auf uns. Aber trotzdem
sagte ich, als ich nach dieser Besprechung mit dem Oberbefehlshaber
der Kriegsmarine mit meinen Offizieren allein war, zu ihnen: »Das
eine steht für mich fest: Wenn es irgendwann zu einem Krieg kommt,
steht England auf Seiten unserer Gegner. Darauf stellen Sie sich innerlich ein!«

Das Frühjahr und der Sommer 1939 sind für mich in meiner Erinnerung die nervenaufreibendsten Monate meiner Laufbahn gewesen.
Die Gegensätze zwischen dem Oberkommando der Kriegsmarine und
mir, was die politische Lage, die Seestrategie und den U-Boot-Bau
anbelangte, machten mir das Dasein schwer.

Und das Fazit dieser Zeit war: Wir bauten in den Jahren 1935
bis 1939 bei weitem nicht die Zahl der U-Boote, die wir selbst gemäß

dem deutsch-englischen Flottenabkommen hätten bauen können.

Als Ende August 1939 die Auseinandersetzung mit Polen noch einmal hinausgeschoben wurde, – wie wir heute durch das Geschehen
wissen, jedoch nur für wenige Tage – hatte ich nochmals am 28. August
1939 an den Oberbefehlshaber der Kriegsmarine (FdU Chefsache
Gkdos 172) wegen eines beschleunigten U-Boot-Baues geschrieben und
in diesen »Gedanken über den Aufbau der U-Boot-Waffe« gesagt:
»Ausgehend von der derzeitigen Spannungslage zwischen England und
Deutschland und der Möglichkeit eines Krieges zwischen den beiden
Ländern stelle ich fest, daß die Marine und im besonderen die U-Boot-
Waffe z. Z. nicht in der Lage sind, die ihnen im Krieg zufallenden
Aufgaben zu erfüllen. Obwohl zu hoffen ist, daß es jetzt nicht zu
einem Kriege kommt, ist nicht anzunehmen, daß sich die politische
Lage zwischen England und Deutschland in den nächsten Jahren
grundsätzlich ändern wird, auch wenn es Zeiten gegenseitiger Annähe-
rung und Beruhigung geben sollte. Das geeignetste Kampfmittel, das
schnell – im Vergleich zu einer Flotte – aufgebaut werden kann,
ist das U-Boot. Deshalb müßte es das Streben der Marine sein, durch
schnellen Aufbau der U-Boot-Waffe in kommenden Konflikten mit
England in einem besseren Zustand zu sein.«

Nachdem ich dann nochmals meine Forderungen, welche U-Boote
beschleunigt zu bauen seien, zusammengefaßt hatte, sagte ich: »Dieser
ganze Kräftebedarf wird als erforderlich angesehen, um einen erfolgreichen Krieg gegen England führen zu können... Diese Fragen
können nur gelöst werden, wenn andere Belange rücksichtslos diesem
großen Ziel untergeordnet werden. Entscheidende Maßnahmen sind
jedoch nur unter *einer* organisatorischen Voraussetzung möglich, und
zwar wenn für alle mit dem vorgeschlagenen Ausbau der U-Boot-
Waffe zusammenhängenden Fragen eine zentrale, mit weitgehenden
Vollmachten ausgestattete und dem Oberbefehlshaber unmittelbar
verantwortliche Stelle geschaffen wird.« Dieses Schreiben legte ich dem
Oberbefehlshaber der Kriegsmarine persönlich vor, als wir Ende
August 1939 gemeinsam von Kiel nach Swinemünde flogen. Er las es
sofort durch und war sichtlich davon beeindruckt.

Dem Flottenchef, Admiral Boehm, meinem unmittelbaren Vorgesetzten, hatte ich eine Abschrift dieser Denkschrift vom 28. August zuge-
schickt. Er unterstützte meinen Antrag in vollem Umfang und sagte
zum Schluß seines Schreibens an den Oberbefehlshaber der Kriegsmarine, zu meinen Forderungen Stellung nehmend: »Es müßte sofort

eine höchste Kraftanstrengung unter schärfster Konzentration auf das allein Ausschlaggebende einsetzen und eine einschneidende Zurücksetzung aller anderen Bauvorhaben eintreten, die nicht dem vorgenannten Ziele dienen.«

Aber nun war es zu spät. Hitler ging am 1. September doch gegen Polen vor. Er war der utopischen Ansicht, daß England und Frankreich nicht aktiv zum Schutz Polens eingreifen würden. Doch England und Frankreich erklärten am 3. September 1939 den Krieg. So »schlitterte« Hitler durch falsche Beurteilung der englischen Haltung in den 2. Weltkrieg hinein, den er politisch hätte vermeiden müssen, wenn auch nur ein Prozent Wahrscheinlichkeit, also die geringste Möglichkeit einer Ausdehnung des Konfliktes, den wir mit Polen hatten, auf England vorhanden war. Und diese Wahrscheinlichkeit lag in starkem Maße vor, und deshalb hätte Hitler eine militärische Auseinandersetzung mit Polen unter allen Umständen unterlassen müssen.

Im Oberkommando der Kriegsmarine brach mit Kriegsbeginn die gesamte bisherige Planung zusammen. Der Z-Plan, der Bau großer Schiffe, war erledigt. Es wurde sofort im Oberkommando – wie ich in meinem Schreiben vom 28. 8. 1939 beantragt hatte – ein U-Boot-Amt gebildet. Der Führer der U-Boote, also ich, hatte zu bestimmen, welche U-Boot-Typen das Oberkommando beschleunigt zu bauen hätte. Es war auf einmal alles anders, was mein Verhältnis zum Oberkommando anbetraf. So mußte erst der Krieg kommen, um zu erreichen, daß das Oberkommando den langfristigen Bau einer großen Flotte als falsch erkannte.

Wir wissen auch heute, daß die englische Regierung bereits am 2. Dezember 1937 entschieden hatte, daß trotz des U-Boot-Abkommens von 1936 bei Ausbruch eines Krieges sofort wieder das Konvoi-System für die englische Handelsschiffahrt eingeführt werde.

Und Churchill, der mit Kriegsausbruch englischer Marineminister wurde, schreibt in seinen Erinnerungen, daß auf der ersten Konferenz in der englischen Admiralität am Abend des 4. September beschlossen wurde:

»1. In the first phase, with Japan placid, and Italy neutral though indeterminate, the prime attack appears to fall on he approaches to Great Britain from the Atlantic.

2. The convoy system is being set up. By convoy system is meant only anti-submarine convoy. All question of dealing with raiding cruisers or heavy ships is excluded from this particular paper.«

Der deutsche Führer der U-Boote hatte also die Lage richtig beurteilt, als er ab 1935 die Rudeltaktik entwickelt hatte.

Aber die deutsche Marine war bei Kriegsausbruch nur ein Torso. Mit allein 22 atlantikfähigen U-Booten mußte die U-Boot-Waffe Krieg gegen die größte Seemacht führen.

11. Wie war Ihre Einstellung, als der Krieg gekommen war und welche strategische Konzeption hatten Sie?

Die Nachricht von der Kriegserklärung Englands erhielt ich am 3. September, als ich mich mit meinem Stab in meinem Lagezimmer befand. Obwohl ich bereits in den letzten Monaten in Sorge wegen eines Krieges mit England gelebt hatte, beeindruckte mich nun doch die Tatsache des Krieges außerordentlich. Der 1. Admiralstabsoffizier in meinem Stab, der Korvettenkapitän Oehrn, hat später diesen Augenblick für einen Historiker folgendermaßen geschildert:

„Vielleicht ist es für Sie als Historiker von Interesse, aus der Erinnerung eines Augenzeugen, der den Dingen seinerzeit nah gestanden hat, einiges darüber zu erfahren, welche Einstellung der Großadmiral Dönitz zum Krieg gegen England zu Beginn des Krieges gehabt hat.

Ich bin mit Kriegsausbruch von der Marineakademie kommend zum Stabe des FdU kommandiert worden und habe dort bald das Aufgabengebiet des A1 übernommen. Mit einigen Unterbrechungen bin ich bis zum Kriegsende (letzte Dienststellung Ia in der Operationsabteilung der Seekriegsleitung) in der unmittelbaren Umgebung des Großadmirals gewesen, zu dem mich damals wie auch heute ein enges Verhältnis verbindet und verbunden hat.

Es besteht für mich kein Zweifel darüber, daß der Großadmiral weder zu Beginn des Krieges noch auf den Höhepunkten des U-Boot-Krieges, den Churchill als die bei weitem größte Gefahr für England betrachtet hat, niemals die Schwere dieses Kampfes für uns unterschätzt hat. Ich habe den Eindruck, daß der Großadmiral in Erkenntnis dieser Gefahr und in Erkenntnis der Dauer eines Seekrieges gegen England vom ersten Kriegstage an alles in seinen Kräften stehende getan hat, um uns junge Seeoffiziere einerseits innerlich auszurichten auf die Dauer und die Höhe des von uns geforderten Opfers und andererseits uns das notwendige Selbstvertrauen zu geben, um diesen schweren Kampf, der ihm und uns gestellten Aufgabe entsprechend, mit Erfolg zu führen. Während er uns immer wieder auf die Größe und Schwere dieses Kampfes hingewiesen hat, ließ er seine Sorgen für uns nur wenig sichtbar werden. Er hat sie in seinem Innersten verschlossen. Nur sehr wenige Menschen seiner nächsten Umgebung haben bei seltenen Gelegenheiten einen kleinen Einblick in seine Gedanken hierüber nehmen können. Ich glaube, daß auch ich mich zu diesen Menschen rechnen kann.

Ein kleines Erlebnis am Tage der Kriegserklärung mag Ihnen meine Beobachtungen erläutern:

Der Stab des FdU befand sich in einer Befehlsstelle bei Wilhelmshaven. Das englische Ultimatum gegen Deutschland sollte mittags ablaufen. Wir kannten die beiden Stichworte, mit denen England die Eröffnung der Feindseligkeiten freigeben würde: »Total Germany« und »Germany and Italy«.

Die in See befindlichen U-Boote mußten angesichts der wenigen noch bis zum Ablauf verfügbaren Stunden zeitgerecht ihre Stichworte und Befehle bekommen. Dönitz ließ mehrfach in der Seekriegsleitung anrufen und hat – dies erinnere ich nicht ganz sicher – selbst auch mit Heye, Schniewind und Raeder gesprochen. Immer wieder erhielten wir die Antwort, daß Hitler gegen England einen Krieg auf jeden Fall vermeiden wollte und würde. Dann trat der Nachrichten-Asto, der jetzige Kapitän zur See Meckel in das Lagezimmer und überbrachte einen auf der Schiffahrtswelle aufgefangenen Funkspruch mit dem Text »Total Germany«. Der Krieg hatte also begonnen. Der Großadmiral hielt den Funkspruch in der Hand, ging in der Baracke des Lagezimmers auf und ab und schien ganz in seine Gedanken versunken zu sein. Er sagte wiederholt mehr zu sich selbst als zu uns: »Mein Gott, also wieder Krieg gegen England!«

Dann wurde er sich dessen bewußt, daß die Augen seines versammelten Stabes ihm ständig folgten. Mir schien, als wenn er aus seiner Versenkung in seine Gedanken plötzlich erwachte. Er verließ mit schnellen Schritten das Lagezimmer, dessen Tür laut hinter ihm zufiel. Es mag eine halbe Stunde vergangen sein, bis er wieder kam. Als er das Lagezimmer wieder betrat, war eine große Veränderung in ihm vor sich gegangen. Er war völlig gegenwärtig und sagte uns etwa Folgendes:

Wir stehen dem gleichen Gegner gegenüber wie im 1. Weltkrieg, aber wir haben den Vorteil, daß wir diesen Gegner aus einem vierjährigen Krieg bereits gut kennen. Wir wissen auch, daß wir eine Waffe besitzen, mit der wir bereits im 1. Weltkrieg diesen Gegner hätten besiegen können. Auf den Erfahrungen aufbauend, würden wir mit der neuen U-Boot-Waffe den Gegner mit dem Erfolg angreifen können, der ihn letztlich auf die Knie zwingen würde. Wir hätten allen Grund, zu uns selbst und zu unserem Material Vertrauen zu haben. Der Krieg würde lang und sehr hart werden. Wir stünden nun vor unserer Bewährungsprobe.

Ich habe in den späteren Jahren noch oft an diese Stunde zurückgedacht und immer wieder habe ich an dem Großadmiral beobachtet, daß er das in den Vordergrund stellte, was uns Kampfmoral, Selbstvertrauen und seelische Kräfte geben konnte. Daß er den Zweifel nicht hochkommen ließ.

Ich kann mir nicht vorstellen, daß ein Truppenführer anders verfahren kann, wenn er der ihm gestellten Aufgabe gerecht werden will.«

So ist es, wie Oehrn es beschreibt, bei Kriegsbeginn gewesen. Als der Krieg nun doch gekommen war, gab es für mich als Soldaten jetzt nichts anderes mehr, als alles zu tun, was mir in meiner Dienststellung möglich war, daß der Krieg für uns militärisch so günstig wie möglich verlaufen würde.

Etwa jetzt, als Kapitän zur See, als einer von vielen dieses Ranges in der Kriegsmarine und von sehr vielen gleichrangigen Obersten im Heer und in der Luftwaffe Deutschlands, zu erklären: Dieser Krieg scheint mir nicht, ich mache ihn daher nicht mit – ein solches Handeln hätte unsere politische Situation nicht geändert, der Kriegszustand wäre trotzdem bestehen geblieben. Ich hätte dann nur meinen Befehlsbereich, die U-Boot-Waffe und die mir getreuen Untergebenen verlassen, lediglich zum Nachteil unserer Kriegführung. Daß mich bei einem solchen Verhalten außerdem ein deutsches Kriegsgericht schwer verurteilt hätte, ist selbstverständlich, und das mit Recht, wie auch das Gleiche mit jedem Offizier jeder anderen Nation in einem entsprechenden Fall geschehen wäre.

Die Politik hat das Primat über den Soldaten. Wer also, zumindesten von einem untergeordneten Soldaten, bei einer Kriegserklärung etwas anderes als den soldatischen Gehorsam zuläßt, oder sogar die eigene Entscheidungsmöglichkeit jedem Soldaten zubilligt bzw. verlangt, rüttelt an der Existenzberechtigung der Wehrmacht und an der Sicherheit des Staates, für den diese Wehrmacht gebildet worden ist.

Daß ich mir bei Kriegsbeginn über die Schwere unserer Lage klar gewesen bin, zeigen die Worte, welche ich am 4. September meinen Offizieren gesagt habe: »Nehmen Sie diesen Krieg sehr ernst! Seien Sie sich darüber klar, er wird sehr lange, vielleicht 7 Jahre dauern, und wir werden froh sein, wenn er dann mit einem Vergleich endet.«

Als Seeoffizier stand ich daher nun vor einer schweren Aufgabe, mit völlig unzureichenden Mitteln den Kampf gegen England, der größten Seemacht der Welt, zu führen. Für entscheidende Erfolge reichten, wie schon gesagt, die wenigen deutschen U-Boote in keiner Weise aus. So kam ich bei Kriegsbeginn zu dem Entschluß, nach schwerem inneren Kampf, den Oberbefehlshaber der Kriegsmarine zu bitten, mir die jetzt wichtigste Aufgabe, die des nunmehr dringend notwendigen U-Boot-Baus, zu geben und den Fronteinsatz der wenigen U-Boote, die nur »Nadelstiche« dem Gegner zufügen könnten, meinem nächsten Untergebenen, dem Kapitän zur See von Friedeburg zu überlassen. Dieser Entschluß war logisch richtig, denn die Voraussetzung für einen erfolgreichen Seekrieg gegen England war jetzt, die fehlende U-Boot-Waffe so schnell wie möglich zu ersetzen.

Der Oberbefehlshaber der Kriegsmarine lehnte jedoch meine Bitte, den U-Boot-Bau zu übernehmen, ab. Er hielt mich an der Front für unentbehrlich. Die mir unterstellten U-Boot-Besatzungen wären mit mir in völligem Vertrauen verbunden. Ihnen jetzt ihren Befehlshaber zu nehmen, im Augenblick des Kriegsbeginns, als die vorhandenen U-Boote nun operativ richtig eingesetzt werden und die U-Boot-Männer sich bewähren sollten, würde einen schweren militärischen Nachteil mit sich bringen.

Diese Ansicht des Oberbefehlshabers war sicher ebenfalls richtig.

Andererseits wissen wir rückblickend heute, daß selbst ab Kriegsbeginn der U-Boot-Bau keinerlei Vorrang vor den anderen Rüstungsaufgaben von Hitler bekommen hatte, daß die deutsche U-Boot-Waffe daher nicht mit allen Mitteln des Staates und der Industrie in den ersten Jahren des Krieges geschaffen worden ist, wie es gesamtstrategisch richtig gewesen wäre. Wir wissen heute, daß wir in den ersten $3^{1}/_{2}$ Jahren des Krieges wegen zu geringer U-Boot-Zahlen nicht die Entscheidung in der Atlantikschlacht zu unseren Gunsten herbeiführen konnten.

Andererseits ist natürlich die Frage völlig offen, ob es mir, wenn Raeder bei Kriegsbeginn meiner Bitte entsprochen hätte, gelungen wäre, bei der deutschen Staatsführung in den Jahren 1939 bis 1943 durchzusetzen, daß der U-Boot-Bau den erforderlichen Rüstungsvorrang zu bekommen hätte.

Über die Frage des U-Boot-Baus sage ich übrigens später noch ein Wort.

Ich blieb also bei Kriegsbeginn Front-Führer der U-Boot-Waffe. Meine strategische Konzeption war klar. Sie war ja bereits in einem Kriegsspiel mit den Offizieren der U-Boot-Waffe im Winter 1938/39 gründlich untersucht. Für unsere seestrategische Aufgabe waren die entsprechenden Bedingungen des Gegners die Voraussetzung. England war ein Inselstaat, sein Leben und die Ernährung der Bevölkerung hingen von der Einfuhr der Nahrungsmittel über See ab. Ebenso mußten für die Industrie die Rohstoffe eingeführt werden. Dazu kam noch im Kriege eine vermehrte Einfuhr von Rohstoffen für die durch den Krieg bedingte Vergrößerung der eigenen Waffenwerkstätten. Aber auch jede Hilfe durch andere Staaten konnte England nur über See erhalten, seien es Waffen aus den entsprechenden Fabriken der ganzen Welt, sei es die Hilfe durch Truppen von Verbündeten.

Und weiter: Jede Kräfteentfaltung auf dem europäischen Kontinent war davon abhängig, daß Truppen und ihre Ausrüstung über See nach Europa transportiert werden konnten.

Von dieser gewaltigen Einfuhr über See hingen daher das Leben der englischen Bevölkerung, seiner Wirtschaft und Industrie und die Kriegführung gegen den kontinentalen Gegner ab. Der Schutz des Handelsschiffsraums, der für diese Einfuhr gebraucht wurde, mußte daher für England die wichtigste Seekriegsaufgabe sein. Entsprechend mußte für uns der Angriff auf diesen Handelsschiffsraum den strategischen Vorrang vor allem anderen Kriegsgeschehen haben, da von der Vernichtung dieser Transport-Tonnage letzten Endes auch unsere Erfolge auf dem Kontinent abhingen.

Wir mußten diesen Handelsschiffsraum so schnell wie möglich versenken, denn sicherlich würde der Gegner versuchen, Handelsschiffe als Ersatz für Verluste nachzubauen, aber auch dieser Nachbau brauchte Zeit.

Auch darum mußten wir so schnell wie möglich versenken, weil ebenfalls der Aufbau und die Entwicklung der englischen U-Boot-Abwehr Zeit brauchte. Es war also ein Wettlauf zwischen der Wirkung des U-Boot-Krieges einerseits und den Erfolgen der U-Boot-Abwehr sowie dem Nachbau der Handelstonnage andererseits.

Aus allen diesen Gründen war es also notwendig, ab Kriegsbeginn so schnell wie möglich U-Boote zu bauen. Churchill sagt in seinen Erinnerungen »The Second World War«, Band I, Seite 392, über den Anfang des Krieges: »It was obvious that the Germans would build submarines by hundreds, and no doubt numerous shoals were upon the slips in various stages of completion. In twelve months, certainly in eighteen, we must expect the main U-boat war to begin.« Er war also hinsichtlich der Notwendigkeit des schnellen deutschen U-Boot-Baues der gleichen Ansicht.

Aus demselben Grunde, möglichst hohe Versenkungszahlen möglichst schnell zu erreichen, hatte ich für den Ansatz der U-Boote das »Prinzip des ökonomischen Einsatzes«, d. h. zu versuchen, die feindliche Handelsschiffstonnage dort zu versenken, wo es für die U-Boote am leichtesten war und damit das größte Versenkungspotential pro U-Boot und Seetag erreicht werden konnte. Hierbei spielten natürlich die Entfernungen, die Länge der An- und Rückmarschwege eine Rolle.

Dieses Versenkungspotential wurde in dem Operationszimmer des Befehlshabers der U-Boote laufend graphisch dargestellt und ständig kritisch nach seinen Gründen untersucht. Es war also ein wesentlicher Gesichtspunkt für den entsprechenden operativen Einsatz der U-Boote.

Nach diesen Grundsätzen versuchte ich nach Kriegsbeginn die U-Boote einzusetzen.

12. Welche Unterstützung fanden Sie für Ihre Konzeption bei dem Oberbefehlshaber der Kriegsmarine und bei Hitler?

Ich hatte in der Beantwortung der Frage 10 bereits gesagt, daß ich in der Spannungszeit Ende August 1939 nochmals in einem Schreiben auf die außerordentliche Dringlichkeit des U-Boot-Baus, in Anbetracht unseres gefährlichen politischen Verhältnisses zu England, hingewiesen hatte.

Als der Krieg dann gekommen war, und der Oberbefehlshaber der Kriegsmarine nunmehr meiner Konzeption des U-Boot-Baus zustimmte, stellte ich in einem Schreiben vom 8. September 1939 die U-Boot-Typen, welche ich für notwendig hielt, zusammen und gab auch die Verhältniszahlen an, in denen sie gebaut werden sollten. Siehe die Abschrift des Schreibens FdU B. Nr. 482 Gkds vom 8. 9. 1939, welche ich dieser Beantwortung der Frage 12 als Anlage beifüge.

Am 28. September 1939 besuchte Adolf Hitler die U-Boot-Waffe in Wilhelmshaven. Ich benutzte diese Gelegenheit, um in einem Vortrag vor allem auf zwei Punkte hinzuweisen:

1. Ich bin der Überzeugung, daß die U-Boote, weil sie, im Gegensatz zum 1. Weltkrieg, in der Lage sind auch gemeinsam, z. B. gegen Geleitzüge zu kämpfen, entscheidende Erfolge gegen die Seemacht England haben können.

Diesen Gesichtspunkt betonte ich deshalb besonders, um bei Hitler, der als ehemaliger Landsoldat keinerlei Erfahrung im Seekrieg besaß, das Vertrauen zu meiner Ansicht über den U-Boot-Krieg gegen England zu stärken.

2. Der 2. Punkt, welchen ich in meinem Vortrag hervorhob, war der, daß alle Aussichten für den erfolgreichen Seekrieg nur dann Wirklichkeit werden könnten, wenn eine ausreichende Zahl von U-Booten vorhanden sei.

Mit diesem Hinweis wollte ich die Forderung des Oberkommandos der Kriegsmarine unterstützen, nunmehr *beschleunigt* U-Boote zu bauen.

Ich erhielt von Hitler nach meinem Vortrag keine Antwort, also keine Stellungnahme, geschweige denn eine Zustimmung. Sichtlich zeigte er an diesem Tage seine Achtung vor der deutschen U-Boot-Waffe. Sonst hätte er ja auch sicherlich seinen Besuch nicht angekündigt und durchgeführt. Aber zu meinen Ausführungen, was diese Gesamtfragen des U-Boot-Krieges anbetraf, schwieg er. Auch Großadmiral Raeder unterstützte meine Ausführungen nicht.

Wie ich später erfuhr, hatte der Oberbefehlshaber der Kriegsmarine am 10. September 1939 für den Kriegsschiffbau angeordnet: »Die Friedensplanung wird aufgehoben. Der neue Bauplan umfaßt bei gleicher Dringlichkeit:

1. Neubau von U-Booten, typenmäßig nach den Vorschlägen des BdU.

2. Weiterbau der fünf großen Einheiten, der Schlachtschiffe »Bismarck« und »Tirpitz«, der Kreuzer »Prinz Eugen« und »Seydlitz« und des Flugzeugträgers »Zeppelin«.

3. Neubau von Zerstörern, Torpedo-, Minensuch- und Minenräumbooten, sowie von Fischdampfern, soweit sie zur Beherrschung der küstennahen Seewege erforderlich sind; ferner Bau von Schnellbooten.«

Weiterhin hatte Raeder am 10. Oktober 1939 Hitler um Vordringlichkeit dieses Marine-Bauauftrags vor anderen Rüstungsaufgaben gebeten und darauf hingewiesen, daß hierfür auch beschleunigt die erforderlichen Rohstoffe und Arbeitskräfte bereitgestellt werden müßten. Bei dieser Unterredung mit Raeder hatte Hitler den Bauabsichten der Marine zugestimmt, ohne ihm jedoch die erbetene Dringlichkeitsvollmacht zu geben.

Daß diese Vollmacht der Marine nicht erteilt würde, war eindeutig klar, als am 8. 12. 1939 das Oberkommando der Wehrmacht in Hitlers Auftrag der Marine folgendes mitteilte:

»1. Der Führer ist mit dem Plan der Kriegsmarine

a) Weiterbau der fünf großen Einheiten,

b) beschränkter Mob-Schiffbauplan,

c) Durchführung des vorgeschlagenen U-Boot-Programms einverstanden;

2. Nachdem Generalfeldmarschall Göring umfassende Vollmachten besitzt, hat der Führer und Oberste Befehlshaber der Wehrmacht davon abgesehen, darüber hinaus eine besondere Ermächtigung für die Dauer des U-Boot-Programms zu vollziehen.«

Diese Entscheidung sollte sich in immer stärkerem Maße nachteilig für den U-Boot-Bau auswirken. So bekam z. B. die Marine noch nicht einmal 5% der deutschen Stahlproduktion für ihre Rüstungszwecke zugewiesen, und trotz steigender deutscher Stahlerzeugung war die Stahlzuteilung für die Kriegsmarine z. B. 1942 geringer als bei Kriegsbeginn. Der U-Boot-Bau war, was seine Dringlichkeit im Gesamtrüstungsplan anbelangt, nur eine Aufgabe unter sehr vielen anderen auch.

Die Folge hiervon war, daß das U-Boot-Bauprogramm herabgesetzt werden mußte und wir z. B. Februar 1941, auch infolge der inzwischen eingetretenen Verluste, ebenfalls nur erst 22 Frontboote besaßen, also die gleiche Zahl wie bei Kriegsbeginn.

Ich hatte immer wieder darauf hingewiesen, daß es darauf ankam, so schnell wie möglich in der Atlantikschlacht zu schlagen, um dem allmählichen Anwachsen der feindlichen Abwehr und dem Nachbau von Handelsschiffen zuvorzukommen. So hatte ich z. B. in einem Vortrag bei Hitler am 14. Mai 1942 gesagt:

»Ich kann daher nur immer wieder betonen, daß es darauf ankommt, möglichst bald zu versenken, möglichst bald mit möglichst vielen U-Booten, die sich tatsächlich in See in der Operation befinden, den Gegner zu schädigen. Was heute versenkt wird, ist wirkungsvoller, als was etwa im Jahre 1943 versenkt wird.«

Ebenfalls hatte das U-Boot-Amt in Berlin geschrieben:

»Es kommt in unserer Lage einzig und allein darauf an, zunächst einmal den Bestand an Front-U-Booten auf schnellstem Wege auf einen gewissen Höchststand zu bringen, solange die Verlustquote noch verhältnismäßig gering und die Abwehrmaßnahmen des Gegners, hierunter gehört auch der Handelsschiffbau der USA, der erst ab 1942/1943 in größerem Ausmaß wirken wird, noch nicht genügend entwickelt sind. Heute Versäumtes läßt sich später selbst bei vermehrter Produktion nicht mehr einholen.«

Aber in den ersten Jahren des Krieges erhielt der U-Boot-Bau nicht den erbetenen Vorrang. Erst im Frühjahr 1943, also nach 3½ Jahren Krieg, wurde diese Forderung von der Staatsführung erfüllt. Dann war es jedoch zu spät.

Und dieses Versäumnis des rechtzeitigen U-Boot-Baus ist der entscheidende Grund für den Verlust der Atlantikschlacht. Darüber ist bei den zuständigen Historikern kein Zweifel. So schreibt der englische Marinehistoriker Roskill in Bd. I seines Werkes »The War at Sea« auf Seite 60:

»The slowness with which the Germans expanded their U-boat constructions was to have most fortunate consequences for Britain.«

Und er sagte auf Seite 93 seines Buches »White Ensign«, »The British Navy At War 1939–1945«: »The Germans had given U-boat construction so low a priority that, after fifteen months of war, they had not even replaced the 31 boats they had lost; and by the end of 1940 their operational strength had actually declined to an alltime low figure of twenty-two boats. The slowness with which Hitler's government accepted the need for a large U-boat buildingprogramme undoubtedly eased Britain's peril.«

Ebenso schreibt der englische Admiral Sir Arthur Hezlet in seinem Buch: »The Submarine & Sea Power« über unsere Aussichten, den Krieg zu gewinnen, auf Seite 188:

»Their only chance to win, however, would have been to build up their U-boat fleet still more rapidly, to produce results before British counter measures became effective and the enormous American shipbuilding effort matured at the end of 1942. This they failed to do and it is probably the main reason for the defeat of the campaign.«

Und Admiral Sir Arthur Hezlet schließt seine seekriegsstrategische Betrachtung des 2. Weltkriegs auf Seite 189/190 mit folgenden Worten ab:

»It would be easy to conclude that the German-U-boat campaign in the Second World War was easily countered and merely confirmed the past history of the guerre de course, which showed that it could always be defeated by convoy. This would be a far too facile assumption. It failed only by a very narrow margin. Had the Germans built up their U-boat-fleet quicker, or the British failed to adopt convoy or develop Asdics and radar, or the Americans failed in their shipbuilding programme, the results could have been very different. The Battle of the Atlantic was won only because the Allies again put an immense military, civil and scientific effort into it. They had to do this for the very reason that the submarine as a commerce raider, was a potentially decisive weapon of seapower and, if they had not, they would have lost the war.«

Wie kam es also dazu, daß Hitler gesamtstrategisch nicht auf dem Standpunkt stand, daß die Schlacht im Atlantik das Primäre war und letzten Endes alles andere weitere Kriegsgeschehen bestimmen würde?

In Verkennung der englischen Mentalität hatte er noch bis in das Jahr 1940 hinein die Hoffnung, zu einer Verständigung mit England zu kommen. Immer glaubte er noch an die Möglichkeit eines Sonderfriedens mit diesem Inselreich, und dies schien ihm besonders gegeben, nachdem im Juli 1940 mit Frankreich der Waffenstillstand abgeschlossen war. Als dann aber die Engländer diese Verständigungsbereitschaft nicht zeigten, glaubte Hitler, durch eine Besiegung Rußlands auch England friedensbereit machen zu können. Denn dann wäre den Engländern, so rechnete Hitler, der »Hauptfestlanddegen« genommen, mit dem auf dem europäischen Kontinent Deutschland würde geschlagen werden können. Daß die Seemächte selbst in der Lage waren, ihre Kräfte auf dem Kontinent Europas zu entfalten, falls die Erhaltung ihrer Seewege im Atlantik ihnen hierfür die Möglichkeit bot, zog Hitler nicht in Betracht. So kam es, daß gesamtstrategisch und gesamtrüstungsmäßig der U-Boot-Krieg und der U-Boot-Bau keinen Vorrang erhielten, die Schlacht im Atlantik im Jahre 1943 für uns verloren ging und dann 1944 die Angloamerikaner ihre Kräfte auf dem europäischen Kontinent einsetzen konnten. Dadurch wurden uns dann auch die Siege in Europa, die wir in den ersten Jahren des Krieges errungen hatten, wieder aus der Hand genommen.

Die Frage, welche Unterstützung ich für meine Konzeption bei dem Oberbefehlshaber der Kriegsmarine fand, möchte ich wie folgt beantworten:

Großadmiral Raeder hatte selbstverständlich die Überzeugung, daß die strategische Aufgabe der deutschen Kriegsmarine war, Handelskrieg gegen England zu führen.

Aus diesem Grunde faßte er ja auch bei Kriegsbeginn den Entschluß, vordringlich U-Boote zu bauen. Daß er sich, was den beschleunigten U-Boot-Bau anbetrifft, bei Hitler nicht durchsetzen konnte, habe ich bereits erwähnt.

Aber neben dem Handelskrieg durch U-Boote setzte Großadmiral Raeder ab Kriegsbeginn mit erheblicher Kühnheit die Überwasserschiffe der Kriegsmarine, Schlachtschiffe, Panzerschiffe und Kreuzer für den Handelskrieg ein.

Dieser Entschluß ist auch psychologisch zu erklären. Die deutsche Kriegsmarine bestand fast ausschließlich aus Seeoffizieren, die in erster Linie in der Überwassermarine ihre Laufbahn gehabt hatten. Sie waren daher selbstverständlicherweise grundsätzlich auf eine Überwasserkriegführung eingestellt. Die gleiche Denkungsart hat z.B. auch die englische Marine gehabt, wie der englische Marinehistoriker Roskill im Bd. I seines Seekriegswerks auf Seite 355 treffend schreibt.

Aber nicht nur aus diesen psychologischen Gründen, sondern auch aus sachlichen Gründen war der von Großadmiral Raeder durchgeführte Einsatz unser großen Überwasserschiffe für den Handelskrieg richtig. Selbstverständlich hatten diese Schiffe ebenfalls in der Versenkung von Handelsschiffen Erfolge. Aber gleichzeitig zwangen sie auch die englische Kriegsmarine, entsprechend erhebliche Überwasserstreitkräfte einzusetzen, wenn unsere großen Überwasserschiffe im Atlantik operierten. Die deutschen Schiffe banden also durch ihr Auftreten auch große Kräfte des Gegners.

Aber bei diesem strategisch richtigen Einsatz darf ein Gesichtspunkt nicht vergessen werden: Das Wesentliche war, daß Handelsschiffe des Gegners *versenkt* wurden. Es durften daher keine Maßnahmen geschehen, die zu einer Abnahme der Versenkungen führten. Alle anderen Wirkungen der eigenen Seestreitkräfte, wie Bindung oder Zersplitterung der feindlichen Seestreitkräfte, stehen in zweiter Ordnung hinter dem ersten Ziel, tatsächliche Versenkungen gegnerischer Schiffe zu erreichen.

Für dieses Ziel der Versenkung war jedoch das deutsche U-Boot das wirkungsvollste Kampfmittel, und es war, was den eigenen Aufwand anbetrifft – man vergleiche hiermit den entsprechend sehr viel größeren Aufwand, den der Einsatz der Überwasserschiffe notwendig machte – auch unser ökonomischstes Kampfmittel gegen England. Ich war daher der Ansicht, daß durch den Einsatz der Überwasserkriegsschiffe im Atlantik, so sehr dieser, wie bereits gesagt, zu begrüßen war, keinesfalls der U-Boot-Einsatz behindert werden durfte. Denn die Folge hiervon war für uns lediglich eine Abnahme der Gesamtversenkung und damit ein positiver Vorteil für den Gegner.

Dieser Gesichtspunkt mußte daher nach meiner Ansicht bei dem Einsatz der großen Überwasserschiffe im Auge behalten werden. Dies geschah nicht immer: Zum Beispiel wurden im März 1941 auf Befehl des Oberkommandos der Kriegsmarine etwa 800 deutsche Werftarbeiter der U-Boot-Reparatur in den Bretonischen Häfen weggenommen und nach Brest geschickt, um die dort liegenden beiden Schlachtschiffe »Scharnhorst« und »Gneisenau« zu reparieren. Sicherlich war dies notwendig. Es hatte aber gesamtstrategisch zur Folge, daß die deutschen U-Boote nicht repariert wurden, daher nicht auslaufen konnten und deshalb im Kriegsgebiet des Atlantik die Versenkungen erheblich abnahmen.

Es wurde also hierdurch unser wesentliches strategisches Grundprinzip, soviel wie möglich an englischem Transportraum zu versenken, verlassen.

Auf dieses Problem muß ich noch einmal bei Beantwortung der Frage 15 zurückkommen.

Anlage zur Frage 12

F.d.U.   W'hafen, 8. 9. 1939

B. Nr. 482 Gkds.

An das O.K.M., Berlin

BERLIN

Betrifft: U-Boot-Bauprogramm

Vorgang: Tel. Rücksprache am 8. 9. 39 Admiral Schniewind mit FdU.

1. Weiterbau der Typen VIIc und IX in den mit FdU Gkds 172 Chefs. 1. 9. 39 angegebenen Verhältnissen.

2. Kein Bau von kleinen U-Booten, da Verwendung grundsätzlich nur in heimischen Gewässern möglich und keine operativen Verwendungen in Ostsee in absehbarer Zeit wahrscheinlich, in Nordsee fraglich. Letztere kann jedoch auch mit den Booten des Types VIIc geschehen. Diese können auch gleichzeitig als Atlantikboote (Azoren) Verwendung finden.

3. Weiterbau der in Auftrag gegebenen Boote Typ Xb. Minenverwendung in außereuropäischen Gewässern sehr aussichtsreich (Kapstadt, Simonstown, Colombo, Singapure). (Für die beiden letzten Häfen siehe Ziffer 6 U-Boot-Tanker.)

4. Weiterbau von Typ XI. Sein Hauptwert liegt im strategischen Druck in sehr entfernten Seegebieten. Die artilleristische Verwendungsmöglichkeit ist sehr zweifelhaft. Der FdU schlägt vor, das Boot unter Minderung seiner Artilleriebewaffnung nur als schnelles Boot mit großem Aktionsradius zu bauen. Dann ist dieses Boot auch verwendbar in Verbindung mit Torpedoträgern im Atlantik (Feststellen der auslaufenden Geleitzüge bei den Lieferstaaten – Amerika – es wird leichter Fühlung halten und leichter Fühlung wiedergewinnen können als ein langsames Boot und wird die im östlichen Teil des Atlantiks stehenden Torpedo-U-Boote heranführen bzw. ansetzen können). Dann also auch als »Flotten-U-Boot« verwendbar.

Als Bezeichnung wird »Fern-U-Boot« vorgeschlagen.

5. Damit erübrigt sich der beabsichtigte Bau der Boote Typ XII (früher Flotten-U-Boot), von dem es zudem sehr fraglich ist, ob es die gestellten Anforderungen in bezug auf Geschwindigkeit und Aktionsradius überhaupt erfüllen kann.

Diese werden sich jedoch von dem Typ XI sicher erfüllen lassen.

6. Bau von 3 Unterseebootstankern für Brennstoff und Proviantversorgung von etwa 2000 t und verhältnismäßig geringer Geschwindigkeit, aber großem Fassungsvermögen zur Abgabe von Brennstoff und Proviant an U-Boote.

Zusammenfassung:

Mithin ergibt sich folgende Zusammenstellung der in Bau zu gebenden U-Boote:

a) Torpedoträger; Boote des Typ VIIc und IX,
b) weitreichende Minen-U-Boote mit großem Aktionsradius; Typ Xb,
c) schnelle, große Fern-U-Boote,
d) U-Boot-Tanker.

gez. Dönitz

Die Beendigung des Krieges mit Frankreich im Sommer 1940 hatte natürlich auf das deutsche Volk und auf seine politische und militärische Führung außerordentliche psychologische Wirkungen. Welch ein Sieg, so dachte man! Nun kommt auch bald der Friede mit England! Alles ist doch sehr viel schneller zu unseren Gunsten verlaufen, als wir geglaubt hatten! – Letzteres war richtig. So gab es z. B. in der deutschen Heeresleitung im Jahre 1938 die Ansicht, daß ein Krieg mit Frankreich »ein zweijähriges Verbluten des deutschen Heeres an der Maginot-Linie bedeuten würde.«

Im Oberkommando des Heeres und auch in der Seekriegsleitung gab es Stimmen, die ebenfalls nach dem Waffenstillstand mit Frankreich die Erwartung Hitlers teilten, daß wir nun auch mit England zu einem Friedensschluß kommen würden.

Ganz anders dachte das englische Volk und an seiner Spitze Churchill. Aus welchem Grunde sollte England jetzt politisch nachgeben, nachdem es nur Frankreich als Verbündeten verloren hatte, so nachteilig und schmerzlich dies auch war. Großbritannien war doch noch in eigener Hand und seine Lebenslinien im Atlantik nahezu voll intakt!

Wenn England jetzt deutsche Bedingungen annehmen würde, so würde es nur an politischem Ansehen in der Welt verlieren und vor allem hierdurch lediglich ein noch größeres und stärkeres Deutschland in Europa stabilisieren.

Ein solches Nachgeben hätte ja auch völlig der jahrhundertelangen englischen Politik widersprochen, sich gegen die stärkste Nation in Europa zu wenden und sie in einem etwaigen Krieg auf jeden Fall zu schwächen, aber nicht hierdurch ihre europäische Machtposition noch gewaltiger zu machen.

Und jetzt sich dem Gegner zu unterwerfen, widersprach ebenso völlig dem englischen Volkscharakter, der zäh und widerstandsfähig war und Handlungen nicht auf halbem Wege beendete, sondern erst dann, wenn sie einen vollen Erfolg gebracht hatten.

Was daher die englische Regierung am 18. Juni 1940 erklärte, nämlich, daß sie unter allen Umständen weiter kämpfen wolle, wurde dieser Haltung des englischen Volkes durchaus gerecht. Ich war daher der Ansicht, daß diese englische Verkündung vom 18. Juni ernst gemeint war und wir noch mit einem langen Krieg mit England zu rechnen hatten.

Im Oberkommando der Kriegsmarine war man aber auch anderer Meinung. So wurde ich unmittelbar nach dem Waffenstillstand mit Frankreich, z. B. vom Chef des Stabes der Seekriegsleitung gedrängt, doch nun alle Schul-U-Boote aus der Ostsee an die Front zu holen und in der jetzt kommenden letzten Phase des Krieges gegen England einzusetzen. Denn nunmehr brauchten wir ja gar keine künftige große U-Boot-Waffe mehr; also hätten wir es auch jetzt nicht mehr nötig, Besatzungen für diese späteren Front-U-Boote auf Schul-U-Booten in der Ostsee auszubilden! Ich lehnte diese Forderung ab und sagte dem Chef des Stabes der Seekriegsleitung, der Krieg gegen England würde noch Jahre dauern und es käme daher jetzt mehr denn je darauf an, beschleunigt eine große Zahl von U-Booten für diesen langen und entscheidenden Kampf gegen England zu schaffen.

Junge Offiziere der U-Boot-Waffe, die ich im Sommer 1940 in Ostpreußen bei ihrer Ausbildung besuchte, teilten mir ihre Sorgen mit: Der Krieg sei ja doch nun bald zu Ende, sicherlich kämen sie nicht mehr an die Front und könnten sich nicht, wie sie es gerne wollten, dort bewähren, weil sie diese lange Schulausbildung hier im Heimatland noch durchmachen müßten. Ich antwortete ihnen: »Drängeln Sie nur nicht! Ihnen wird nach vielen Monaten noch der Krieg zum Hals herauskommen. Vergessen Sie nicht, daß wir gegen die stärkste Seemacht der Welt kämpfen.«

Der hervorragende U-Boot-Kommandant, Fregattenkapitän Günter Hessler, schrieb am 13. 7. 1956 an einen Historiker das Folgende:

»Dönitz hat während des ganzen Krieges bewußt sich nach außen hin äußerst positiv gegeben, um seine Truppe bei der Stange zu halten. Mir sagte er bereits kurz nach der Kapitulation Frankreichs, als man in Deutschland allgemein der Auffassung war, daß der Krieg in Kürze beendet sei: ›Drängle Dich nicht zu sehr, um mit Deinem Boot an die Front zu kommen. Wir führen Krieg gegen die größte Seemacht der Welt, die zweitgrößte wird hinzukommen. Du wirst den Krieg noch so satt bekommen. Wir können froh sein, wenn wir zu einem Pari gelangen, gewinnen können wir ihn niemals.‹ Er er-

klärte mir weiterhin, daß er die Möglichkeit eines Verständigungs-
friedens in absehbarer Zeit für ausgeschlossen halte, denn wenn England einmal sich entschlossen habe, in den Krieg einzutreten, dann
würde es diesen Krieg auch bis zum Ende durchfechten.«

Ich habe diese beiden Fälle zitiert, um die Frage 13 zu beantworten,
also um zu zeigen, wie ich damals in dieser Beziehung gedacht habe.

*14. Wie haben Sie versucht, Ihr strategisches Ziel operativ zu verwirk-
lichen, obwohl Ihnen nur eine geringe Zahl von U-Booten zur Verfügung stand? Welchen Einfluß hatte hierbei die Benutzung der
französischen Biskaya-Häfen auf den U-Bootkrieg?*

Seitdem es eine deutsche Kriegsmarine gibt, befand sie sich in einer
Enge der strategischen Möglichkeiten. Deutschland liegt nicht an dem
freien Seeraum des Atlantik, wo der Weltverkehr, vor allem der Englands, läuft, es ist ein kontinentaler Staat, dessen Küsten an das Binnenmeer der Ostsee und an den flachsten und südöstlichsten Teil der
Nordsee grenzen. Auch die Nordsee ist in strategischer und operativer
Beziehung praktisch nahezu ebenfalls ein Binnenmeer, weil das große
Inselreich der englischen Seemacht zwischen ihr und dem Atlantik
liegt. Infolge dieser ungünstigen seestrategischen Lage konnte im
1. Weltkrieg die Tirpitzsche Flotte von keinem entscheidenden Erfolg
sein. Ihr Aktionsradius gestattete ihr nur in der Nordsee zu operieren.
Dort liefen aber nicht die Lebenslinien Englands, und wenn diese nicht
bedroht waren, so gab es für England auch keinen zwingenden Grund,
die deutsche Flotte anzugreifen. Sie konnte ja ruhig in diesem Binnen-
Meer der Nordsee bleiben, in welchem sie keine tödliche Gefahr für
England bedeutete. Deshalb hat England nach Kriegsbeginn 1914, entgegen der deutschen Erwartung, nicht sofort in einem Angriff die
Schlacht mit der deutschen Flotte gewählt. Auch das Zusammentreffen
der beiden Flotten in der Skagerrak-Schlacht führte zu keinem entscheidenden Abschluß. Die Engländer wollten sich nicht rücksichtslos
gegen einen Gegner einsetzen, der ja ihre Existenz nicht ernsthaft bedrohte.

Folgerichtig sperrte aber England den Ausgang aus der Nordsee in
den Atlantik in der Höhe der Shetlands durch eine sehr wirksame,
groß angelegte Minensperre. Nun waren die Briten ganz sicher, daß
sie alles gegen die deutsche Flotte getan hatten, was für den Schutz
ihrer Lebenslinien im Atlantik notwendig war. Die deutsche Flotte,
die nunmehr eingeschlossen in der Nordsee lag, war für sie überhaupt
kein lohnendes Angriffsobjekt mehr.

Im Sommer 1940 wurde aber alles anders. Durch die unerwartet
rasche Beendigung der Auseinandersetzung mit Frankreich und durch

den Gewinn des nordfranzösischen Raums hatte sich zum ersten Mal in der Geschichte Deutschlands seine seestrategische Lage polar geändert. Uns standen die Häfen an der Biskaya-Küste zur Verfügung. Wir konnten also zum ersten Mal unmittelbar am Atlantik operieren. Für jemanden, der nicht im kontinentalen Denken befangen war, war dies in geographischer und seestrategischer Beziehung eine dermaßen günstige, neue Situation, daß es selbstverständlich gewesen wäre, diese Gunst nunmehr mit allen Mitteln des Staates auszunutzen.

Denn der Krieg gegen England war nicht zu Ende, er mußte noch geführt werden. Dies konnte in seinem Schwerpunkt nur im Atlantik erfolgen.

Selbstverständlich hätte man den Krieg sehr schnell durch eine Invasion Englands beenden können, aber die Durchführung einer solchen Invasion, welche von den deutschen militärischen Stellen im Sommer 1940 gründlich geprüft wurde, war kräftemäßig für uns unmöglich. Im Luftkampf gegen England hatten wir ebenfalls keinen entscheidenden Erfolg erringen können. So blieb als einzige Lösung der Kampf gegen die englischen Seeverbindungen.

Es war ein entscheidender Fehler, daß unsere politische Führung diese totale Änderung zu unseren Gunsten in unserer geographischen und seestrategischen Lage in ihrer ganzen Bedeutung nicht erkannt hatte. Wir hatten Ausgangshäfen am Atlantik für den Seekrieg gewonnen und nutzten sie nicht mit allen Kräften für den U-Boot-Krieg aus, weil wir es unterließen, beschleunigt die ausreichende Zahl von U-Booten zu bauen.

Unmittelbar nach dem Waffenstillstand mit Frankreich ließ ich durch eine Kommission die Biskaya-Häfen auf ihre Reparaturmöglichkeiten für deutsche U-Boote untersuchen. Ebenso schickte ich Lastzüge mit der erforderlichen Ausrüstung in diese bretonischen Häfen, um die ersten dort einlaufenden U-Boote zu versorgen. Ich selbst fuhr ebenfalls unmittelbar nach dem Waffenstillstand an die Biskaya-Küste. Ich wollte mich persönlich über alle Möglichkeiten für die zu schaffenden U-Boot-Basen orientieren, und eine Befehlsstelle für mich vorbereiten. Denn ich hielt es für notwendig, daß auch ich nun mit der Front-U-Boot-Waffe meinen Standort nach Westen verlegte. Es war für mich eine Selbstverständlichkeit, daß ich meine enge Verbindung mit den U-Boot-Besatzungen aufrecht erhielt, also mußte ich ihren Einlaufhäfen auch räumlich nahe sein.

U-Boote, die bereits im Atlantik operiert hatten und noch aus dem »Hinterhaus« unserer Heimat ausgelaufen waren, konnten nunmehr im Sommer 1940 am Ende ihrer Unternehmungen und nach Aufbruch ihrer Vorräte und Torpedos in diese Biskaya-Häfen einlaufen, statt noch den langen Heimmarsch durch die Nordsee machen zu müssen. Sie wurden auf den Werften dieser bretonischen Häfen auch überholt und repariert.

So kam es dazu, daß trotz der geringen Zahl von nur 28 U-Booten, die für das Operieren im Atlantik überhaupt zur Verfügung standen, sich sehr bald die Zahl der Front-U-Boote, die tatsächlich im Operationsgebiet am Feinde stehen konnten, erhöhte, denn sie mußten ja nun nicht mehr den 450 sm längeren Marsch durch die Nordsee zurücklegen. Durch diese Verkürzung des Hin- und Rückmarsches standen also im Kampfgebiet mehr U-Boote als vorher. Es wurde daher auch mehr versenkt. Hierzu einige Zahlen:

Im Durchschnitt hatten wir in diesem Zeitraum, ab August 1940, etwa 8 bis 9 U-Boote im Operationsgebiet. Ihr Versenkungspotential war hoch: Pro U-Boot und Seetag wurden 700 bis 900 BRT versenkt. Dies ergab im August einen Versenkungserfolg von 56 Schiffen mit 267 618 BRT. Diese Zahl zeigt, wie sehr viel günstiger es gewesen wäre, wenn wir bereits damals mit mehr U-Booten hätten operieren können.

Der Ansatz der U-Boote erfolgte im August 1940 noch einzeln. Die Zahl der U-Boote, welche gleichzeitig zu Operationen ausliefen, war noch zu gering, um sie zur Bekämpfung von Geleitzügen zusammenzufassen. Erst im September und im Oktober 1940 ergaben sich hierfür die passenden Gelegenheiten. Diese wurden ausgenützt. Bei 4 Geleitzug-Angriffen durch U-Boot-Gruppen wurden 49 Schiffe versenkt. Hierdurch stieg im September 1940 die Versenkungszahl auf 59 Schiffe mit 295 335 BRT und im Oktober auf 63 Schiffe mit 352 407 BRT an.

Zu diesen ersten Anwendungen der Rudeltaktik schreibt der englische Marinehistoriker Captain Roskill in seinem Buch »The War at Sea«, Band I, Seite 354:

»As long as the enemy's strength in submarines remained small he (Dönitz) had no choice but to allow each boat to work by itself, to the best of its commander's ability. But as the numbers controlled by Admiral Dönitz increased he was able to introduce attacks by several U-boats working together. He had long been awaiting the opportunity to make this change in tactics, and the »wolf-packs«, as they came to be called, were gradually introduced between October

1940 and March 1941. The change caught us unawares and unprepared, for reasons which will be explained shortly ... But the development was, from the British viewpoint, full of the most serious implications, since the enemy had adopted a form of attack which we had not foreseen and against which neither tactical nor technical counter-measures had been prepared.«

15. Waren Sie in der Verfolgung dieser Ziele selbständig oder griffen hierbei gelegentlich die politische und militärische Führung Deutschlands ein? Wie wirkten sich diese Eingriffe aus? Welche strategische Bedeutung besaß nach Ihrer Ansicht z. B. der Mittelmeer-Kriegsschauplatz?

Ich habe bei der Beantwortung der vorstehenden Fragen bereits gesagt, daß Deutschlands wichtigste seestrategische Aufgabe im Kampf gegen die Seemacht England die Versenkung der englischen Handelsschiffstonnage war. Nur auf diesem Wege konnten wir zu einem entscheidenden Erfolg gegen England kommen. Daß diese These richtig war, sagt der britische Admiral of the Fleet, Lord Cunningham, ab 1943 als Erster Seelord Chef der englischen Admiralität, eindeutig in seiner Stellungnahme in der »Sunday Times« vom 25. Januar 1959:

»In the first place, it is remarkable how sound was Dönitz' judgement regarding the only way that this country could be brought to its knees – once invasion had proved impossible; and how relentlessly he pursued his strategy of slow strangulation by sinking our merchant ships. He always realise that the Atlantic was the one theatre in which a German victory could be gained and he thus constantly opposed diversions to the Mediterranean, and even to the Arctic route.

Again, I would say that his judgement was perfectly right. In fact my broad conclusion from reading your extracts is that Karl Dönitz was probably the most dangerous enemy Britain has had to face since de Ruyter, and that it was extremely fortunate for us, that his advice was so little heeded by his political leaders.«

Bei den wenigen U-Booten, die wir besaßen, mußte infolgedessen, wenn es erforderlich schien, U-Boote von dieser Hauptaufgabe des Tonnage-Krieges abzuziehen, stets genau geprüft und überlegt werden, ob dies wirklich unumgänglich notwendig war. Denn wir mußten ja auch so schnell wie möglich die Tonnage des Gegners versenken, damit diese Versenkungen für England entscheidend fühlbar wurden, bevor es diese Verluste durch Neubauten von Schiffen ersetzen konnte. Dieser Grundsatz, die U-Boote nur in den allerdringendsten Fällen vom Tonnage-Krieg abzuziehen, ist jedoch bei uns im Krieg nicht immer befolgt worden. Hierfür folgende Beispiele:

1. Großadmiral Raeder hatte bereits Ende 1940 Hitler vorgeschla-

gen, den Schwerpunkt der Kriegführung nach dem Mittelmeerraum zu verlegen. Wahrscheinlich hat Raeder bei diesem Vorschlag in erster Linie an unser Heer und unsere Luftwaffe gedacht und nicht in dem Maße, wie es nachher erfolgen sollte, die Rückwirkung auf die Atlantikschlacht durch die Verlegung auch von U-Booten in das Mittelmeer in Betracht gezogen.

Selbstverständlich war der Mittelmeerraum auch von großer strategischer Bedeutung, aber verglichen mit der Atlantikschlacht stand er nur in zweiter Linie. Dieses drückt auch der Kriegsplan der britischen Admiralität vom 30. Januar 1939 klar aus. In diesem Plan, welchen die britische Regierung genehmigt hatte, war als Hauptaufgabe in einem Kriege genannt, die atlantischen Seewege zu sichern. Dies war, wie der Plan sagte, »von höchster Wichtigkeit«. Denn hier konnten Verluste »eine schnelle und endgültige Katastrophe« bringen.

Das Mittelmeer dagegen war in diesem britischen Kriegsplan nur als »von zweithöchster Wichtigkeit« bezeichnet. Denn wenn für den englischen Seeverkehr das Mittelmeer durch den Gegner gesperrt werden würde, könnte dieser Seeverkehr aus dem ostasiatischen Raum immer noch südlich Afrika um das Cap der Guten Hoffnung herum den Atlantik und dann England erreichen.

Auch im Kriege selbst hat die englische Admiralität stets auf die erste Wichtigkeit der Sicherung der Atlantikwege hingewiesen. Im Jahre 1941 war Admiral Cunningham, den ich bereits vorstehend genannt habe, noch Oberbefehlshaber der britischen Marinestreitkräfte im Mittelmeer. Er schreibt in seinen Erinnerungen »A Sailor's Odyssey« von dieser Zeit auf Seite 299: »From what I learnt from the First Sea Lord it was fully realized that our greatest danger lay in the Battle of the Atlantik.«

Selbstverständlich hatte er damals als Oberbefehlshaber im Mittelmeer die Interessen dieses Seeraums zu vertreten und hatte infolgedessen auch entsprechende Forderungen zur Verstärkung seiner Sicherungsstreitkräfte im Mittelmeer an die englische Admiralität gestellt. Loyalerweise bringt er auf Seite 321 seiner Erinnerungen die Antwort, die er von dem damaligen Ersten Seelord, Admiral Sir Dudley Pound, erhalten hatte: »I am not sure you fully appreciate events outside the Mediterranean. The Battle of the Atlantic is of supreme importance over all other commitments. The U-boat, mine and aircraft menace is not only on our own coasts but U-boats are already operating in the Freetown area and may be operating off Newfoundland.«

Aus diesem Zitat ist verständlich, welche überragende Bedeutung die Engländer der Atlantikschlacht beimaßen. Im Gegensatz zu dieser und auch meiner Auffassung wurden im Jahre 1941 die deutschen U-Boote in so großer Zahl aus dem Atlantik abgezogen und in das Mittelmeer, beziehungsweise westwärts vor die Gibraltar-Straße, dem Eingang ins Mittelmeer, geschickt, so daß die Schlacht im Atlantik durch unsere U-Boote zum Erliegen kam. Daß der Tonnage-Krieg die Hauptaufgabe der deutschen Seestrategie und damit die der U-Boote war, wurde also außer acht gelassen. Durch diese Abstellung der deutschen U-Boote im Mittelmeerraum sind von uns 1941/1942 mindestens 500 000 BRT in der Atlantikschlacht weniger versenkt worden. Diese Zahl ist lediglich berechnet nach dem sogenannten »Versenkungspotential«, das heißt danach, was zu der damaligen Zeit tatsächlich ein U-Boot pro Seetag an Tonnage versenkt hat. Es ist also nicht in Betracht gezogen, daß eine größere Zahl von U-Booten im Atlantik auch eine größere Zahl von Augen bedeutet hätte, die den Verkehr dann leichter hätten finden können, wodurch es selbstverständlich zu noch größeren Versenkungen gekommen wäre.

Diese bevorzugte Aufstellung von U-Booten im Mittelmeerraum war daher ein entscheidender Nachteil.

Hierüber schreibt der englische Marinehistoriker Roskill auf Seite 540 des 1. Bandes seines Buches: »But, in the long view, it may be doubted whether the redistribution of the enemy's U-boat strength brought him any advantage, because of the decline in his Atlantic offensive which it made inevitable.«

2. Unsere politische Führung und auch die verantwortlichen Marinestellen hatten selbstverständlich die Pflicht, dafür zu sorgen, daß wir militärische Maßnahmen des Gegners, gegen das von uns besetzte Norwegen, abwehren konnten. Zu diesem Zweck waren als »Schildwachen« auch stets einige U-Boote dort aufgestellt und somit von ihrer Hauptaufgabe, soviel wie möglich an Handelsschiffstonnage zu versenken, abgezogen.

Bei dieser Maßnahme war, wie ich eingangs bereits gesagt habe, zu prüfen, ob der Nutzen der Abstellung so groß war, daß das Wegnehmen dieser U-Boote von ihrer wichtigsten strategischen Aufgabe geschehen mußte.

Ich war damals der Ansicht, daß diese vorsorgliche Aufstellung von U-Booten an der norwegischen Küste nicht richtig war: sie wären mit allergrößter Wahrscheinlichkeit bei irgendeiner militärischen Aktion, einer Landung der Engländer im norwegischen Raum, nicht rechtzeitig am Ort dieses gegnerischen Unternehmens eingetroffen, um dieses überhaupt verhindern zu können.

Ich habe Ende 1941 hierzu geschrieben:

»Der BdU hält einen Einsatz von Atlantik-Booten bei überraschenden und kurzfristigen Prestigeangriffen der Engländer an der norwegischen Küste aus folgenden Gründen nicht für zweckmäßig:

1. Die U-Boote werden in den seltensten Fällen den Raum rechtzeitig erreichen können.

2. Ihre Angriffsaussichten sind bei den schnell beweglichen Zielen sehr gering.

3. Der Ansatz bedingt erhöhten Brennstoffverbrauch, der ihre beabsichtigte Atlantikverwendung im amerikanischen Raum einschränkt.

4. Durch den Ansatz treffen die Atlantikboote wieder mit zeitlicher Verzögerung im Operationsgebiet ein, in welchem seit Wochen eine vollkommene U-Boot-Leere vorhanden ist, die möglichst bald zu beseitigen von größter Wichtigkeit ist. Diese vollkommene Leere hat bisher auch ein Ausnutzen der großen Möglichkeiten im unberührten amerikanischen Raum verhindert, sie hat außerdem naturgemäß zu einer großen Entlastung der englischen Abwehrstreitkräfte im Atlantik und zu deren Konzentration in einem Raum geführt, in dem sich die deutschen U-Boote zur Zeit in einer Mehrzahl befinden, bzw. den sie passieren. Die Folgen hiervon sind erhebliche eigene U-Boot-Verluste gewesen.

5. Der BdU sieht daher in einem solchen Ansatz an der norwegischen Küste ein Haschen nach sehr schwer faßbaren Zielen und eine Absplitterung von U-Booten vom Handelskrieg, der ihrer Eigenart am besten entspricht und der bei der geschilderten Gesamtlage unter allen Umständen baldmöglichst wieder aufgenommen werden muß. Der BdU bittet, diese Gesichtspunkte würdigen zu wollen, wenn er künftig derartige Anforderungen von Atlantik-Booten ablehnen muß.«

In einem zweiten Schreiben habe ich Ende 1941 zu dieser Frage noch folgendes gesagt:

...

»3. Die Entscheidung des Krieges muß im Kampf gegen die Einfuhr Englands fallen. Dieser Kampf ist die Hauptaufgabe der U-Boote, die ihnen durch andere Streitkräfte nicht abgenommen werden kann. Die Entscheidung im Kampf gegen Rußland fällt zu Lande, U-Boote können in ihm nur eine Nebenrolle spielen. Diese Verhältnisse sind auch in den Weisungen der Skl für den Barbarossa-Fall mit aller Schärfe zum Ausdruck gekommen.

4. Wie wiederholt gemeldet, hält der BdU daher jedes Abziehen von U-Booten für diese oder andere Nebenaufgaben für falsch.

5. Während Erfolge auf dem Hauptkriegsschauplatz, dem Atlantik, in immer stärkerem Maße nur mit großen U-Boot-Zahlen erreicht werden können, ist augenblicklich eine erschreckend geringe Zahl von Booten (im Nordatlantik 4, plus 4 auf Ausmarsch) eingesetzt. Dieser Schwächezustand beruht zum Teil darauf, daß mehrere Boote nach erfolgreichen Unternehmungen zurückgekehrt sind. Eine erhebliche Schwächung ist darauf zurückzuführen, daß zur Zeit nicht weniger als 3 Boote bei Geleitaufgaben, 5 Boote für Einsatz Frauenheim, 2 plus 4 Boote für Nordeinsatz eingesetzt sind, das heißt, daß allein 10 auf Unternehmung befindliche Boote nicht ihrer Hauptaufgabe, sondern Nebenaufgaben dienen, gegenüber 4 Booten im Nordatlantik. Dies bedingt außerdem, daß die Erfolgsaussichten auch noch dieser 4 restlichen U-Boote stark herabsinken, da zum Finden des Geleitzuges möglichst viele Augen erforderlich sind und mit nur 4 Booten infolge der fehlenden weiteren Augen diese Aufgabe nur durch seltensten Zufall gelöst werden kann.

6. Der BdU ist daher zusammenfassend der eindeutigen Ansicht, daß ein Schwächen oder zeitliches Hinausschieben eines wirkungsvollen U-Boot-Krieges gegen England durch Abstellen von U-Booten für jegliche Nebenaufgaben falsch ist. Die Verhältnisse des U-Boot-Krieges sind naturgemäß heute nach 2-jährigem Krieg schwerer und erfordern mehr U-Boot-Zahlen als früher. Umso dringender ist die sofortige Konzentration aller U-Boote auf die Hauptaufgabe. Es ist unerträglich, daß im Nordatlantik jetzt nach 2 Jahren Krieg noch eine 14-tägige Atempause infolge fehlender U-Boot-Zahlen eintreten kann.«

Ich glaube, daß ich damals, Ende des Jahres 1941, meine Ansicht bereits klar ausgedrückt habe. Aber ich hatte mit diesen Schreiben trotzdem keinen Erfolg. Es sollte im Gegenteil noch schlimmer kommen.

Bei einer Besprechung im Führerhauptquartier am 22. Januar 1942 hatte Hitler erklärt:

»Norwegen sei die Schicksalszone des Krieges. Verstärkungen durch Überwasser- und Unterwasserstreitkräfte müßten gegebenenfalls unbedingt rücksichtslos durchgeführt werden ... Alle U-Boote müßten nach Norwegen zur ausreichenden Aufklärung anmarschierender Gegner und wirksamer Abwehr ...«

Die Folge dieser Weisung der Staatsführung war, daß ich vom Oberkommando der Kriegsmarine den Befehl bekam, bis zum 15. Februar 1942 20 U-Boote in den Norwegen-Raum zu schicken. Damit fielen diese U-Boote, bereits ausgerüstet für den so erfolgreichen Handelskrieg im amerikanischen Raum und zum Teil bereits auf dem Marsch dorthin, für diese wichtigste strategische Kriegführung wieder aus.

Ich glaubte nicht an eine Landung der Alliierten in Norwegen und schrieb hierzu in meinem Kriegstagebuch:

»Für England–Amerika ist eine Unternehmung gegen Norwegen in erster Linie eine Frage des Schiffsraumes und der Sicherungsstreitkräfte. Je mehr Schiffsraum an irgend einer Stelle versenkt wird, und je mehr die Bedrohung des lebenswichtigen Zufuhrverkehrs über den Atlantik dazu zwingt, ihn unmittelbar zu sichern, umso weniger ist der Feind in der Lage, Transportraum und Sicherung für ein Landungsunternehmen abzustellen, das ohne genügenden Nachschub von vornherein zum Tode verurteilt ist. Je größer also die Erfolge der U-Boote im Atlantik, umso weniger wird der Gegner an die Vorbereitungen solcher Unternehmungen auch nur denken können.«

Die Seekriegsleitung teilte meine Ansicht nicht. Es blieb dabei, daß ich die insgesamt 20 U-Boote in den Norwegenraum abzustellen hatte. Hierzu schrieb ich am 3. Mai 1942 nochmals:

»Insgesamt gesehen ist der BdU der Auffassung, daß der Einsatz der U-Boote im Nordraum nicht rentabel ist. Auch im Hinblick auf feindliche Landungsunternehmungen erfüllt das U-Boot seine Aufgaben am besten, wenn es durch Versenken von Tonnage die Landungsunternehmen im Entstehen angreift und nicht erst deren Auswirkung unter der eigenen Küste anzupacken versucht.«

Ich bin auch heute noch der Ansicht, daß diese Abstellung der U-Boote im Norwegenraum falsch war. Wir haben hierdurch, lediglich nach dem erwiesenen Versenkungspotential eines U-Bootes in der damaligen Zeit berechnet, mindestens 500 000 BRT weniger versenkt, dies in einer Zeit, wo unter der amerikanischen Küste außerordentliche Erfolgsaussichten vorlagen.

Mit dieser Ansicht stehe ich nicht allein. Der englische Historiker Roskill schreibt im Band II seines Buches »The War At Sea« auf Seite 100 bis 101:

»On the 25 th (January) Dönitz received a totally unexpected order to send eight boats to the waters between Iceland, the Faeroes and Scotland to protect Norway from the anticipated invasion; and the final German defence plan envisaged the disposal of no less than twenty of the medium-sized boats for that purpose. Though Dönitz himself protested vigorously against the diversion of his U-boats, the German Naval Staff seems to have made no serious attempt to counter Hitlers obsession by a reasoned argument against its probability. Nor did they even represent what the consequences would be in the Atlantic. Inevitably the weight of the offensive off the American coast declined, just at the time when it had proved highly profitable.«

Und Captain Roskill kommt im Band II seines oben genannten Buches, rückblickend auf das erste halbe Jahr 1942, auf Seite 104 zu dem Schluß:

»But the small total (number of U-boats) available early in the year, combined with diversions to unprofitable purposes, now seems to have been a decisive factor in the Atlantic battle.«

Ich kann dieser Ansicht des englischen Marinehistorikers Roskill nur zustimmen.

16. Wie verhielten sich die Vereinigten Staaten von Amerika und ame-
rikanische Seestreitkräfte Ihrer Kriegführung gegenüber in den
Jahren vor dem offiziellen Kriegszustand und seiner Erklärung im
Dezember 1941?

Ab Beginn des ersten Weltkrieges hatten die Vereinigten Staaten an England in großem Umfang Kriegsmaterial auf Kredit geliefert, und es darüber hinaus noch durch weitere Geldkredite unterstützt. Hierdurch waren die Interessen Amerikas immer mehr mit dem Schicksal Englands verflochten worden. Eine Niederlage Englands würde für die Vereinigten Staaten den wirtschaftlichen Verlust all dieser auf Kredit gesandten Lieferungen und der genannten Geldunterstützung bedeuten. Sicherlich war daher der Kriegseintritt der Vereinigten Staaten im ersten Weltkrieg an der Seite Englands vor allem durch diese wirtschaftlichen Umstände bedingt.

Als Beispiel hierfür möchte ich anführen, was der amerikanische Botschafter in London, Walter Page, am 5. März 1917 an den amerikanischen Präsidenten Wilson telegrafiert hat:

»Der Druck der herannahenden Finanzkrise übersteigt nunmehr die Leistungsfähigkeit des Einsatzes des Hauses Morgan für die britische und französische Regierung ... Es ist nicht unwahrscheinlich, daß der einzige Weg, um unsere hervorragende Handelslage aufrechtzuerhalten und eine Panik zu vermeiden, die Kriegserklärung an Deutschland darstellt.«

Anders war die Einstellung des amerikanischen Volkes in den Jahren vor dem zweiten Weltkrieg. Es wollte nicht wieder in eine solche Zwangslage kommen, wie sie im ersten Weltkrieg erfolgt war und wollte daher in einem Krieg, den andere Staaten miteinander führen würden, völlig neutral bleiben.

Aus diesem Grunde wurde daher im Jahre 1937 das Neutralitätsgesetz in den Vereinigten Staaten erlassen, das die Ausfuhr von Kriegsmaterial und Gewährung von Anleihen an kriegführende Nationen verbot, und außerdem amerikanischen Schiffen und Staatsbürgern untersagte, die See-Kampfgebiete der im Kriege befindlichen Nationen zu befahren.

Dies war also der Wunsch des amerikanischen Volkes. Als es am 3. September 1939 zwischen Deutschland und England zum Kriege gekommen war, wurde daher von der amerikanischen Regierung entsprechend dem genannten Neutralitätsgesetz nochmals ausdrücklich den Schiffen und Staatsbürgern der Vereinigten Staaten das Befahren der europäischen Kampfzonen in den Seegebieten um Großbritannien verboten.

Dies war jedoch die einzige Maßnahme, welche Präsident Roosevelt, entsprechend dem Neutralitätsgesetz und dem Wunsche der Masse des amerikanischen Volkes, sich aus dem Kriege herauszuhalten, erließ. Denn Roosevelts politische Konzeption war anders, sie neigte dazu, England zu unterstützen. Dieses Streben begann er im November 39 durch den Erlaß der »cash-and-carry-Klausel« zu verwirklichen. Diese Klausel gestattete amerikanischen Staatsbürgern eine Unterstützung von Kriegführenden mit Kriegsmaterial, wenn der Käufer in der Lage war, dieses zu bezahlen und durch eigene Schiffe aus Amerika abzuholen. Damit war, der Sache nach, die einseitige Hilfe nur für England sichergestellt: Denn selbstverständlich waren bei der Seeherrschaft Englands im Atlantik keine deutschen Schiffe in der Lage, über diesen Seeraum nach den Vereinigten Staaten zu fahren, um dort Kriegsmaterial abzuholen. Diese grundlegende Änderung des Neutralitätsgesetzes kam also, wenn auch formal nicht ausgedrückt, tatsächlich nur England zugute, dessen Handelsschiffe nach wie vor den Atlantik überquerten.

Churchill, der bei Kriegsbeginn Marineminister geworden war, unterstützte diese Haltung Roosevelts selbstverständlich mit allen Kräften. Er führte einen engen Briefwechsel mit Roosevelt über diese Probleme der Hilfe durch die Vereinigten Staaten, ohne daß dadurch eine Kriegserklärung Amerikas an Deutschland notwendig wurde, und schilderte die Lage Englands und die entsprechenden Folgen für Amerika oft sehr düster, um Roosevelt hierdurch das entsprechende Material in die Hand zu geben, das amerikanische Volk und den Kongreß für eine Kriegshilfe an England umzustimmen.

Als im Mai 1940 Churchill Premierminister geworden war, verstärkten sich natürlich seine Bemühungen um eine Hilfe durch die Vereinigten Staaten. Er bat Roosevelt um die Abgabe von 50 amerikanischen Zerstörern an England, damit er den deutschen U-Boot-Angriffen Herr werden konnte. Es dauerte eine Zeit, bis Roosevelt in der Lage war, ihm diesen Wunsch zu erfüllen. Denn Roosevelt mußte erst einmal die amerikanische öffentliche Meinung für diesen unneutralen Akt gewinnen; dies gelang ihm im September 1940.

Churchill schreibt hierzu in Band II seiner Erinnerungen: »The Second World War« auf Seite 358:

»The transfer to Great Britain of fifty American warships was a decidedly unneutral act by the United States. It would, according to all the standards of history, have justified the German Government in declaring war upon them. The President judged that there was no danger, and I felt there was no hope, of this simple solution of many difficulties. It was Hitler's interest and method to strike his opponents down one by one. The last thing he wished was to be drawn into war with the United States before he had finished with Britain. Nevertheless the transfer of the destroyers to Britain in September 1940 was an event which brought the United States definitely nearer to us and to the war, and it was the first of a long succession of increasingly unneutral acts in the Atlantic which were of the utmost service to us. It marked the passage of the United States from being neutral to being non-belligerent. Although Hitler could not afford to resent it, all the world, as will be seen, understood the significance of the gesture.«

Diese Darstellung Churchills trifft sicherlich besonders in den wesentlichen Punkten zu: Die Abgabe von 50 Zerstörern an das kriegführende England war ein eklatanter unneutraler Akt der Vereinigten Staaten.

Weiterhin hat Churchill auch recht, wenn er sagt, daß dies der Anfang einer langen Folge wachsender unneutraler amerikanischer Taten und Unterstützungen Englands im Atlantik war. Von einer Neutralität der Vereinigten Staaten war also, auch wie Churchill es ausdrückt, keine Rede mehr, sondern Amerika war, wenigstens zunächst noch, nach der sehr geschickten Definition von Churchill nur »nicht kriegführend«.

Um diese weitere Hilfe der Vereinigten Staaten sollte sich Churchill sehr bald bemühen, nachdem der amerikanische Präsident Roosevelt im November 1940 wiedergewählt worden war. Churchill schrieb ihm am 8. Dezember 1940 einen Brief, den er in seinen Erinnerungen einen der wichtigsten Briefe nennt, die er je in seinem Leben geschrieben habe.

Um die Folgen dieses Briefes, was den Einsatz der Vereinigten Staaten im Atlantik zugunsten Englands anbetrifft, aufzuzeigen, möchte ich aus diesem Brief Churchills einige Absätze anführen:

»....

5. The danger of Great Britain being destroyed by a swift, over-whelming blow has for the time being very greatly receded. In its place there is a long, gradually-maturing danger, less sudden and less spectacular, but equally deadly. This mortal danger is the steady and increasing diminution of sea tonnage. We can endure the shattering of our dwellings and the slaughter of our civil population by indiscriminate air attacks, and we hope to parry these increasingly as our science develops, and to repay them upon military objectives in Germany as our Air Force more nearly approaches the strength of the enemy. The decision for 1941 lies upon the seas. Unless we can establish our ability to feed this Island, to import the munitions of all kinds which we need, unless we can move our armies to the various theatres where Hitler and his confederate Mussolini must be met, and maintain them there, and do all this with the assurance of being able to carry it on till the spirit of the Continental Dictators is broken, we may fall by the way, and the time needed by the United States to complete her defensive preparations may not be forthcoming. It is therefore in shipping and in the power to transport across the oceans, particulary the Atlantic Ocean, that in 1941 the crunch of the whole war will be found.«

».. .

6. Our shipping losses, the figures for which in recent months are appended, have been on an scale almost comparable to those of the worst year of the last war. In the five weeks ending November 3 losses reached a total of 420,300 tons. Our estimate of annual tonnage which ought to be imported in order to maintain our effort at full strength is 43 million tons; the tonnage entering in September was only at the rate of 37 million tons, and in October of 38 million tons. Were this diminution to continue at this rate it would be fatal, unless indeed immensely greater replenishment than anything at present in sight could be achieved in time. Although we are doing all we can to meet this situation by new methods, the difficulty of limiting losses is obviously much greater than in the last war.«

».. .

»12. The prime need is to check or limit the loss of tonnage on the Atlantic approaches to our island. This may be achieved both by increasing the naval forces which cope with the attacks, and by adding to the number of merchant ships on which we depend.«

Mit diesen Ausführungen begründete Churchill die Forderungen, welche er dann, in seinem Brief fortfahrend, stellte. Diese Wünsche

Churchills umfaßten im Wesentlichen die folgenden Gebiete: Schutz der englischen Konvois durch amerikanische Kriegsschiffe. Die Ausdehnung der amerikanischen Seekontrolle im Atlantik weit nach Osten; das heißt also, die völlig völkerrechtswidrige Erweiterung der amerikanischen Hoheitsgewässer, die nach internationalem Recht sich von der Küste eines Staates nur drei Seemeilen in See erstrecken, über die Weite des Atlantik bis in die europäische Hemisphäre hinein.

Nachbau der englischen Schiffsverluste durch die amerikanische Schiffsbauindustrie. England selbst konnte jährlich nur 1¹/₂ Mill. Tonnen Handelsschiffsraum bauen. Es fehlten jedoch im Jahre weitere 3 Millionen Tonnen, die die Vereinigten Staaten liefern müßten.

Lieferung amerikanischer Kampfflugzeuge und von Kriegsmaterial im großen Umfang.

Zum Schluß seines Briefes sagte Churchill zu diesen Punkten, daß England nicht in der Lage sei, diese amerikanische Unterstützung zu bezahlen, und er bäte Roosevelt daher darum, nicht auf einer sofortigen Bezahlung zu bestehen.

Als Roosevelt diesen umfassenden Brief von Churchill erhalten hatte, kam es ihm darauf an, die politischen Voraussetzungen für die Erfüllung der englischen Wünsche herzustellen. Er mußte also dem amerikanischen Volk klarmachen, daß es notwendig für Amerika sei, in diesem Umfang England zu helfen, auch wenn hierdurch Amerika seine Position als neutraler Staat vollständig aufgab. Der beste Weg, das amerikanische Volk für seine Politik zu gewinnen, schien ihm, es in einen Angstzustand zu versetzen, daß eines Tages das deutsche Volk nach einer Besiegung Englands bis in die westliche Hemisphäre vordringen und die Vereinigten Staaten angreifen und unterwerfen würde.

Roosevelt sagte daher in einer Rundfunkansprache an das amerikanische Volk, seiner sogenannten »Plauderei am Kamin«, am 29. Dezember 1940 in dieser Beziehung folgendes:

»Wenn Großbritannien untergeht, dann werden die Achsenmächte die Kontinente Europa, Asien, Afrika und Australien beherrschen und sie werden in der Lage sein, ungeheure Hilfsmittel zu Lande und zur See gegen unsere Halbkugel einzusetzen. Es ist keine Übertreibung zu sagen, daß wir alle, in beiden Amerika, dann unter vorgehaltener Pistole leben würden, und diese Pistole ist mit wirtschaftlich und militärisch gefährlichem Sprengstoff geladen.«

Eine solche utopische Darstellung ließ völlig die wirklichen Machtverhältnisse außer Betracht: Deutschland war ein kontinentaler Staat, es besaß, außer den wenigen U-Booten, keinerlei wirkungsvolle Seemacht. Es war also gar nicht in der Lage, etwa die britische Flotte zu vernichten und dann mit Truppen über den Atlantik zu fahren, um an der Ostküste der Vereinigten Staaten zu landen und dieses enorm starke Weltreich zu erobern. Welch ein Märchen war also Roosevelts Kaminrede, die mit der Wirklichkeit auch gar nichts zu tun hatte!

Aber trotzdem hat diese suggerierende Darstellung Roosevelts ihre beabsichtigte Wirkung auf das amerikanische Volk gehabt. Es war nunmehr geneigt, die vor dem zweiten Weltkrieg von der Masse des Volkes vertretene Neutralitätspolitik zu verlassen, den Status eines neutralen Staates aufzugeben und alles zu tun um, allerdings noch »short of war«, England zu helfen. Wie sehr diese völlig unbegründete Vorstellung über die Fähigkeit Deutschlands, ganz abgesehen von der nicht bestehenden Absicht, eine in der anderen Welthälfte liegende Großmacht, wie die Vereinigten Staaten, zu erobern, das amerikanische Denken beeinflußt hat, geht auch aus dem folgenden Absatz eines Briefes hervor, den mir ein amerikanischer Historiker am 27. Januar 1960 geschrieben hat:

»His (Hitler) political strategy, which worked very well up to a certain point, was to crush one enemy at a time, while other nations were kept neutral by fear of blandishments. If Germany had conquered 1) England and 2) Russia through American nonintervention, a subsequent conflict with America would have been inevitable, probably occasioned by some Hitlerian *Putsch* in Central or South America. If the U.S. had not rearmed, and Germany had taken over or destroyed the British and French Navies, Germany would certainly have been capable of TORCH in reserve – and Grossadmiral Dönitz might have been Gauleiter for America instead of second Führer!«

Ein Kommentar zu diesem Brief ist eigentlich überflüssig, bzw. ich habe ihn vorstehend bereits gebracht. Ich möchte vielleicht hierzu nur noch sagen: Wie sollten wir zum Beispiel die britische Kriegsmarine übernehmen oder zerstören? Selbst wenn wir in der Lage gewesen wären, England zu erobern – was wir nicht konnten, weil unsere Landungsschiffe bereits bei der Überquerung des englischen Kanals zwischen England und Frankreich vernichtet worden wären – hätten wir die englische Kriegsmarine nicht in unsere Hände bekommen, denn sicherlich wäre sie nach Westen ausgewichen, was auch Churchill im Jahre 1940/41 den Amerikanern erklärt hat. Auch eine Landung in den Vereinigten Staaten, wie sie die Alliierten in der Operation TORCH im Jahre 1942 in Nordafrika vollbracht hatten, war für Deutschland, von Amerika getrennt durch die Weite des Atlantik, wo auch in einem solchen Falle Amerika und England die Seeherrschaft besessen hätten, eine völlige Unmöglichkeit.

Daß ich also möglicherweise, statt am Ende des Krieges, um den Krieg zu beenden, Nachfolger von Hitler, »Gauleiter« der Vereinigten Staaten unter deutscher Herrschaft hätte werden können, ist völlig utopisch.

Aber wie gesagt, Roosevelt hatte mit seiner politischen Suggerierung einer Besetzung der Vereinigten Staaten durch Deutschland bei den Amerikanern Erfolg. Am 11. März 1941 genehmigte der Kongreß in einem Pacht- und Leih-Gesetz die unbegrenzte Hilfe der Vereinigten Staaten an England. In gleicher Weise ging nunmehr die rein militärische Unterstützung Englands ihren Weg. Am 1. Februar 1941 wurde die amerikanische Atlantik-Flotte unter Admiral King gebildet.

Die amerikanische Sicherheitszone, das heißt nach dem Völkerrecht die 3-Seemeilengrenze der eigenen Hoheitsgewässer, wurde von Admiral King nach Osten in den Atlantik bis zum 26. Grad westlicher Länge erweitert. Diese neue Grenze lag über 2300 sm von der amerikanischen Küste, aber nur 740 sm von Europa (Lissabon) ab. In dieser neuen amerikanischen Sicherheitszone war auch die europäische Inselgruppe der Azoren einbegriffen.

Am 7. Juli 1941 landeten die Amerikaner in Island und übernahmen, wie sie sagten, den »Schutz« Islands anstelle von England. Hierzu schreibt allerdings der amerikanische Historiker Morison in seiner Geschichte der Seeoperationen der Vereinigten Staaten im 2. Weltkrieg in Band I »Die Schlacht im Atlantik«:

»Although the government of Iceland under pressure from the British had requested the United States to protect the country, the people did not accept the occupation with good grace. Intensely nationalistic and provincial in their outlook they did not sense the need of protection.«

Ich glaube, daß diese Bemerkung doch die wahren, völkerrechtswidrigen Verhältnisse der Besetzung Islands, wenn auch stark vom amerikanischen Standpunkt aus, aufzeigt.

Gleichzeitig übernahmen die Vereinigten Staaten den unmittelbaren Geleitschutz der von Amerika nach Island laufenden Konvois »amerikanischer Schiffe und solcher Schiffe jeder Nationalität, die sich ihnen anschließen wollten.« Mit dieser geschickten Formulierung war festgelegt, wenn es auch nicht gesagt worden war, daß dieser Schutz nahezu ausschließlich englischen Schiffen gewährt werden würde; keinesfalls aber deutschen, weil diese selbstverständlicherweise gar nicht in der Lage waren, dort zur See zu fahren und sich den entsprechenden Konvois »anzuschließen«.

Außerdem befahl der amerikanische Commander-in-Chief Atlantic-Fleet im Operationsplan Nr. VI vom 19. Juli 1941, auch anderen Geleitzügen im Nordatlantik Schutz zu gewähren, wenn es die strategische Situation erforderte. Damit hatten also die Amerikaner praktisch den Schutz englischer Schiffe übernommen.

Die deutsche Regierung reagierte jedoch auf diese Kette völkerrechtswidriger Maßnahmen der Vereinigten Staaten politisch in keiner Weise. Unter allen Umständen wollte sie eine Kriegsbeteiligung der Vereinigten Staaten gegen Deutschland, wie sie im 1. Weltkrieg erfolgt war, vermeiden. Infolgedessen war der deutschen Regierung eine solche weitgehende Hilfe Amerikas für Großbritannien unter Verletzung jedes Völkerrechts immer noch lieber, als wenn Deutschland sich in einem tatsächlichen Kriegszustand mit Amerika befunden hätte.

Am 20.6.1941 traf ein deutsches U-Boot im Blockadegebiet um England, in dem also Angriffe auf feindliche Kriegsschiffe erlaubt waren, das USA-Schlachtschiff »Texas«. Bisher hatten die amerikanischen Kriegsschiffe dieses Blockadegebiet gemieden. Infolgedessen hatte der deutsche U-Boot-Kommandant Zweifel, ob dieses Schiff nicht, wie die 50 amerikanischen Zerstörer, an England abgegeben sei. Er fuhr einen erfolglosen Angriff auf das Schlachtschiff und meldete mir die Sichtung eines solchen Kriegsschiffes im Blockadegebiet. Als ich diese Meldung erhielt, gab ich sofort vorsorglich, entsprechend der Politik Hitlers, jeden Konflikt mit den Vereinigten Staaten zu vermeiden, den Befehl, »daß USA-Kriegsschiffe auch im Blockadegebiet nicht anzugreifen sind, da die zur Zeit noch gültige Erlaubnis hierzu mir nicht mehr den politischen Absichten des Führers entsprechend zu sein scheint.« (Kriegstagebuch des Befehlshabers der U-Boote vom 20.6. 1941.)

Hieraus geht hervor, daß die deutsche U-Boot-Waffe alles vermeiden wollte, um Anlaß zu einem Konflikt mit den Vereinigten Staaten zu geben.

Am nächsten Tage, am 21. Juni, wurde über das Verhalten gegenüber USA-Kriegsschiffen entsprechend einer neuen Weisung der Seekriegsleitung an die U-Boote gefunkt:

»Führer hat Vermeidung jeden Zwischenfalles mit USA für die nächsten Wochen befohlen. In allen denkbaren Fällen in diesem Sinne handeln. Darüber hinaus bis auf weiteres Angriffe auf Kriegsschiffe innerhalb und außerhalb Blockadegebietes nur auf Kreuzer, Schlachtschiffe und Flugzeugträger und nur, wenn diese einwandfrei als feindlich erkannt. Abgeblendet fahren gilt bei Kriegsschiffen nicht als Beweis feindlichen Charakters.«

Gemäß diesem Befehl durften also die deutschen U-Boote ihre schlimmsten und ausgesprochenen Gegner, nämlich die Zerstörer, Fregatten und Korvetten, also auch die englischen, nicht mehr angreifen. Sie durften sich gegen diese auch nicht verteidigen, wenn es einem solchen feindlichen Schiff gelang, ein U-Boot zu orten und es dann mit Wasserbomben oder Artillerie zu bekämpfen. Die deutschen U-Boote befanden sich also in einem Krieg in der einmaligen Lage, daß wegen eines »neutralen« Staates, der seine Neutralität gebrochen hatte, der alte und der neue Feind die deutschen U-Boote bekämpfen durfte, aber diese nicht die Erlaubnis hatten, sich auch nur wehren zu dürfen, auch wenn sie in die Gefahr gekommen waren, bei dieser feindlichen Bekämpfung vernichtet zu werden.

Erst durch einen späteren zusätzlichen Befehl wurde den deutschen U-Booten die Abwehr eines in Gange befindlichen Angriffs, solange dieser dauerte, zum Zwecke der Selbstverteidigung erlaubt.

Es sollte aber noch ganz anders kommen. Am 4. 9. 1941 erfolgte ein Zwischenfall zwischen dem amerikanischen Zerstörer »Greer« und einem deutschen U-Boot. Hierüber berichten die amerikanischen Historiker William L. Langer und S. Everett Gleason, in ihrem Werk »The World Crisis and American Foreign Policy«, Band »The Undeclared War 1940–1941«, Seite 743. (Schon dieser Titel sagt viel!!).

»The facts of the Greer episode were briefly as follows: the American destroyer was en route to Iceland with passengers and mail when it was notified by a British patrol plane that a Nazi Submarine lay submerged some ten miles ahead. The Greer thereupon located and trailed the submarine for several hours, periodically broadcasting its position. Eventually the harassed submarine commander fired two torpedos, both of which missed their mark. In reply the Greer dropped depth bombs, with unknown effect. The incident had occurred about 175 miles southwest of Iceland, within the zone proclaimed by the Germans as a war zone, but also well within the area in which American warships had been ordered to attack and destroy surface raiders. The Greer's commander could not reasonably be blamed for reacting, once the submarine had fired its torpedos. On the other hand, it is difficult to appreciate the indignation with which news of the episode was received in American official and private circles. Considering that the Greer had sought out the submarine, had trailed it doggedly for hours, and had given British planes information to facilitate their attack, it would have been astounding if the prospective victim had not finally turned on her pursuers.«

Aus diesem Bericht der amerikanischen Historiker geht klar hervor, daß das deutsche U-Boot sich mit Recht durch die Verfolgung des amerikanischen Zerstörers bedroht fühlen mußte und zu seiner Selbsterhaltung Torpedos schoß, welche fehl gingen. Anschließend wurde das deutsche U-Boot dann von dem englischen Flugzeug mit Bomben beworfen, das den Standort des U-Bootes durch mehrere Meldungen des »neutralen« amerikanischen Zerstörers erhalten hatte.

Der letzte Teil dieser Darstellung der beiden amerikanischen Historiker berichtet über die politischen Folgen, welche diese Episode, bei der das Recht auf der Seite des deutschen U-Bootes gewesen war, in der amerikanischen Öffentlichkeit gehabt hatte. Für diese Folgen war der Präsident Roosevelt verantwortlich. Er benutzte diesen Zwischenfall in einer Rundfunkrede, um dem amerikanischen Volk plausibel zu machen, daß es nunmehr mit dem »nicht Kriegführen« der Amerikaner im Atlantik zu Ende sein müsse, und die amerikanischen Kriegsschiffe jetzt die deutschen U-Boote auch anzugreifen und zu vernichten hätten. Präsident Roosevelt sagte zur Begründung dieser Absicht dem amerikanischen Volk am 11. September 1941 in seiner Rundfunkrede:
»Die Zeit ist nun gekommen, da wir alle die kalte, unerbittliche Notwendigkeit erkennen müssen, diesen unmenschlichen, hemmungslosen Abenteurern der Welteroberung, die eine dauernde Weltherrschaft zu errichten suchen, zu sagen:
›Ihr geht darauf aus, unsere Kinder und Kindeskinder
Eurer Schreckensherrschaft und Sklaverei zu unterwerfen.
Ihr habt jetzt unsere eigene Sicherheit angegriffen.
Bis hierher und nicht weiter!‹«
Daraufhin gab am 15. September 1941 der amerikanische Marineminister Knox der USA-Flotte den Befehl »alle Handelsstörer der

Achsenmächte, gleichviel ob sie als Überwasser- oder Unterwasserpiraten auftreten, mit allen verfügbaren Mitteln aufzubringen oder zu zerstören«.

Nach diesem »Schießbefehl« des amerikanischen Präsidenten befanden die Vereinigten Staaten sich ab September 1941 in der Atlantikschlacht im Kriege mit Deutschland.

Die deutsche Politik blieb jedoch bei ihrem Grundsatz, jede weitere Ausdehnung des Krieges mit den Vereinigten Staaten zu vermeiden. Die entsprechenden einschränkenden Befehle für die deutsche U-Boot-Waffe, welche ich vorstehend bereits genannt habe, blieben daher trotz dieses neuen »Schießbefehls« von Roosevelt bestehen.

Es waren nun natürlich weitere Zwischenfälle zwischen deutschen U-Booten und amerikanischen Zerstörern bei dieser nicht nur unneutralen, sondern kriegführenden Haltung der amerikanischen Kriegsschiffe unvermeidlich.

Die beiden amerikanischen Historiker Langer und Gleason sagen hierzu in dem oben bereits genannten Geschichtsbuch:

»The astounding thing was not that there had been a few sinkings of American ships, but that there had not been many more.«

Und Admiral King, der Befehlshaber der amerikanischen Atlantik-Flotte, erklärte am 27. März 1944 in seinem Bericht an den Marineminister der Vereinigten Staaten über die innere Haltung, die seine Untergebenen zu diesem nicht nur unneutralen, sondern kriegerischen Verhalten in einem »Undeclared War« einnahmen:

»Wie immer man auch die Lage vom völkerrechtlichen Gesichtspunkt aus betrachten konnte, die amerikanische Kriegsmarine nahm den Ereignissen im Atlantik gegenüber eine realistische Haltung ein.«

Dieses in der Kriegsgeschichte und im Völkerrecht wohl einmalige Verhalten der Vereinigten Staaten hat bisher keinerlei Untersuchung, geschweige denn Ahndung durch irgendein internationales Gericht gefunden.

Aber das Internationale Militärtribunal in Nürnberg ist trotz unserer Kriegserklärung an die Vereinigten Staaten vom 11. Dezember 1941, die infolge des Kriegseintritts unseres Bundesgenossen Japan geschah, und entgegen den Erwartungen der Anklage nicht zu der Feststellung gelangt, daß Deutschland gegen die Vereinigten Staaten einen Angriffskrieg geführt habe. Der Angreifer im letzten Krieg zwischen den USA und Deutschland war eben eindeutig Amerika.

17. Welche strategische Lage ergab sich für Sie, nachdem der Kriegszustand mit den Vereinigten Staaten erklärt war?

Am 17. September 1941 hatte ich als damaliger Befehlshaber der U-Boote den Oberbefehlshaber der Kriegsmarine, Großadmiral Raeder, zu einer Besprechung bei Hitler zu begleiten. Raeder wollte auf Rat der Seekriegsleitung versuchen, den schwierigen Zustand der deutschen U-Boote im Atlantik, die sich gegen ihre wesentlichen Gegner, Zerstörer, Fregatten und Korvetten, nur dann wehren durften, wenn sie und während sie von diesen unmittelbar angegriffen wurden, durch eine neue Führerweisung zu verbessern.

Bei dem Gespräch schien Hitler jedoch bei seiner Ansicht bleiben zu wollen, alles zu vermeiden, was Zwischenfälle mit amerikanischen Seestreitkräften herbeiführen könnte. Denn diese Zwischenfälle würden mit Sicherheit von Präsident Roosevelt dann politisch zu weiteren Maßnahmen gegen Deutschland ausgenützt werden.

Bevor Hitler jedoch seine Entscheidung traf, fragte er mich, wieviel Zerstörer denn die U-Boot-Waffe versenken würde, wenn er den Angriff gegen die Zerstörer freigäbe. Ich antwortete ihm: »So gut wie gar keine!« – Denn selbstverständlich mußte es bei dem Prinzip bleiben, daß die wesentliche strategische Aufgabe der U-Boote war, englische Tonnage zu versenken. Deshalb konnten die deutschen U-Boote sich auf Kampfmaßnahmen gegen feindliche Zerstörer auch nur dann einlassen, wenn ihre Sicherheit es erforderte. Nach meiner Antwort fiel die endgültige Entscheidung Hitlers. Es blieb bei den bisherigen Befehlen für die deutschen U-Boote, welche ich bereits in Beantwortung zur Frage 16 genannt habe.

Bei dieser Besprechung am 17. September 1941 wurde auch die Frage angeschnitten, wie die Situation für uns werden würde, wenn, trotz aller unserer gegenteiligen Bemühungen, es doch zu einem offiziellen Kriegszustand mit den Vereinigten Staaten käme. Für diesen Fall bat ich, daß ich rechtzeitig hierüber unterrichtet würde, damit möglichst bereits bei Kriegsausbruch U-Boote im amerikanischen Seeraum stehen könnten. Ich hielt in diesem Fall die amerikanischen Gewässer für eine U-Boot-Kriegführung für sehr günstig.

Es sollte aber ganz anders kommen. Deutschland wurde durch den Angriff Japans auf Pearl Harbour am 7. Dezember 1941 vollkommen überrascht. Danach befand sich Japan mit den Vereinigten Staaten im Kriegszustand und Deutschland, als Bundesgenosse Japans, sah sich verpflichtet, Amerika ebenfalls den Krieg zu erklären.

Am 9. Dezember 1941 wurde mir von der Seekriegsleitung mitgeteilt, daß die bisherigen Bestimmungen einschränkender Art gegen amerikanische Schiffe aufgehoben seien. Daraufhin bat ich, sofort 12 U-Boote zu einem beabsichtigten »Paukenschlag« in die amerikanischen Gewässer entsenden zu können.

Ich muß hier ein Wort einfügen über die Zahlen der U-Boote, die mir in dieser Zeit zur Verfügung standen. In meinem Kriegstagebuch ist darüber am 1. Januar 1942 eine genaue Aufrechnung vorhanden.

Zu dieser Zeit betrug die Gesamtzahl der deutschen Front-U-Boote 91. Von diesen waren eingesetzt: 23 im Mittelmeer, 2 weitere sollten noch auf Befehl der Seekriegsleitung ins Mittelmeer marschieren, 6 waren westlich Gibraltar und 4 in dem Norwegenraum aufgestellt. Von den 55 U-Booten, die also für den Tonnagekrieg übrigblieben, befanden sich infolge eines schwerwiegenden Mangels an Werftarbeitern 60 % in den Häfen zur Reparatur.

Es waren also nur 22 Front-U-Boote in See. Davon waren etwa die Hälfte auf Hin- oder Rückmarsch.

Von der gesamten U-Boot-Waffe konnten also im Tonnagekrieg, der wichtigsten strategischen Aufgabe, nur 10 bis 12 U-Boote tatsächlich am Feinde stehen, um Tonnage zu versenken.

Selbst bei dieser Lage wurde meine Forderung vom 9. Dezember 1941, 12 U-Boote in die amerikanischen Gewässer entsenden zu können, von der Seekriegsleitung abgelehnt und nur 6 U-Boote für diesen ersten »Paukenschlag« an der amerikanischen Küste freigegeben. Die Gründe der Seekriegsleitung hierfür waren: sie glaubte eine Schwächung der Kampfmittel im Mittelmeerraum nicht verantworten zu können. Ich war dagegen der Ansicht, daß wir sofort so stark wie möglich an der amerikanischen Ostküste mit U-Booten auftreten müßten. Mein Grundprinzip war ja: Der ökonomische U-Boot-Einsatz, das heißt, der Versenkungserfolg jedes U-Bootes sollte pro Seetag so hoch wie möglich sein. In diesen Seetagen waren bei der Berechnung natürlich auch die Hin- und Rückmarschzeiten einkalkuliert. Wenn mir also ein so entfernter Seeraum wie die Gewässer vor der amerikanischen Ostküste trotzdem als ein sehr erfolgreicher Kampfraum für die deutschen U-Boote erschien, so hatte es eben seinen Grund darin, daß ich von diesem Seegebiet annahm, daß die Abwehr dort sehr gering sein würde – trotz der mehr als 2 Jahre langen Kriegszeit, und trotz der Kenntnisse, die im Jahre 1941 die Amerikaner durch Unterstützung der Engländer in der Atlantikschlacht gewonnen haben müßte.

Diese Erwartungen wurden bestätigt. Nur 5 U-Boote konnten jedoch im Laufe des Dezember 1941 von der Biskaya-Küste in die amerikanischen Gewässer auslaufen, um den ersten sogenannten »Paukenschlag« durchzuführen. Um ihn trotz dieser nur geringen Kräfte so wirkungsvoll wie möglich zu machen, bestimmte ich für diese 5 U-Boote den gleichen Tag des Losschlagens für alle, nachdem sie den Atlantik überquert hatten. Entsprechend dem erwarteten Einzelverkehr der amerikanischen Schiffe, also keiner Zusammenfassung in Geleitzügen, hatte ich die 5 U-Boote auch einzeln in größeren und den operativ günstigsten Seeräumen aufgestellt.

Der »Paukenschlag« gelang. Die Versenkungserfolge der U-Boote waren außerordentlich. Die U-Boote fanden an der amerikanischen Küste nahezu friedensmäßige Verhältnisse vor. Es dauerte auch unerwartet lange Zeit, bis die Amerikaner diese Zustände änderten und nunmehr den kriegerischen Verhältnissen Rechnung trugen. Aber erst ab Ende April 1942 bildeten die Amerikaner, sehr stark von ihren Bundesgenossen, den Engländern, hierzu gedrängt, die ersten Geleitzüge an der Ostküste der Vereinigten Staaten.

Ich möchte hier zitieren, was ein U-Boot-Kommandant, der zu den ersten Booten des »Paukenschlags« gehörte, in seinem Kriegstagebuch über seinen Einsatz schrieb:

»Es ist ein Jammer, daß in der Nacht, als ich vor New York stand, nicht außer mir noch 2 große Minen-U-Boote da waren und alles dicht warfen, und daß heute Nacht statt meiner nicht 10 bis 12 Boote hier waren. Ich glaube, alle hätten genügend Erfolg haben können. Ich habe schätzungsweise 20 Dampfer zum Teil aufgeblendet gesehen, dazu noch ein paar Kolcher. Alle klemmten sich dicht unter die Küste.«

Hierzu bemerkte ich am 8. Februar 1942 in meinem Kriegstagebuch:

»Aus dem Bericht des Kommandanten wird klar ersichtlich, daß der ›Paukenschlag‹ ein weit stärkerer hätte werden können, wenn es möglich gewesen wäre, dem BdU für diese Operation nicht nur 6, sondern die von ihm beantragten 12 großen Boote zur Verfügung zu stellen. Die einmalige Gelegenheit ist somit zwar ausgenutzt und hat zu erfreulichen Ergebnissen geführt, es konnte aber nicht *das* herausgeholt werden, was in dieser Gelegenheit tatsächlich drinsteckte.«

Nach diesen 5 ersten U-Booten, die ich ab Mitte Dezember in den amerikanischen Raum schicken konnte, wurden in den folgenden Monaten alle verfügbaren U-Boote von mir in dieses Seegebiet gesandt. Daß hierbei im Februar 1942 die Abstellung von wiederum 20 U-Booten in den Norwegenraum ein sehr schwerwiegender Nachteil war, habe ich bereits in der Beantwortung der Frage 15 dargestellt.

Die Folge von all diesem anderweitigen U-Boot-Einsatz war also, daß auch weiterhin in den ersten Monaten des Jahres 1942 nur gleichzeitig 10 bis 12 U-Boote in dem so außerordentlich günstigen amerikanischen Seeraum kämpfen konnten.

Der englische Marinehistoriker Roskill schreibt hierzu, als er die schweren Verluste schildert, welche die amerikanische Schiffahrt an der Ostküste der Vereinigten Staaten damals durch die deutschen U-Boote erlitten hat:

»One of the most surprising facts regarding the havoc wrought off the American coast in the early days of 1942 is that there were never more than about twelve U-boats working in those waters at any one time.« (Roskill, »The War at Sea«, Band II, Seite 96.)

Bei diesem Einsatz deutscher U-Boote in den ersten Monaten 1942 kam es mir, meinem Grundsatz der ökonomischen Kriegführung entsprechend, darauf an, sie auch die Seeräume wechseln zu lassen und immer wieder dort einzusetzen, wo ich, entsprechend meiner Kenntnis der Verhältnisse, in dieser Zeit die geringste Abwehr bei häufigem Verkehr und damit die größten Erfolge zu erwarten hatte. Dies Verfahren sollte sich als sehr erfolgreich erweisen.

Als daher im Juni 1942 durch die oben genannte Geleitzugbildung die Erfolge unmittelbar an der amerikanischen Ostküste selbst absanken, legte ich z. B. einen Schwerpunkt mit einer U-Boot-Gruppe in das Karibische Meer. Der Erfolg dieser Verlegung war sehr groß.

Der amerikanische Admiral Hoover, welcher in dieser Zeit der Befehlshaber der amerikanischen Seestreitkräfte in diesem Seeraum des Karibischen Meers gewesen war, hat mir am 6. Mai 1957, also nach meiner Entlassung aus Spandau, folgenden freundschaftlichen Brief geschrieben:

»Admiral John Howard Hoover   6. May 1957
U.S.N. (RET.)
2732 Thirty-Fourth Street, n.W.
Washington 8 D.C.
   »Dear Admiral Dönitz!
   I congratulate you upon having the health and equanimity to wea-
ther the viscissitudes of the period 1945–56 in Germany. This, to
you was nerve wracking, just the same, as 1941–43 was to me. I was
Commander Caribbean Sea Frontier when we bore the full pressure
of your amazing submarine campaign in the aera.

                                              Best wishes Y. H. Hoover«
Dieser offene und humorvolle Brief hatte mich seinerzeit gefreut.

   Ich möchte diese Beantwortung der Frage 16 abschließen mit einer
kurzen Zusammenfassung der Erfolge, welche die U-Boote in den ersten 6 Monaten des Jahres 1942 gehabt haben.

   Nach den Angaben des britischen Marinehistorikers Roskill wurden
in dieser Zeit von 8-Booten der Achsenmächte 585 Schiffe mit
3 080 934 BRT versenkt, der weitaus größte Teil hiervon durch die
deutschen U-Boote in amerikanischen Gewässern.

   Der Wirkungsgrad aller im Atlantik befindlichen deutschen U-Boote
betrug in diesen Monaten pro Seetag, also auch einschließlich der
langen Zeiten des Hin- und Rückmarsches berechnet, 209 BRT im
Januar 1942; im Februar 278 BRT, im März 327 BRT, im April
255 BRT, im Mai 311 und im Juni 1942 325 BRT. Bei dieser Berechnung sind auch die U-Boote und ihre Seetage enthalten, welche zu
gleicher Zeit zur Sicherheit Norwegens mit gar keinen oder nur geringsten Versenkungsziffern dort abgestellt worden waren. Ohne die
Berücksichtigung der Seetage auch dieser »Schildwachen« wäre die oben
genannte Berechnung des Wirkungsgrades jedes U-Bootes pro Tag um
etwa 50 BRT höher.

   Dies zeigt, wie groß der Ausfall an versenkter Tonnage durch diese
Abstellung zu »unfruchtbaren« Zwecken, wie Roskill es nennt, gewesen ist.

   Es wurden durch diesen strategisch falschen Einsatz deutscher
U-Boote in dem genannten Zeitabschnitt mindestens 500 000 BRT
weniger versenkt.

Ich habe jetzt die Frage zu beantworten, welche Erfolge der U-Boot-Krieg gegen die alliierte Handelsschiffstonnage bis zum Frühjahr 1943 gehabt hat. Ich möchte mich hierbei kurz fassen und lediglich die Zahlen nennen, welche im Jahre 1956 in dem englischen Geschichtsbuch »The War at Sea 1939–1945« von dem englischen Marinehistoriker Roskill seinerzeit festgestellt worden sind. Es ist möglich, daß von den in der Roskillschen Statistik außerdem genannten Schiffsverlusten aus »unbekannten Ursachen« inzwischen noch weitere Versenkungen durch U-Boote festgestellt worden sind.

Nach der vorstehend genannten Statistik von 1956 wurden von U-Booten versenkt:

Im Jahre 1939: 114 Schiffe mit 421 156 BRT

im Jahre 1940: 471 Schiffe mit 2 186 158 BRT

im Jahre 1941: 432 Schiffe mit 2 171 754 BRT

im Jahre 1942: 1160 Schiffe mit 6 266 215 BRT

Bis zum Mai 1943: 314 Schiffe mit 1 782 628 BRT

Ab Kriegsbeginn, September 1939, bis zum Mai 1943 wurden also von U-Booten versenkt: 2491 Schiffe mit 12 827 911 BRT.

Der Gesamtverlust der Anglo-Amerikaner betrug in dieser Zeit an Handelsschiffstonnage: 4609 Schiffe mit 18 868 206 BRT.

Es wurden also von 18,8 Millionen BRT 12,8 Millionen von U-Booten versenkt. Diese Verhältniszahl sagt bereits, welchen überragenden Einfluß die U-Boote auf die Geschicke des Seekrieges gehabt haben. Kriegsschiffe, Hilfsschiffe als Handelsstörer, Flugzeuge, welche die feindlichen Schiffe und Häfen mit Bomben angriffen, und gegen die Schiffahrt gelegte Minen, alle diese kriegerischen Maßnahmen hatten nur weit geringere Erfolge als die beschränkte Zahl von U-Booten, die von den Achsenmächten gegen die feindliche Schiffahrt eingesetzt worden waren.

Diese konkreten Zahlen und der genannte Vergleich mit den Gesamtverlusten des Gegners an Tonnage zeigten bereits klar die Bedeutung des U-Boot-Krieges.

19. *Welche Bedeutung maßen die anglo-amerikanischen Gegner der Atlantikschlacht bei? Wie versuchten diese, der U-Bootgefahr Herr zu werden?*

Für die englische Regierung und die Admiralität der Royal Navy war es klar, daß die U-Boot-Angriffe für Großbritannien die größte Gefahr bedeuteten. Sie bedrohten unmittelbar die Lebenslinien Großbritanniens, von denen nicht nur die Existenz seiner Bevölkerung, sondern auch seine Wirtschaft, die Erzeugung seines Kriegsmaterials und letzten Endes das Sein oder Nichtsein Englands in diesem Kriege abhingen.

Ich möchte, was diese englische Erkenntnis anbetrifft, nur kurz zwei Zitate von Churchill aus seinen Erinnerungen »The Second World War« anführen.

So sagt er zum Beispiel im Band IV, Seite 110:

»The U-boat Attack was our worst evil. It would have been wise for the Germans to stake all upon it.«

Und er sagt im Band V auf Seite 6:

»The battle of the Atlantic was the dominating factor all through the war. Never for one moment could we forget that everything happening elsewhere, on land, at sea, or in the air, depended ultimately on its outcome, and amid all other cares we viewed its changing fortunes day by day with hope or apprehension.«

So wurden von vornherein von der englischen Admiralität alle Kräfte, die ihr zur Verfügung standen, gegen den deutschen U-Boot-Krieg eingesetzt zu einem, wie der Admiral Sir Arthur Hezlet in seinem Buch »The Submarine & Sea Power« schreibt:

»Immense effort into building up their strength, in escort vessels and aircraft.«

Die englische Admiralität hatte es jedoch nicht immer leicht, alle notwendigen Kräfte der Nation zu dieser Abwehr der Hauptgefahr des U-Boot-Krieges einheitlich zusammenzufassen. Durch die großen U-Boot-Erfolge im Jahre 1942 und in Hinblick auf die Führung des deutschen U-Boot-Einsatzes nur von einer Dienststelle, der des Befehlshaber der U-Boote, strebten im Sommer 1942 Churchill und die englische Admiralität danach, die anglo-amerikanischen Kräfte gegen den U-Boot-Krieg in gleicher Weise durch Bildung einer einheitlichen Führungsstelle wirksamer zu machen. Es wurde daher das »Anti-U-boat Warfare Commitee« geschaffen. Bei der ersten Sitzung hatte Churchill den Vorsitz, und er nannte als Zweck dieses neugebildeten Gremiums, dem Krieg gegen die deutschen U-Boote starke Impulse zu geben.

Das Komitee hatte es jedoch aus verschiedenen Gründen oft nicht einfach, seinen Willen durchzusetzen, beziehungsweise gewissen Umständen, die durch die Strategie des deutschen U-Boot-Krieges bedingt waren, Herr zu werden. Es lag zum Beispiel auf der Hand, daß die englische Luftwaffe lieber sichtliche Erfolge in ihren Bombenangriffen auf deutsche Städte erreichen wollte, als zur Sicherung englische Geleitzüge im Atlantik zu begleiten, beziehungsweise sogar lediglich den atlantischen Seeraum durch turnusmäßige Flüge zu überwachen, und nur gelegentlich Aussichten zum Kampf, zum Bombenangriff auf ein deutsches U-Boot zu haben.

Der englische Marinehistoriker Roskill schreibt hierüber im Band II seines Seekriegswerkes auf Seite 369 und 370:

»There now followed a period of controversy and discussion, chiefly in the Prime Minister's Anti-U-boat Commitee, regarding the conflicting needs of the Bay patrols, of convoy protection and of bombing Germany. The Admiralty pitched its requirements in additional aircraft for the Bay at the high figure of 190, and wanted at the same time to have the bases and their U-boats accomodation continuously bombed. The Air Ministry declared that to meet the former need would drastically reduce the offensive against Germany.«

Es war ferner für diese Kommission auch nicht einfach, gewissen Schwächen der englischen Abwehr, die durch die besondere Art der U-Boot-Kriegführung entstanden, Herr zu werden. Hierfür ein Beispiel:

Es war mein Prinzip, so ökonomisch wie möglich zu versenken. Infolgedessen suchte ich in einem passenden Wechsel die U-Boote in der Weite des Atlantik dort einzusetzen, wo nach meiner Kenntnis, trotz des dort laufenden Schiffsverkehrs, die Abwehr des Gegners gering zu sein schien. Denn es war selbstverständlich für die Anglo-Amerikaner schwierig, gleich starke Abwehrkräfte überall einzusetzen, und es war ebenfalls nicht einfach, Sicherungsstreitkräfte schnell genug in einen weniger geschützten Seeraum zu senden, sobald die Nachricht eingegangen war, daß deutsche U-Boote dort angriffen.

So schreibt der englische Marinehistoriker Roskill über diese Art meiner Angriffsstrategie im Band II seines Werkes über den zweiten Weltkrieg:

»Though the U-boats foray into these distant waters had been short, it had been very fruitful. They had done more damage than the disguised raiders, which were their predecessors in the guerre de course in these waters, and at vastly less effort. Indeed it was in these months that Dönitz's policy of constantly probing for weak spots in our defences, even at the cost sending his U-boats thousands of miles away, reaped its greatest reward.«

Um so mehr schien es dem neu gebildeten englischen Komitee daher notwendig, möglichst viele Flugzeuge weitreichender Art einzusetzen, um zum mindesten die »Lücken« des Atlantik, die bisher noch nicht durch anglo-amerikanische Flugzeuge dauernd überwacht wurden, zu schließen.

In gleicher Weise kam es dann auch, was die Sicherung an den Geleitzügen anbetraf, zu einem neuen Entschluß. Bisher konnte ein Sicherungsfahrzeug, das ein U-Boot festgestellt hatte, dieses nur kurz bekämpfen, denn es durfte selbstverständlicherweise den Geleitzug nicht verlassen, der hierdurch ungeschützt geworden wäre. Das Sicherungsfahrzeug hatte also sehr bald den Kampf gegen das U-Boot aufzugeben und zu den zu schützenden Handelsschiffen zurückzukehren. Nunmehr wurden daher durch das »Anti-U-Boat Warfare Commitee« die sogenannten »Support Groups« gebildet. Diese waren unabhängig von der reinen Schutzaufgabe für den Geleitzug, dem sie zugeteilt waren, sondern sie hatten ein U-Boot, das festgestellt worden war, solange zu verfolgen und zu bekämpfen, bis die Vernichtung des deutschen U-Bootes möglicherweise geschehen war.

Selbstverständlich konnte diese Bildung der genannten »Support Groups« nur durchgeführt werden, wenn zu diesem Zweck geeignete Kriegsfahrzeuge zur Verfügung standen.

Immer wieder und immer mehr mußten daher, soweit es irgendwie möglich war, entsprechende anglo-amerikanische Kräfte in den Krieg gegen die deutschen U-Boote eingesetzt werden.

Denn auch die beabsichtigte Invasion in Europa hing allein davon ab, ob für ihre Durchführung die erforderliche Tonnage zur Verfügung stand. Sie wurde daher zum Beispiel von den Alliierten im Jahre 1943 auf das Jahr 1944 verschoben, weil die Größe des Transportraumes 1943 nicht ausreichte.

Aus diesem Grunde wurde auch die Bekämpfung der deutschen U-Boote auf der Konferenz von Casablanca, die im Januar 1943 begann, zur Aufgabe »erster« Wichtigkeit erklärt. Der amerikanische Admiral Nimitz sagt in seinem, mit den Historikern Adams und Potter veröffentlichten Buch »The Naval Struggle against the Axis« zu diesem Entschluß der Mitglieder der Konferenz von Casablanca:

»Everyone agreed that the Allies must give top priority to the antisubmarine war. Otherwise no offensives anywhere could succeed.«

Und der englische Admiral Hezlet kommt in seinem Buch »The Submarine and Sea Power« über diese Atlantikschlacht des 2. Weltkrieges, was den Vergleich der gegenseitig eingesetzten Kräfte anbetrifft, auf Seite 189 zu dem Schluß:

»The Allies put an immense effort into building up their strength in escort vessels and aircraft. It was of the order of three times as much as the Germans put into the U-boats.«

Ich glaube, daß ich in den vorstenenden Absätzen gezeigt habe, was die Atlantikschlacht der deutschen U-Boote für die Anglo-Amerikaner bedeutete.

20. Warum konnte der U-Boot-Einsatz gegen die alliierte Landung in Nordafrika im November 1942 nicht mit allen Mitteln und mit Erfolg durchgeführt werden?

Die anglo-amerikanischen Überlegungen für die im November 1942 in Nordafrika erfolgte Landung begannen bereits im Juli 1940. Damals schickte Roosevelt den amerikanischen Admiral Ghormley nach London, um durch Besprechungen eine militärische Zusammenarbeit der Vereinigten Staaten mit England vorzubereiten. Derartige Besprechungen setzten sich dann am Anfang des Jahres 1941 fort. Für den Fall, daß die Vereinigten Staaten in den Krieg verwickelt werden würden, wurde festgelegt, daß als erstes und wichtigstes Ziel der Krieg in Europa siegreich zu beenden sei und dann erst die Ostasienfrage, der zu erwartende Konflikt mit Japan, zu erledigen wäre. Die Voraussetzung für einen Sieg in Europa war eine Invasion im europäischen Raum. Wann und wo diese erfolgen sollte, darüber fanden zahlreiche Besprechungen der anglo-amerikanischen Admiralitäten, sowie der Führungsstäbe der Heere und der Luftwaffen statt. Im Juli 1942 fiel dann die Entscheidung, französisch Nordafrika mit anglo-amerikanischen Streitkräften zu besetzen, von dort aus die deutsch-italienische Armee in Nordafrika endgültig zu besiegen und dann über die Meerengen des Mittelmeeres nach Norden, nach Italien vorzustoßen.

Wenn man auch in den entscheidenden anglo-amerikanischen Stäben nicht der Ansicht war, daß diese nordafrikanische Invasion das obengenannte Ziel der Beendigung des Krieges in Europa bringen würde, so hatte man doch erkannt, daß zunächst eine größere Invasion, etwa in Frankreich, nicht möglich sei. Die Kräfte, vor allem was den Schiffstransportraum anbelangte, waren nicht vorhanden. Es mußte daher diese vorläufige Mittelmeer-Invasion gewählt werden und zwar deshalb, weil Stalin 1942 eine Entlastung seiner eigenen Front gegen Deutschland durch einen anglo-amerikanischen Angriff in Europa nachdrücklich forderte.

Natürlich versuchten die Anglo-Amerikaner die Absicht einer Landung in Nordafrika, welche auf den 8. November 1942 festgelegt wurde, auf das Äußerste geheimzuhalten und sie auch durch Täuschungen, wie Nachrichten, die andere angebliche Ziele nannten, zu verschleiern. Daß wir vom Ort und dem Zeitpunkt der geplanten Landung vorher nichts erfuhren, war die Voraussetzung für ihr Gelingen.

Dies war also der Aspekt von der anglo-amerikanischen Seite. Welche Überlegungen haben wir, was eine feindliche Invasion in Europa anbelangte, in diesen Jahren gehabt?

Es war selbstverständlich, daß sowohl die politische wie die militärische deutsche Führung in dauernder Sorge waren, ob, wo und wann vom Gegner eine zweite Front im Westen des von uns besetzten Europas aufgebaut werden würde. Selbstverständlich würde dies eine tiefgreifende Wende für die deutsche Widerstands- und Kampfkraft zur Folge haben; denn dann hätten wir wieder den »Zweifronten-Krieg« gehabt, den unbedingt zu vermeiden z. B. auch die Lehre des ersten Weltkrieges gewesen war. $3^1/2$ Millionen deutscher Soldaten standen jetzt im 2. Weltkrieg im Osten im Kampf gegen Sowjetrußland. Diese große Zahl zeigt, was es für uns wieder bedeuten würde, auch gleichzeitig im Westen, und zweifelsohne mit einer starken Armee, kämpfen zu müssen. Es wurden daher von der deutschen Staatsführung zum Schutz unserer Westflanke in Frankreich und Norwegen prophylaktisch Küstenbefestigungen, soweit es möglich war, eingerichtet und die Besatzungstruppen erhöht.

Aber wo und wann der Gegner landen würde, darüber bestand natürlich bei uns nicht die geringste Sicherheit. Das konnte auch nicht anders sein. Diese Unsicherheit zeigt den großen Vorteil, der einer Seemacht gegeben ist, der das weite Meer als Verkehrsstraße für Transporte – wo sie diese laufen lassen will – zur Verfügung steht; einer Seemacht, die völlig freie Wahl hat, an welcher Stelle sie an den langgestreckten Küsten des Gegners zu landen beabsichtigt und zu welchem Zeitpunkt sie eine solche Landung durchführen will. Dies zeigt also die Gunst der Verhältnisse, die hinsichtlich einer Invasion die Seemacht über den kontinentalen Gegner hat. Die Initiative liegt bei der Seemacht. Der angegriffene kontinentale Staat ist in der Zwangslage, nachzueilen und wird im Gegenzug höchstwahrscheinlich stets zu spät kommen. Etwa vorsorglich von vornherein überall durch Geschütze und Verteidigungsanlagen die Küsten so stark zu sichern und diese Sicherungen auch durch so zahlreiche Truppen zu besetzen, daß eine Landung überhaupt ausgeschlossen ist, übersteigt jedoch jede Möglichkeit der Mittel. Etwa auch die Seestreitkräfte, die der kontinentale Staat besitzt, bei uns also in erster Linie die U-Boote, für fest als »Schildwachen« vor den Küsten aufzustellen, könnte eine Invasion möglicherweise beeinträchtigen, aber niemals verhindern. Außerdem wäre eine solche defensive Bindung von vornherein grundsätzlich falsch und im Gegenteil für die Durchführbarkeit einer Invasion des Gegners von Vorteil, weil der Kampf der U-Boote gegen den feindlichen Handelsschiffsraum, von dem die Möglichkeit der Durchführung einer Invasion des Gegners in erster Linie abhängt, langfristig zum völligen Erliegen kommen würde.

So geschahen dann auch die Ereignisse bei der Invasion der Anglo-Amerikaner Anfang November 1942 in Nordafrika. Sie wurde außerordentlich geheimgehalten, unser Nachrichtendienst erfuhr von den sicherlich notwendigen umfangreichen Vorbereitungen in den Vereinigten Staaten und England nichts. Wir bekamen Kenntnis, daß zwei Passagierschiffe in Gibraltar eingetroffen waren. Aber die deutsche Seekriegsleitung war mit Recht der Ansicht, daß man hieraus noch nicht auf eine unmittelbar bevorstehende Landung im Mittelmeer oder an der nordwestafrikanischen Küste schließen könnte.

Ende Oktober 1942 traf Admiral Cunningham, der zum Seebefehlshaber für die Landung, die den Operationsnamen »Torch« erhalten hatte, ernannt worden war, in Gibraltar ein. Das Kommando über die Landtruppen erhielt General Eisenhower. So geschahen alle anglo-amerikanischen Vorbereitungen in völliger Verschwiegenheit.

Aber selbst bei dieser – verglichen mit der endgültig in Frankreich beabsichtigten – beschränkten Invasion in Nordafrika ist eine Tatsache von Interesse. Der englische Marinehistoriker Roskill schreibt hierüber im Band II seines Buches »The War at Sea« auf Seite 315:

»The British warships needed for the operation, about 160 in all, could only be provided by removing a substantial part of the Home Fleet's strength, by stopping the Russian convoys, by reducing our Atlantic escort forces and by temporarily suspending the mercantile convoys running between Britain and the south Atlantic.«

Man sieht hieraus, wie selbst diese beiden großen Seemächte mit ihren Kräften rechnen mußten, und wie richtig der deutsche U-Boot-Einsatz im Handelskrieg gewesen war. Er allein schmälerte diese Kräfte und band auch die Sicherungsstreitkräfte an anderer Stelle, so daß sie für eine Invasion nicht zur Verfügung gestellt werden konnten.

Ebenfalls die größte Sorge, die die Alliierten vor der Invasion hatten, war die, daß doch durch irgendeinen Nachrichtenversager die Invasionsabsicht uns bekannt werden und eine rechtzeitige deutsche U-Boot-Aufstellung erfolgen und den Transportergeleitzügen für die

Invasion Verluste zufügen könnte. Hierzu schreibt Captain Roskill auf Seite 317 seines vorstehend genannten Buches:

»The possibility of a heavy U-boat concentration attacking the convoys was the cause of great anxiety to the Admiralty, The Naval Staff estimated that, if the enemy got wind of our intentions, fifty U-boats could be deployed against the expedition by the end of Ctober, and another twenty-five by the 6th of November. The First Sea Lord told the Prime Minister that the U-boats ›might well prove exceedingly menacing‹...to ›the most valuably convoys ever to leave these shores‹, and asked for more long-range aicraft for the Bay of Biscay patrols. All possible escort vessels, in all about a hundred, were allocated to the convoys, without regard to the risks accepted on other routes.«

Aber, wie schon gesagt, es kam auf deutscher Seite nicht zu einer konzentrierten U-Boot-Aufstellung, weil wir keinerlei Nachrichten von den anlaufenden Geleitzügen mit Truppentransporten für den Mittelmeerraum und für Casablanca an der Nordwestküste Afrikas hatten. Im Gegenteil: Der Zufall wollte es, daß eine deutsche U-Boot-Gruppe, die in der Nähe von Madeira, ohne dies zu wissen, auf dem Anmarschwege der anglo-amerikanischen Truppentransporter stand, den Sierra Leone-Geleitzug SL 125 in Sicht bekam und von mir auf diesen zum Angriff angesetzt wurde. In einer 7tägigen Schlacht wurden 13 Schiffe dieses Geleitzuges versenkt und kein deutsches U-Boot ging dadurch verloren. Durch diesen Zufall verließ die U-Boot-Gruppe den Seeraum, welchen die Truppentransporter später passieren sollten. Captain Roskill schreibt hierzu:

»Had the enemy not been thus engaged he might well have detected the great movements of troop and supply ships, have attacked them or guessed their purpose and their destinations, and so deprived our landing forces of the important advantage of surprise.«

Und der Commodore dieses, von uns erfolgreich angegriffenen Geleitzuges SL 125, der englische Rear-Admiral C. N. Reyne, dessen Schiffe durch die deutsche U-Boot-Gruppe die genannten schweren Verluste erlitten hatten, hat später bemerkt, daß dies das einzige Mal gewesen sei, daß ihm wegen des Verlustes von Schiffen gratuliert worden wäre. Der hierdurch erfolgte Vorteil, daß die Truppentransporter unbeschädigt ihre Bestimmungsorte erreichen konnten, war eben von viel größerer Wichtigkeit.

Am 8. November 1942, morgens um 6.30 Uhr, bekam ich von der Seekriegsleitung die Nachricht, daß die Anglo-Amerikaner an der atlantischen Küste Marokkos gelandet seien. Ich schickte daraufhin, ohne eine Anweisung abzuwarten, U-Boote, die zwischen der Biskaya und den Cap-Verdischen Inseln standen, in dieses Landungsgebiet. Ich bekam dann auch die Nachricht von der Seekriegsleitung, daß weitere Landungen im Mittelmeer in Algier und Oran erfolgt seien und ebenfalls dorthin U-Boote zu entsenden wären. Zu diesen, mich völlig überraschenden Nachrichten schrieb ich am 8. November 1942 in mein Kriegstagebuch:

»Offensichtlich handelt es sich bei der Landung an der algerischen und marokkanischen Küste um Invasions-Unternehmungen größten Stils, für deren Durchführung der Gegner laufend starken Nachschub benötigt. Der Einsatz von U-Booten kommt für die Beeinträchtigung der ersten Landungsunternehmungen zu spät, denn die ersten Boote können höchstens am 9. bzw. 11. November eintreffen.

Durch ihr Eingreifen kann jedoch eine Beeinträchtigung der weiteren Groß-Ausschiffungen und des Nachschubverkehrs (besonders nach dem Mittelmeer) eintreten. Die Erfolgsaussichten dürfen nicht zu hoch angesehen werden... Jeder Angriff auf dem flachen Wasser bedeutet vollen Einsatz. Trotzdem erfordert die Wichtigkeit der Bekämpfung des Nachschubs rücksichtslosen U-Boot-Einsatz...«

Als die U-Boote in den Landungsgebieten eintrafen, war dort bereits die feindliche Abwehr an Sicherungsschiffen und einer dauernden Luftüberwachung sehr stark. Trotzdem hatten die deutschen U-Boote einige Erfolge. Sie versenkten den Transporter »Ettrick« von 11 279 BRT und das Truppenschiff »Warwick Castle« von 20 107 BRT. Das Zerstörer-Depotschiff »Hecla« wurde versenkt und der Zerstörer »Marne« beschädigt. Auch das Truppenschiff »Ceramic« und drei weitere Schiffe fielen den U-Boot-Angriffen zum Opfer. Aber auch die U-Boote hatten Verluste und im großen und ganzen floß der große Strom von Schiffen von Amerika nach Casablanca und in das Mittelmeer, dank der hierfür stark konzentrierten Sicherung durch alliierte See- und Luftstreitkräfte, unbehindert.

Dies zeigt, daß mein immer vertretenes Prinzip des ökonomischen U-Boot-Einsatzes richtig ist. Es kommt darauf an, dem Gegner soviel Schiffe wie möglich zu versenken. Dann sind ihm die Hände gebunden und er ist auch, was die militärische Aktion einer Invasion anbelangt, hierdurch am schwerwiegendsten behindert. Etwa dort zu kämpfen, wo sich der Gegner zu bestimmten Zwecken konzentriert, bedeutet, daß die U-Boote den Gegner auch in der Konzentration der Abwehr anzugreifen haben. Sie werden wenig erreichen, und es werden ebenfalls mehr U-Boote verloren gehen als im ökonomischen Einsatz. Ich habe daher auch, was den weiteren Einsatz von U-Booten im Raum der gelungenen Invasion der Alliierten im Mittelmeer und an der marokkanischen Küste anbetrifft, meine Auffassung am 18. November 1942 nochmals in einem Schreiben der Seekriegsleitung in Berlin dargelegt. Ich habe in diesem Schreiben gesagt:

»Zusammengefaßt sieht der B.d.U. mit dem weiteren Einsatz gegen die Zufuhren nach Afrika bei denkbar hoher Verlustwahrscheinlichkeit nur geringste Erfolgsaussichten, für die die verhältnismäßig hohen Erfolge der ersten Zeit, unter den besonderen Umständen des Anlaufens der feindlichen Unternehmungen, keinerlei Vergleichmaßstab abgeben und die bei dem Fortführen der feindlichen Absichten nicht entscheidend ins Gewicht fallen können.

Entscheidend nachteilig wird sich dieser Einsatz der U-Boote aber für den Tonnagekrieg im Atlantik auswirken, in welchem der B.d.U. nach wie vor die Hauptaufgabe der U-Boote sieht. Der Tonnagekrieg ist der vielleicht für den Ausgang des Krieges entscheidende Beitrag der U-Boote. Der Gegner hat das klar erkannt, seine Hauptsorge kreist auch heute um die Schlacht im Atlantik, d. h. um den ständigen Kräfteschwund infolge der Versenkung durch U-Boote...

Nach Ansicht des B.d.U. ist hier eine Frage von weitgehendster Auswirkung zu entscheiden. Der B.d.U. ist der klaren Überzeugung, daß das Schwergewicht der U-Boot-Kriegführung im Atlantik liegen muß, daß die Boote im Tonnagekrieg den wirksamsten Beitrag für die Gesamtkriegführung leisten, daß die hierfür vorliegenden günstigen Verhältnisse ausgenutzt werden müssen, und daß die Abkehr von diesem Grundsatz nur zum Schaden der Gesamtkriegführung sein kann.

Der B.d.U. bittet, die erlassenen Befehle aufgrund der vorstehenden Überlegungen erneut zu prüfen.«

Die Seekriegsleitung konnte sich zunächst meiner Ansicht nicht voll anschließen; sie erklärte sich jedoch Ende November 1942 mit meiner Konzeption einverstanden.

Die vorstehenden Ausführungen haben gezeigt, daß es eben notwendig ist, eine Waffe so und dort zu verwenden, wie es ihrer Eigenart entspricht. Eine abstrakte Forderung an ein Kriegsinstrument, die unwirklich ist, was seine Leistungsfähigkeit anbetrifft, hat keinen Zweck und ist nur günstig für den Gegner, weil der wirkungslosere Einsatz dieser Waffe dem Feind größere Verluste an anderer Stelle erspart.

· Wie sehr die U-Boot-Waffe im Herbst 1942 im Kampf an richtiger Stelle – dem Tonnagekrieg im weiteren Seeraum des Atlantik – wirken konnte, zeigen ihre Erfolge im November 1942, die der englische Marinehistoriker Roskill als sehr hoch bezeichnet: Sie betrugen 119 Schiffe mit 729 160 BRT.

Im Juli 1942 war es den Amerikanern schließlich gelungen, für die Schiffahrt an der Ostküste Nordamerikas das Geleitzugsystem durchzuführen. Außerdem waren die Konvois, die zum größten Teil in Küstennähe fuhren, selbstverständlich auch in erheblichem Maße durch Landflugzeuge gesichert. Die Seeräume an der Ostküste der Vereinigten Staaten boten daher für die deutschen U-Boote nicht mehr das so sehr günstige Kampfgebiet, so daß sich dort ihr Einsatz in Anbetracht des langen Anmarschweges über den Atlantik nicht mehr in dem großen Maße lohnte, wie es im ersten Halbjahr 1942 der Fall gewesen war. Selbstverständlich war jedoch dieser Seeraum weiterhin auch dann für U-Boot-Aktionen auszunutzen, wenn etwa in ihm »schwache Stellen« der gegnerischen Abwehr festgestellt worden waren.

Entsprechend meinem Grundprinzip der ökonomischen U-Boot-Verwendung nahm ich infolgedessen ab Juli 1942, anstelle des bisherigen überwiegenden Einsatzes von U-Booten in den amerikanischen Gewässern, wieder den Geleitzugkampf im Nordatlantik auf. – Weitere U-Boote wurden von mir, wie bereits gesagt, in andere Seeräume geschickt, die ich als abwehrschwach erkannt hatte.

Im Interesse dieser vielseitigen U-Boot-Operationen wirkte es sich ab Mitte 1942 günstig aus, daß nunmehr die Folgen des sehr kalten Winters 1941/42 für die Fertigstellung und Ausbildung neuer U-Boote in der Ostsee überwunden waren. Für dieses Frontklarwerden neuer U-Boote hatte der vergangene Winter erhebliche Verzögerungen verursacht, weil die Ostsee, ein Meer ohne Flut und Ebbe, durch Eisbildung nahezu unbefahrbar gewesen war. Es kamen also jetzt von Juli bis September 1942 die außergewöhnlich hohen Zahlen von monatlich etwa 30 neuen U-Booten zur Front. Hierdurch war es mir möglich, ständig mit zwei U-Boot-Gruppen den Geleitzugkampf im Nordatlantik für die zwischen Amerika und England laufenden Geleitzüge wieder aufzunehmen und außerdem eine erhebliche Zahl weiterer U-Boote, je nach Lage und in überraschendem Wechsel, in lohnende, entferntere Operationsgebiete zu entsenden. Zu diesen letzteren Seeräumen gehörten immer noch die Karibische See, ferner auch die Gewässer ostwärts von Trinidad, weil hier das amerikanische Geleitzugsystem auch im Juli 1942 noch nicht durchgeführt worden war. Weiterhin schickte ich U-Boote wieder in den Seeraum bei Freetown. Eine andere Gruppe von U-Booten sandte ich sogar bis nach Kapstadt und nach den ostafrikanischen Häfen im Indischen Ozean. Denn trotz der langen Anmarschwege dorthin schienen mir diese Seegebiete, welche bisher vom U-Boot-Krieg unberührt geblieben waren, für einen nunmehrigen Angriff aussichtsreich zu sein. Die Tatsachen, die Versenkungserfolge der U-Boote in diesen entfernten Seeräumen, haben dann gezeigt, daß diese Annahme richtig gewesen war.

Neben diesem Vorteil der nunmehr endlich erreichten größeren Zahl von U-Booten kam noch ein weiterer günstiger Umstand für die U-Boot-Kriegführung hinzu. Dem »Beobachtungsdienst« im Oberkommando der Kriegsmarine, der den Funkverkehr des Gegners beobachtete und zu entschlüsseln suchte, war es gelungen, in die englischen Geheimcodes einzudringen. Ich konnte daher wiederholt rechtzeitig sichere Nachrichten über englische Geleitzugstandorte erhalten.

Wenn auch so für die deutsche U-Boot-Führung im Sommer 1942 diese Vorteile eingetreten waren, so war ich mir andererseits durchaus im klaren, daß der Kampf selbst, besonders am Geleitzug, sehr viel schwerer geworden war. Die Überwasserbeweglichkeit der U-Boote, als Voraussetzung für ihre operative und taktische Verwendung, wurde durch zwei Momente im immer stärkeren Maße eingeschränkt:

1. Der Einsatz von anglo-amerikanischen Flugzeugen, die feindliche Luftüberwachung der Seeräume westwärts von Großbritannien und ostwärts von den Vereinigten Staaten und die unmittelbare Luftsicherung der Geleitzüge wurden wachsend stärker. Die sogenannte »Lücke«, der Seeraum in der Mitte des Atlantiks, der bisher von englischen oder amerikanischen weitreichenden 4motorigen Landflugzeugen für eine dauernde Überwachung oder für eine Sicherung dortiger Geleitzüge nicht erreicht werden konnte, wurde immer kleiner. Wie sehr der Aktionsradius dieser weitreichenden Landflugzeuge zunahm, zeigen folgende Zahlen: Im Jahre 1941 konnten schon in 400 bis 500 km Entfernung von der Küste keine Landflugzeuge mehr eingesetzt werden, wohingegen wir jetzt im Jahre 1942 feststellen mußten, daß 4-motorige Landflugzeuge bis 800 sm entfernt von ihren Flugplätzen, die in Nord-

amerika, Grönland, auf Island, in Nordirland sowie bei Freetown lagen, sich im Einsatz befanden.

2. Die zweite wesentliche Erschwerung des Kampfes der U-Boote hatte ihren Grund in dem neuen Kurzwellengerät, dem Radar, mit welchem sowohl die Sicherungsfahrzeuge am Geleitzug, wie die eingesetzten Flugzeuge ausgerüstet waren.

Diese Entwicklung eines Ortungsgerätes hatte uns ab 1942 mit laufender Sorge erfüllt. Wir machten bereits zu diesem Zeitpunkt die Erfahrung, daß z. B. U-Boote durch Flugzeuge nachts überraschend angeflogen wurden. Mit Sicherheit hatten diese, da es dunkel war, das U-Boot vorher nur durch ein Ortungsgerät feststellen können. Für das U-Boot selbst war jedoch jegliche Feststellung des Flugzeuges vorher unmöglich. Es gelang uns aber dann durch das sogenannte Fu.M.B. (Funkmeßbeobachtungsgerät), das den U-Booten eingebaut wurde, zu erkennen, wann entsprechende Strahlen zu Ortungszwecken gegen das U-Boot ausgesandt worden waren. Dann konnte sich das U-Boot noch durch rechtzeitiges Tauchen dem der Ortung folgenden Bombenangriff entziehen. Dadurch glückte es uns z. B. auch, wie der Marinehistoriker Roskill in seinem Seekriegswerk schreibt, die erste größere Luftoffensive, die England in der Biskaya gegen ein- und auslaufende U-Boote angesetzt hatte, um ihren Erfolg zu bringen.

Wir mußten dann jedoch später feststellen, daß trotz unseres Fu.M.B.-Gerätes wiederum unerwartete Ortungen aufgetauchter U-Boote erfolgt waren, die anscheinend auf anderen Kurzwellen durchgeführt worden waren, welche wir mit unserem Aufnahmegerät nicht feststellen konnten. Wie wir heute wissen, ist es die Einführung des 10-cm-Gerätes gewesen, das dann später wesentlich mit zum Erliegen des deutschen U-Boot-Krieges über Wasser beigetragen hat.

Nun zurück zur zweiten Hälfte des Jahres 1942. Wenn auch diese Erschwerungen im Geleitzugkampf eingetreten waren, so war andererseits der Wirkungsgrad jedes U-Bootes, also sein sogenanntes »Potential«, der Erfolg in BRT pro Seetag, noch in gleicher Weise hoch geblieben. So hatten die deutschen U-Boote pro Seetag versenkt:

Im Juli 1942 181 BRT,

im August 1942 204 BRT und im stürmischen

September 1942 149 BRT.

Auch die Verlustquote der U-Boote war nicht wesentlich gestiegen. Wenn sie von Januar bis Juli 1942 bei den sehr schwachen amerikanischen Abwehrverhältnissen nur 3,9% gewesen und von Juli bis

Dezember 1942 auf 8,9% angestiegen war, so war sie noch immerhin sehr viel niedriger als z. B. im Jahre 1939, als sie 17,5 % betragen hatte, und sie war in der zweiten Hälfte des Jahres 1942 ebenfalls niedriger als im Jahre 1940 und 1941, in denen von den monatlich in See befindlichen U-Booten 13,4 bzw. 11,4% verlorengegangen waren.

So wurden also in der zweiten Hälfte des Jahres 1942 die Geleitzug-kämpfe, zwar mit wechselnden, aber immerhin im Durchschnitt noch guten Erfolgen, durchgeführt. – Ich versuchte, die Geleitzüge, die von Westen nach Osten im Nordatlantik liefen, durch Aufstellung eines U-Boot-Streifens bereits so weit wie möglich westlich zu erfassen. Dies hatte einmal den Zweck, daß andere U-Boote, die ich dann auf diesen Geleitzug noch ansetzen wollte, ausreichende Zeit zur Verfügung hatten, um auch aus entfernteren Positionen an den gemeldeten Ge-leitzug heranzuschließen. Und es hatte ferner das Ziel, daß die an-gesetzte U-Boot-Gruppe bereits geschlossen zum Kampf am Geleitzug stand, wenn dieser etwa dann, in der Mitte des Atlantik, in die oben-genannte Lücke der Überwachung durch Landflugzeuge eintrat. Hier fanden dann die U-Boot-Angriffe statt, die sich dann gewöhnlich über einige Tage erstreckten. In derselben Art wurde auch von mir versucht, Geleitzüge, die von Ost nach West, also von Großbritannien nach den Vereinigten Staaten liefen, möglichst weit im Osten des Atlantik festzustellen.

So kam es immerhin zu erfolgreichen Operationen. Diese waren natürlich in erster Linie dem kämpferischen Geist der U-Boot-Be-satzungen zu verdanken. Ohne diese seelische Haltung hätte auch die beste Führung nichts erreichen können. Das militärische Können allein, sowohl bei dem befehlenden wie bei dem geführten Soldaten, genügt daher nicht: Der Wille, sich einzusetzen, muß vorhanden sein, aus der Überzeugung heraus, daß dies im Kriege zum Schutz des eigenen Vater-landes und Volkes erforderlich ist und aus dem Bewußtsein, daß es aus diesem Grunde höhere ethische Werte gibt als die des eigenen Lebens. Dieses Bewußtsein und diese seelische Haltung sind für die Schlagkraft einer Wehrmacht das Wichtigste.

Die Befriedigung über unsere gegenwärtigen Erfolge wurde damals bei mir jedoch gedämpft durch eine dauernde und wachsende Sorge wegen der weiteren Entwicklung des Seekrieges. Die zunehmende Überwachung durch feindliche Flugzeuge in allen Seegebieten des Nord- und Südatlantik veranlaßte mich z. B., in meinem Kriegstagebuch am 21. August 1942 zu schreiben:

»Diese Erschwerung der Kriegführung muß bei entsprechender Weiterentwicklung zu hohen, nicht tragbaren Verlusten und zu einer Verminderung der Erfolge sowie damit der Erfolgsaussichten des U-Boot-Krieges überhaupt führen.«

Auch der englische Marinehistoriker Roskill sagt im Band II auf Seite 210 seines Werkes über meine Einstellung in den Sommermonaten 1942:

»... that Dönitz was by no means happy over the first fruits of his new offensive is shown by entries in his war diary at this time.«

Wenn also die Gegenwart auch noch günstig war, und die nun endlich erfolgte Vergrößerung der Front-U-Bootzahlen selbstverständlich auch vermehrte Versenkungen erwarten ließ, so erforderten die Probleme des U-Boot-Krieges in der weiteren Zukunft doch bereits in der Gegenwart dauernde Überlegungen der U-Boot-Führung. Wie konnte man z. B. die U-Boote gegen Ortung schützen? Wir versuchten, neue Empfangsgeräte zu entwickeln, durch die wir auch Radarortung auf kürzester Welle feststellen konnten. Wir umgaben den Turm eines U-Bootes mit einer schützenden Masse, welche die Fähigkeit hatte, die ausgesandten Ortungsstrahlen zu absorbieren, daß sie nicht wieder zum Gegner, den U-Boot-Ort angebend, zurückkehren konnten. Leider ergab es sich, daß das Maß dieser Absorbierung nicht ausreichend war. – Wir überlegten vor allem, wie wir U-Boote gegen Flugzeuge besser schützen konnten. Wir gaben ihnen eine bessere Flakarmierung, und selbstverständlich würde auch die obengenannte, erhoffte Entwicklung eines Empfangsgerätes für die Ortungsstrahlen das U-Boot in erster Linie vor einem überraschendem Flugzeugangriff geschützt haben.

So war also die zweite Hälfte des Jahres 1942, trotz guter Erfolge, mit Sorgen wegen der weiteren Zukunft belastet.

In welchem Maße wir auch noch in den ersten Monaten des nun folgenden Jahres 1943 im Geleitzugkampf Erfolge erringen konnten, und wie auch für den Gegner der Ausgang der Atlantikschlacht noch völlig unsicher war, möchte ich in den kommenden Absätzen erläutern. Es ist in der Wirklichkeit dieser Welt so, also auch in der des Krieges, daß der Mensch nicht in die Zukunft sehen kann, weil ihm nicht alle Umstände und Ursachen, die eine Entwicklung bestimmen, erkennbar und übersehbar sind. Wenn die englische Admiralität z. B. nach unseren Erfolgen im März 1943 der Ansicht war, daß die Niederlage ihr ins Gesicht starrte, daß infolge der deutschen Angriffe mit U-Boot-Rudeln das Geleitzugsystem überholt sei, so wußte sie damals im

März 1943 nicht, daß es ihr bereits im Mai 1943, also nur zwei Monate später, gelingen würde, den deutschen U-Boot-Krieg gegen Geleitzüge zum Zusammenbruch zu bringen. Wie sehr es also bis zu dieser Wende auch manchmal anders aussah, möchte ich im Folgenden an zwei Beispielen aufzeigen:

Ende Dezember 1942 hatte ich in der Nähe der Kanarischen Inseln eine Gruppe von U-Booten aufgestellt, die in einem von Nord nach Süd verlaufendem Aufklärungsstreifen Verkehr erfassen sollten, der von Westen, von den Vereinigten Staaten kommend, zur Unterstützung der anglo-amerikanischen Truppen in Nordafrika nach Gibraltar unterwegs war. – Am 3. Januar 1943 sichtete ein anderes U-Boot, das in der Nähe von Trinidad operierte, also 900 sm, das sind 1560 km, südwestlich von dieser bei den Kanarischen Inseln befindlichen Gruppe stand, einen Tanker-Geleitzug, welcher nach Nordosten steuerte. Leider verlor das U-Boot die Fühlung an diesem Geleitzug.

Ich glaubte, daß dieser Tankergeleitzug aus dem Ölgebiet von Curacao-Aruba käme und sicherlich eine riesige Menge Treibstoff für die amerikanische Invasionsarmee nach Nordafrika bringen sollte. Trotz der nur einmaligen Meldung des Geleitzuges durch dieses bei Trinidad operierende U-Boot und trotz der Unsicherheit, welchen Kurs der Geleitzug nach Gibraltar steuern würde, wenn überhaupt meine Annahme dieses Bestimmungsortes richtig war, entschloß ich mich, mit der U-Boot-Gruppe bei den Kanarischen Inseln auf diesen Geleitzug zu operieren. Die U-Boote wurden am 3. Januar auf dem größten Kreis nach Südwesten in Marsch gesetzt. Sie marschierten also in einem Aufklärungsstreifen, der nur 120 sm, also bei der Weite des Atlantiks und immerhin bei der Möglichkeit vom größten Kreis abweichender Kurse des Geleitzuges, nur einen sehr geringen Raum überdeckte, diesem Tankergeleitzug entgegen. Während der Nachtstrecken ließ ich nach Monduntergang den U-Boot-Streifen auf Gegenkurs gehen, also auf den gleichen Kurs, den der erwartete Geleitzug haben würde, damit dieser nicht etwa in der Dunkelheit die U-Boot-Aufstellung passieren konnte.

So glaubten wir, alles getan zu haben, um trotz der großen Anfangsentfernung von 1560 km den Geleitzug doch zu finden. – Wir hatten Glück! Am Morgen des 8. Januar 1943 wurde der Geleitzug bei Hellwerden in der Mitte des U-Boot-Streifens gesichtet. Dann kämpften die U-Boote bis zum 11. Januar gegen diesen Tankerkonvoi. Seine

Sicherung war günstigerweise schwach. Der Geleitzug bestand aus neun großen Tankern, davon wurden 7 versenkt. Kein U-Boot ging verloren. Es war wirklich ein großer Erfolg. Der englische Marinehistoriker Roskill sagte hierzu: »...a tanker convoy from Trinidad to Gibraltar (TM. 1) was cut to pieces.«

Am 14. und 15. März 1943 hatte ich U-Boote im Nordatlantik auf 20 Grad westlicher Länge in einem Aufklärungsstreifen nach Westen laufen lassen, um einen aus Halifax kommenden Geleitzug zu erfassen. Am 14. März bekamen wir außerdem die Nachricht, daß ein Sidney-Geleitzug am 13. März um 20 Uhr in den gleichen Seeraum gehen würde. So schnell wie möglich versuchte ich nunmehr, die beiden Geleitzüge festzustellen. Am nächsten Tage abends sichtete ein U-Boot bei schwerem Sturm und unsichtigem Wetter einen nach Osten steuernden Zerstörer, der möglicherweise zu diesem Sidney-Geleitzug gehörte. Am 16. März mittags kam der aus Halifax ausgelaufene Geleitzug in Sicht. Am Abend dieses Tages gingen dann die deutschen U-Boote zum Angriff auf den Geleitzug über. Ihr Erfolg bereits in dieser ersten Nacht war außerordentlich. In der Nacht zum 17. März wurde auch der Sidney-Geleitzug im gleichen Seegebiet erfaßt. Bis zum 19. März ging dann der Kampf an beiden Geleitzügen weiter. Amerikanische Luftsicherung war ununterbrochen zu ihrem Schutz eingesetzt. Die Bewachungsstreitkräfte waren durch zusätzlich beorderte Fahrzeuge verstärkt. Das Wetter wechselte von verhältnismäßig ruhigem Wetter mit wechselnder Sicht bis zu stürmischen Winden. So waren sowohl durch diese Wetterlage die U-Boot-Angriffe erschwert, wie aber auch die Gegenschläge der anglo-amerikanischen Luft- und Seesicherung gegen die U-Boote.

Das Kampfergebnis der U-Boote war hoch: 21 Schiffe mit 141 000 BRT waren versenkt worden. Nur ein deutsches U-Boot ging am 19. März infolge eines Luftangriffs verloren.

Dieser große deutsche Erfolg beeindruckte die englische Admiralität außerordentlich. Der englische Marinehistoriker Roskill sagt von dieser Geleitzugschlacht im Band II auf Seite 366 seines Seekriegswerkes: »It was a serious disaster to the Allied cause.«

Roskill fährt dann fort:

»At the end of 1943, when the Admiralty cast their eye backward to the crisis of the previous spring, they recorded that the Germans never came so near to disrupting communication between the New World and the Old as in the first twenty days of March 1943. Even at the present distance of time one can sense the relief which the dawning realisation that the crisis of crisis had come, and had been successfully surmounted, brought in London. Nor can one yet look back on that month without feeling something approaching horror over the losses we suffered. In the first ten days, in all waters, we lost forty-one ships; in the second ten days fifty-six. More than half a million tons of shipping was sunk in those twenty days; and, what made the losses so much more serious than the bare figures can indicate, was that nearly twothirds of the ships sunk during the month were sunk in convoy. It appeared possible, wrote the Naval Staff after the crisis had passed, ›that we should not be able to continue (to regard) convoy as an effective system of defence‹. It had, during three-a-half years of war, slowly become the lynch pin of our maritime strategy. Where could the Admiralty turn if the convoy system had lost its effectiveness? They did not know; but they must have felt, though no one admitted it, that defeat then stared them in the face.«

Nach diesem erfolgreichen Monat März sollte vieles anders werden. Der April 1943 war besonders stürmisch. Trotz großer U-Boot-Zahlen gelangen uns nur einzelne erfolgreiche Geleitzugkämpfe. Neben dem unsichtigen und orkanartigen Wetter führten wir die Mißerfolge in erster Linie auf die feindliche Radarortung zurück, gegen die wir ja kein Mittel besaßen.

Anfang Mai 1943 hatte ich im Nordatlantik vier Gruppen von U-Booten zur Geleitzugbekämpfung aufgestellt. Wenn ich auch damit rechnete, daß die U-Boot-Streifen durch Radarortung festgestellt werden konnten, so war es andererseits für den Gegner schwieriger geworden, diese U-Boot-Aufstellungen, die nun einen sehr viel größeren Seeraum als früher überdeckten, zu umgehen. Es kam hinzu, daß ich selbstverständlich versuchte, gemeldete entsprechende Ausweichmanöver des Gegners durch schnelle Positionsänderungen der U-Boot-Streifen unwirksam zu machen. So geschah es, daß trotz aller gegenseitigen Manöver Anfang Mai ein von Osten kommender Geleitzug in die Mitte eines Aufklärungsstreifens deutscher U-Boote hineinstieß. Die U-Boote kamen zum Angriff und im Laufe des Kampfes wurden 12 Schiffe mit 55 761 BRT aus dem Geleitzug versenkt. Aber zum ersten Male hatten wir bei diesem Geleitzugkampf hohe U-Boot-Verluste erlitten. Sieben U-Boote waren versenkt worden. So sah ich trotz des genannten Erfolges diesen Geleitzugkampf als eine Niederlage an.

Wie es hierzu gekommen ist, habe ich in meinem Kriegstagebuch vom 6. Mai 1943 folgendermaßen dargestellt:

»Ungefähr zwei Stunden vor Dunkelheitsbeginn kam dann plötzlich Nebel auf, der ziemlich schnell immer dicker wurde, die große Chance dieser Nacht vereitelte. Die Boote verloren fast alle wieder die Fühlung, um 4 Uhr morgens wurde dann das Geleit zum letzten Male gesichtet. Hätte dieser Nebel erst sechs Stunden später eingesetzt, wären mit Sicherheit viele weitere Schiffe versenkt worden. So vereitelte der Nebel die großen Chancen; kein Boot kam mehr zum Erfolg. 15 Boote erhielten allein in dieser Nebelzeit Wabos; davon wurden sechs Boote im Nebel von ortenden Zerstörern überraschend mit Artillerie angegriffen. Ohne ein Mittel gegen die Ortung waren so die Boote einwandfrei in unterlegener, aussichtsloser Position.«

Dies waren also die Gründe für den so hohen Verlust von U-Booten bei diesem Geleitzugkampf. U-Boote im Nebel waren blind, während der ortende Zerstörer die Position der über Wasser fahrenden U-Boote auf seinem Radarschirm genau erkennen konnte.

Diese Eintragung in meinem Kriegstagebuch von Anfang Mai 1943 zeigt also die schweren Sorgen, die ich wegen der Fortsetzung des bisherigen U-Boot-Krieges hatte. Auf der anderen Seite war in dem Wechsel von Erfolg und Mißerfolg, die in jedem Krieg, in jeder militärischen Beziehung möglich sind, auch mit einer solchen negativen Operation an einem Geleitzug, die den Verlust von sechs U-Booten gebracht hatte, zu rechnen. Um so mehr glaubten wir, diesen Rückschlag noch in Kauf nehmen zu müssen, weil der Nebel hierbei zweifelsohne eine ausschlaggebende Rolle gespielt hat.

Erst Mitte Mai 1943 wurde es bei einem erneuten Geleitzugkampf eindeutig klar, daß die Lage sich für uns endgültig geändert hatte. Nicht nur, daß jetzt in jedem Seeraum des Atlantik die Geleitzüge durch weitreichende Flugzeuge (»Very Long Range Aircrafts«) beschützt wurden, sondern wir machten auch die Erfahrung, daß den Geleitzügen außer ihrer eigentlichen Bewachung noch besondere Kampfgruppen zugeteilt worden waren, die ausschließlich die Aufgabe hatten, ein festgestelltes deutsches U-Boot bis zu seiner Vernichtung zu bekämpfen.

Wie es zu dieser plötzlichen Wende der gegenseitigen Kräfte in der Atlantikschlacht gekommen war, wissen wir heute. Es waren von den Amerikanern sechs sogenannte »Support Groups« gebildet worden. Diese »Support Groups« bestanden aus Kriegsfahrzeugen, die mit allen Mitteln für die U-Boot-Bekämpfung, auch mit Kurzwellen-Peilgeräten, ausgerüstet und auch entsprechend ausgebildet und von erfahrenen Seeoffizieren geführt wurden. Zu diesen »Support Groups« gehörten z. B. auch zwei englische Zerstörer-Flottillen, die nur dadurch hatten freigemacht werden können, daß die englischen Geleitzüge, welche mit Kriegsmaterial für die Russen nördlich von Norwegen um das Nord Cap nach Murmansk liefen, auf Anordnung Churchills eingestellt wurden. Die Verluste, die die Engländer im März 1943 in der Atlantikschlacht durch uns erlitten hatten, waren so stark und beeindruckend gewesen, daß eine derartige Maßnahme, die sicherlich eine politische Kontroverse mit Stalin zur Folge haben würde, nach Ansicht der englischen Regierung trotzdem in Kauf genommen werden mußte.

Aus dem gleichen Grunde der hohen Verluste im März 1943 hatte der amerikanische Präsident Roosevelt angeordnet, daß VLR-Flugzeuge (Very Long Range-Flugzeuge), die bisher im Stillen Ozean eingesetzt gewesen waren, nunmehr sofort für den Atlantikkampf bereitgestellt werden sollten. Sie wurden nach Ballykelly in Nordirland, nach Reykjavik auf Island, nach Gandia und Argentia auf Neufundland verlegt und von diesen Flugplätzen aus in der Atlantikschlacht eingesetzt.

Als wir daher Mitte Mai im Nordatlantik zwei englische Geleitzüge angreifen wollten, wurden hierbei die deutschen U-Boote mit großem Erfolg von diesen »Support Groups« und von den nunmehr in jedem Seegebiet eingesetzten weitreichenden Flugzeugen bekämpft. Welche Folgen schwerwiegender Art diese Bekämpfung für uns hatte, wurde uns selbstverständlich erst nach einigen Tagen klar, als wir annähernd Gewißheit darüber gewannen, welche U-Boote vernichtet worden waren. Es ergab sich hierbei bis zum 22. Mai 1943 die erschreckend hohe Zahl von 31 U-Booten, die wir in diesem Monat verloren hatten. Hierdurch war eindeutig klar, daß eine Wende im Geleitkampf eingetreten war. Dieser Kampf konnte von uns erst dann wieder aufgenommen werden, wenn es gelang, die Kampfkraft der U-Boote wesentlich zu verbessern. Ich zog daher aus dieser Erkenntnis sofort die Konsequenzen und ließ den Nordatlantik von den U-Booten räumen. Ich befahl ihnen am 24. Mai, unter Anwendung aller Vorsichtsmaßnahmen, in den Seeraum südwestlich der Azoren abzumarschieren.

22. Warum mußte die deutsche U-Boot-Waffe trotz geringer Erfolgsaussichten nach dem Mai 1943 weiterkämpfen?

Der Monat Mai 1943 hatte Klarheit gebracht. Die Abwehrmaßnahmen der beiden großen Seemächte übertrafen die Kampfkraft unserer U-Boote. Diese zu verbessern, bzw. mit ganz neuen U-Boot-Typen in der Atlantikschlacht aufzutreten, war seit Jahr und Tag unser Streben. Darüber werde ich mich bei der Beantwortung der Frage 24 äußern.

Ende Mai 1943 war es jedenfalls sicher, daß wir mindestens ein Jahr lang mit unseren U-Booten unterlegen sein würden. Das bedeutete auch, daß die Gefährdung der U-Boote außerordentlich angestiegen war und wir, selbst wenn wir uns den Verhältnissen im Atlantik in der vorsichtigsten Form anpaßten, mit größeren Verlusten zu rechnen hatten.

Dadurch stand ich vor der schwersten Entscheidung, die ich seit Kriegsbeginn zu treffen hatte. Mußte ich nicht alle U-Boote aus allen Seegebieten zurückziehen, den U-Boot-Krieg also, der zur Zeit keine nennenswerten Erfolge mehr bringen konnte, total einstellen, um die zu erwartenden großen Verluste zu vermeiden? Diese Frage ließ sofort auch die Gegenfrage aufkommen: Was würde für unsere Gesamt-Kriegführung die Folge sein, wenn der U-Boot-Krieg eingestellt werden würde?

Deutschlands Lage war schwer, unser Heer hatte an allen Fronten harte Abwehrkämpfe zu bestehen. Die Luftangriffe auf das deutsche Reichsgebiet nahmen ständig zu.

Durch den U-Bootkrieg war der Gegner gezwungen worden, die Schiffahrt in Geleitzüge zusammenzufassen. Das bedeutete, siehe Churchills Brief an Roosevelt vom 8. Dezember 1940, daß bereits ein Drittel des Gesamt-Transportraumes für dieselbe Leistung mehr benötigt wurde, als wenn die Schiffe einzeln, entsprechend ihrer jeweilig besten Geschwindigkeit, fahren konnten. Auch die Beladung und Entladung solcher stoßweise aus- bzw. einlaufenden Geleitzüge bedeutete eine schwerwiegende Verzögerung. – Die Instandhaltung dieser Schiffe erforderte eine gewaltige Werft- und Ausrüstungsorganisation und -Kapazität. – Weiter: Die Anglo-Amerikaner mußten zum Schutz der Geleitzüge und auch zur Überwachung von Seegebieten starke Abwehrkräfte gegen die deutschen U-Boote einsetzen, nämlich Hunderte von Zerstörern-, Geleit- und Sicherungsfahrzeugen und Hunderte von Flugzeugen. Das bedeutete einen enormen Aufwand an militärischen Machtmitteln, an zivilen Arbeitskräften für die Reparatur dieser Kriegsschiffe und Flugzeuge und einen unermeßlichen Aufwand an materieller Kapazität.

Stellten wir aber den U-Boot-Krieg ein, so würden alle diese Kräfte frei und dann an anderer Stelle gegen uns eingesetzt werden.

Die Hunderte von Flugzeugen flogen dann nicht mehr zur U-Boot-Abwehr in allen Seegebieten des Atlantik, sondern griffen, mit Bomben beladen, die deutschen Städte an. Welche zusätzlichen, nicht abschätzbaren Verluste würde dann hierdurch die deutsche Zivilbevölkerung erleiden. Sollte der U-Boot-Mann, der bei Einstellung des U-Boot-Krieges dann nicht mehr zu kämpfen brauchte, diesem zunehmenden Töten – auch von Frauen und Kindern – zusehen und etwa erklären, daß dies nunmehr ertragen werden müßte?

Oder was würden die Anglo-Amerikaner mit den Hunderten von Zerstörern, Geleit- und Sicherungsfahrzeugen machen, wenn wir den U-Boot-Krieg einstellten? Unsere Gegner würden in der Lage sein, nunmehr unseren Küstenverkehr in der Nordsee und nach Norwegen völlig zu unterbinden. Dann wäre unsere Armee in Norwegen, die vom Nachschub aus Deutschland abhängig war, nicht mehr lebensfähig.

Weiter: Mit diesen freigewordenen Seestreitkräften würde Churchill dann sicherlich die Ostseeeingänge forcieren, um in der Ostsee die Seeherrschaft gegen uns zu gewinnen. Das war Churchills alter Wunsch, den er bereits vier Tage nach Kriegsbeginn im September 1939, als er Marineminister geworden war, der englischen Admiralität gegenüber geäußert hatte. Denn sehr klar hatte er erkannt, was die Ostsee für uns bedeutete. Er schreibt darüber im Band I seiner Erinnerungen auf den Seiten 368 und 414:

»My views on the naval strategic situation were already largely formed when I went to the Admiralty. The command of the Baltic was vital to the enemy. Scandinavian supplies, Swedish ore, and above all protection against Russian descents on the long, undefended northern coastline of Germany – in one place little more than a hundred miles from Berlin – made it imperative for the German Navy to dominate the Baltic.«

Und er fährt dann auf Seite 414 seines Buches fort:

»First and foremost gleamed the Baltic. The command of the Baltic by a British fleet carried with it possibly decisive gains. Scandinavia, freed from the menace of German invasion, would thereby naturally be drawn into our system of war trade, if not indeed into actual cobelligerency. A British fleet in mastery of the Baltic would hold out a hand to Russia in a manner likely to be decisive upon the whole Soviet policy and strategy. These facts were not disputed among responsible and well-informed men. The command of the Baltic was Britain.«

Die englische Admiralität mußte damals bei Kriegsbeginn aus Mangel an Kräften Churchills Forderung ablehnen und konnte diese Seestreitkräfte auch, solange der U-Boot-Einsatz erfolgte, nicht freimachen. Der U-Boot-Krieg band diese Kräfte in allen Seegebieten, wo sie zum Schutz der englischen Handelsschiffahrt, von der das Leben Englands und die Kriegführung der Anglo-Amerikaner abhingen, eingesetzt waren. Hätte ich also im Mai 1943 den U-Boot-Krieg eingestellt, um die erwarteten Verluste zu ersparen, so wäre mit Sicherheit auch die Forcierung der Ostseeeingänge und die Eroberung der Seeherrschaft in der Ostsee durch die Anglo-Amerikaner die Folge gewesen. Dann hätte unsere Erzzufuhr und unsere Versorgung der deutschen Ostfront über die Ostsee aufgehört. Unsere langgestreckten Küsten an der Ostsee hätten wir dann überall gegen Landungen des Gegners und die Bildung einer neuen feindlichen Front auf deutschem Boden sichern müssen. Dann hätten am Ende des Krieges die deutsche Kriegs- und Handelsmarine nicht über zwei Millionen Menschen über die Ostsee nach Westen retten können.

So kam ich nach gründlicher Überlegung, in voller Zustimmung meines Stabes, Ende Mai 1943 zum Schluß, daß wir vor der bitteren Notwendigkeit standen, weiterkämpfen zu müssen. Wir konnten nicht mit der U-Boot-Waffe aus dem Kriege ausscheiden und zusehen, wie die schwere Last, die die U-Boot-Waffe bisher getragen hatte, nun mit ihrer ganzen Wucht anderen Wehrmachtteilen und der deutschen Zivilbevölkerung mit unübersehbaren großen Verlusten aufgebürdet wurde.

Nachdem ich den Entschluß gefaßt hatte, den U-Boot-Krieg nicht völlig einzustellen, sondern ihn in der geeigneten Form fortzuführen, um die Opfer möglichst gering zu halten, flog ich an die Biskaya-Küste zu den Front-Flottillen und besprach diese Gründe und Probleme des weiteren U-Boot-Krieges mit dem Führer der U-Boote West und den Chefs der dortigen U-Flottillen. Sie waren alle hervorragende U-Boot-Kommandanten gewesen, also Fachleute des Seekrieges, und hatten selbstverständlich auch engste Fühlung mit den U-Boot-Besatzungen ihrer Flottillen. Auch diese Chefs waren in der Besprechung mit mir der eindeutigen Überzeugung, daß wir weiterkämpfen müßten, und sie hatten die Zuversicht, daß die große Mehrzahl aller unserer braven U-Boot-Männer diesen Entschluß für richtig halten würde. Daß diese Erwartung zutraf, werde ich noch bei der Beantwortung der Frage 23 darstellen.

Nachdem ich so meine soldatische und menschliche Pflicht erfüllt hatte, meine U-Boot-Männer über die Lage, welche sie bei einer weiteren Kriegführung zu erwarten hatten, zu unterrichten, flog ich am 31. Mai 1943 zu Hitler und stellte ihm die eingetretene Situation des Seekrieges völlig klar dar. Nach dem Protokoll der Besprechung vom 31. Mai 1943 (Br.Nr. 1 Skl. 1614/43 gKdos.Chefs., siehe auch Brasseys Naval Annual 1948, Seite 331 und folgende), sagte ich zu Hitler folgendes:

»Der Grund der augenblicklichen Krisis des U-Boot-Krieges ist die erhebliche Zunahme der Luftwaffe des Gegners. In der Enge Island-Faroer ist durch Horchdienst jetzt an einem Tage die gleiche Zahl von Flugzeugen festgestellt, die noch vor Wochen dort nur innerhalb einer Woche auftraten. Ferner Einsatz von Flugzeugträgern an den Geleitzügen im Nordatlantik, so daß die gesamten Straßen des Nordatlantik jetzt von der feindlichen Luftwaffe überwacht sind. Die U-Boot-Krisis würde jedoch durch die Zunahme der Flugzeuge allein nicht erfolgt sein. Das Ausschlaggebende ist, daß die Flugzeuge durch ein neues Ortungsgerät, das auch anscheinend von Überwasserfahrzeugen angewandt wird, in der Lage sind, die U-Boote zu orten und bei tiefer Wolkendecke, Unsichtigkeit oder Nacht, dann überraschend anzugreifen. Hätten die Flugzeuge das Ortungsmittel nicht, so würden sie z. B. bei grober See oder bei Nacht keinesfalls das U-Boot erkennen können.«

Ich habe dann Hitler über meine beabsichtigten Maßnahmen genau unterrichtet und habe diese Besprechung gemäß dem Protokoll mit folgenden Worten abgeschlossen:

»Der Ob.d.M. meldet zu den Aussichten des U-Boot-Krieges in der Zukunft:

Wir sind jetzt an einer technischen Waffenfrage gescheitert, gegen die es ein Gegenmittel geben wird. Wieweit aber die Wirkung des U-Boot-Krieges hinsichtlich seines Erfolges sich wieder hochziehen läßt, ist nicht vorauszusehen. Die Abwehr des Gegners auf dem Wasser und in der Luft wird zunehmen. Es liegen darin große Unbekannte und Unsicherheiten. Die Tonnage, die ein U-Boot pro Seetag im Jahre 1940 versenkt hat, waren ca. 1000 t, gegen Ende 1942 ca. 200 t, es geht daraus klar das Ansteigen der Abwehr und die verminderte Wirkung jedes U-Bootes hervor. Ich bin aber trotzdem der Ansicht, daß der U-Boot-Krieg geführt werden muß, auch wenn er sein Ziel, größere Erfolge zu erringen, nicht mehr erreicht, denn die Kräfte des Gegners, die er bindet, sind außerordentlich groß ...«

Der Führer unterbricht, »es kommt gar nicht in Frage, daß der U-Boot-Krieg etwa nachzulassen sei. Der Atlantik ist unser wesentliches Vorfeld, und wenn ich dort auch in der Defensive kämpfen muß, so ist das besser, als wenn ich mich erst an den Küsten Europas verteidige. Das, was der U-Boot-Krieg, auch wenn er nicht mehr zu großen Erfolgen kommt, binden würde, ist so außerordentlich groß, daß ich mir das Freiwerden dieser Mittel des Gegners nicht erlauben kann.«

Diese Ansicht von Hitler war richtig. Bei dieser Besprechung, bei der ich Hitler über diese plötzliche Wende in unserem bisher erfolgreichen Seekrieg unterrichtete, hat Hitler mir gegenüber auch nicht ein einziges Wort des Vorwurfes oder der Kritik geäußert. Denn er wußte genau, daß ich ihn über diese mögliche Entwicklung vorausblickend schon früher, z. B. bereits bei einer Besprechung am 28. September 1942 unterrichtet hatte. Damals teilten sowohl er, wie der Oberbefehlshaber der Kriegsmarine, Großadmiral Raeder, meine Sorgen nicht. Sie glaubten nicht, daß die Anglo-Amerikaner einen solchen Zuwachs des Einsatzes von z. B. Flugzeugen im Atlantik durchführen könnten. Infolgedessen konnte, als nun doch, meiner damaligen Ansicht entsprechend, diese Tatsache eingetreten war, jetzt auch niemand etwa äußern: »Das hätten Sie uns eher sagen sollen!«

Selbstverständlich habe ich immer wieder in der kommenden Zeit die von mir getroffene schwere Entscheidung, daß meine braven, tapferen und mir menschlich sehr nahe stehenden U-Boot-Männer den harten Kampf, trotz geringer Erfolge, weiterführen mußten, überprüft. Immer wieder kam ich zu dem Schluß, daß es keinen anderen Ausweg gab. Daß ich diese Überprüfung auch unabhängig von mir durch Admiralstabsoffiziere der Seekriegsleitung durchführen ließ, ist ebenso selbstverständlich. Aber auch die Lagebetrachtung der Seekriegsleitung über die Wirkung des U-Boot-Krieges auf die Gesamtkriegslage kam zu keiner anderen Ansicht. So schrieb die Seekriegsleitung am 8. 6. 1943:

»Noch größer sind die Auswirkungen des ungeheuren Aufwands an Material, Kapazität und Personal für die zahllosen Seestreitkräfte und Luftwaffenverbände des Gegners zur aktiven Abwehr gegen die U-Boote. Der Fortfall der Bedrohung durch den Tonnagekrieg würde mit Sicherheit ein überhaupt nicht übersehbares Kriegspotential beim Gegner für den Einsatz an anderer Stelle freimachen... Selbst wenn der U-Boot-Krieg die augenblicklichen Schwierigkeiten nicht voll überwinden und die alten Erfolge nicht wieder erreichen sollte, müssen für die U-Boot-Waffe alle Kräfte eingesetzt werden, weil durch ihren Einsatz ein Vielfaches von unserem Aufwand an feindlichem Kriegspotential vernichtet oder gebunden wird...«

So war der U-Boot-Krieg aufs engste und entscheidend mit unserer gesamtstrategischen Lage verknüpft.

In welch einmaliger soldatischen Haltung die deutsche U-Boot-Waffe den kommenden opfervollen Einsatz trug, werde ich bei der Beantwortung der nächsten Frage zeigen. Danach werde ich darstellen, welche Maßnahmen bereits seit Jahr und Tag durchgeführt worden waren und welche in der kommenden Zeit, ab Mai 1943, mit allen Mitteln versucht wurden zu verwirklichen, um die Kampfkraft einer neuen U-Boot-Waffe herzustellen.

23. Wie war die soldatische Haltung der U-Bootbesatzungen bei diesem notwendigen Einsatz?

Alle Seefahrer aller Nationen wissen, daß sich an Bord eine engere, eine geschlossenere Gemeinschaft der Eingeschifften, der Besatzungsmitglieder, bildet, als es im allgemeinen an Land möglich ist.

Die Gründe hierfür sind natürlich. Man ist, verglichen mit einer Unterbringung an Land, in verhältnismäßig sehr viel engerem Raum miteinander zusammen. Jeder merkt sehr bald, daß er nicht allein auf der Welt ist, so daß sein bisher überwiegendes Ich-Gefühl durch das nahe Zusammensein mit anderen an Bord gemindert wird, weil es ihm bewußt wird, daß er von den anderen abhängig ist, und daß er auf sie Rücksicht nehmen muß, weil sonst ein Zusammenleben in den engen Verhältnissen an Bord überhaupt unmöglich ist.

Jeder an Bord weiß auch, daß er mit den ebenfalls Eingeschifften dasselbe Erleben hat. Kommt Schlechtwetter auf, steigt und fällt das Schiff in der rollenden See, dann sind die körperlichen Reaktionen für jeden Menschen an Bord andere, als es das seit Urzeiten auf dem Lande entwickelte »Landwesen« Mensch gewohnt ist.

Kommt das Schiff in Gefahr, in Seenot, so weiß jeder, daß er dasselbe Schicksal hat wie die anderen.

Dies sind also die Gründe, die schon für jeden Seefahrer, sei es auf einem Segelschiff, einem Fischdampfer, einem Handelsschiff oder irgendeinem Kriegsschiff, eine engere Gemeinschaft zur Folge haben, als es im allgemeinen bei Landverhältnissen möglich ist. Deshalb hat wohl auch jedes Volk das Sprichwort: »Wir sitzen in einem Boot!« Aber ich glaube nicht, daß es bei den gleichen Völkern ein gleiches Sprichwort für entsprechende Landverhältnisse gibt, etwa ein Wort: »Wir sitzen in einem Haus« oder »Wir sitzen in einer Kaserne«.

Diese an Bord vorhandenen beschränkteren Raumverhältnisse sind natürlich auf einem U-Boot noch beschränkter. In dieser Stahlröhre des U-Bootes leben etwa 40 Besatzungsmitglieder in einer einmaligen Enge, oft in großer Hitze und bei schlechter Luft, immer einen anderen in dichter körperlicher Nähe. Dann gibt es nur einen Ausweg aus diesem Zustand, daß die ganze Besatzung zu einem Wesen verschmilzt.

Aber das ist nicht alles. Das Wesentliche ist ja auch die seelische Seite dieser Gemeinschaft. Hierzu zunächst noch einmal ein allgemeines Wort: Die Weite und die Größe des Meeres, dieses einmalige heroische Bild, das jeden, der immer wieder diese Größe erlebt, doch aus der Enge seines Wesens etwas heraushebt und im Fühlen und Denken weltweiter und auch bescheidener werden läßt, haben bereits auf den Seefahrer ihre Wirkung nicht verfehlt. Wie sollte das auch anders sein, besonders wenn z. B. der Sturm in der Weite des Atlantik die Wasserberge vor und hinter dem U-Boot auftürmt, wenn schwere Seen das U-Boot zum Gipfel heben und dann wieder im Sturz in das Tal fallen lassen, als ob es versenkt werden sollte, um es aber unter Brechern über dem U-Boot-Turm dann doch wieder aufzurichten. Dies alles erlebt die U-Boot-Besatzung und besonders die Brückenwache, welche angeschnallt auf dem U-Boot-Turm in Lederpäckchen und Ölzeug mitten in unmittelbarer Nähe dieser gigantischen Umwelt ist. Sicherlich hinterläßt ein solches Erleben auf jeden Menschen seinen tiefen Eindruck.

Aber es gibt noch eine andere Seite der seelischen Gemeinschaft: das ist das gegenseitige Vertrauen der Besatzung. Niemand ist an Bord eingeschifft, der nicht unbedingt erforderlich ist. Sein Tun und Lassen kann unter Umständen für das Leben der ganzen Besatzung ausschlaggebend sein. Man weiß also, wie sehr man voneinander abhängig und aufeinander angewiesen ist. Wenn sich dies auch so verhält, so wird hierdurch jedoch an der alles beherrschenden Tatsache nichts geändert, daß der Kommandant vor allen Dingen das Wohl und Wehe des U-Bootes und seiner Besatzung bestimmt. Er allein sieht am Sehrohr des getauchten Bootes den Gegner und entscheidet, wie zu handeln ist. Die Besatzung in seinem Boot ist dagegen blind, blind im wahrsten Sinne des Wortes. Sie gehorcht und vertraut ihm und legt ihr Schicksal in seine Hände. Dasselbe gilt fast in gleicher Weise auch für das nächtliche Operieren des Bootes. Der Kommandant ist auf dem U-Boot-Turm und entscheidet und handelt. So ist die U-Boot-Besatzung eine einzigartige Gemeinschaft. Aber sie kann sich natürlich nur bilden, wenn besonders die Vorgesetzten sich ihrer Verantwortung für diese Gemeinschaft bewußt sind. Ihre innere Einstellung und ihr Handeln müssen entsprechend sein.

Als wie wichtig ich diese Seite angesehen habe, geht z. B. aus den folgenden Worten hervor, die ich in einer Rede dem Offiziernachwuchs der Kriegsmarine gesagt habe:

»Nun komme ich zum zweiten, zum Wichtigsten. Das ist Ihre seelische Haltung. Es ist klar, wenn einer ohne Zwiespalt und mit seiner
vollen Überzeugung hinter seiner dienstlichen Tätigkeit steht, dann
kommt mehr heraus, als wenn er nur gehorsamsmäßig seine Pflicht
erfüllt. Jeder hat in seine Handlung, seine Pflichterfüllung, das ganze
Gewicht seines Herzens, seine fanatische Hingabe zu legen. Weiter:
Sie müssen sich klar darüber sein, daß der Staat aus Gründen der
Festigkeit der Wehrmacht Sie mit einer Autorität als Offizier versehen
muß, die sich auch äußerlich in der Uniform, im Portepee und Achsel-
stücken ausdrückt. Das muß der Staat tun, weil es das Gefüge einer
Wehrmacht erfordert. Für Sie als Menschen ist diese Notwendigkeit
aber eine Gefahr, nämlich die Gefahr, daß Sie nun glauben, damit
wäre es getan: Daß Sie Ihre persönliche Autorität damit verwechseln,
mit der Autorität, die Ihnen der Staat gibt. Ich sage eines: Es genügt
nicht. Ein Führer, ein Offizier, ein Vorgesetzter hat nur dann seine
Männer hinter sich stehen, wenn zu der staatlichen Autorität, die ihm
als Vorgesetzter gegeben ist, auch die persönliche Autorität tritt, d. h.
wenn er innerlich von seinen Geführten als Führer anerkannt ist. Anerkannt ist, weil er beispielgebend ist, weil er seinen Gefährten gezeigt
hat, daß er die größere Stärke der seelischen Haltung hat. Versagen
Sie in dieser Beziehung, dann nutzen Ihre Ärmelstreifen und Achsel-
stücke nichts. Dann haben Sie Ihre Truppe nicht hinter sich. Bewähren
Sie sich bei Feindbelastung durch Härte, durch Ruhe, durch Haltung,
die Sie unter keinen Umständen vor Ihren Untergebenen aufzugeben
haben, so hart und schwer der Feinddruck auch sein mag, dann haben
Sie das Vertrauen Ihrer Männer für ewige Zeiten. Deshalb ist die
Arbeit an Ihrer inneren Haltung und das Bewußtsein, daß es darauf
ankommt, das Wichtigste. Unter keinen Umständen haben Sie sich vor
Ihrer Truppe schwach zu zeigen. Sie haben, wenn Sie Schwäche empfinden, sie in Ihrer Brust zu bewahren und mit eiserner Haltung und
eiserner Ruhe weiter Kraft auszustrahlen, das ist Ihre Aufgabe. Sie
haben sich eine weitere Sache zum Grundsatz zu machen: Das ist der
Grundsatz, daß Sie im Kampf Ihre eigene Stärke nie unterschätzen,
daß Sie nie dem Gegner mehr zuschreiben, als wirklich dahinter steckt,
und daß Sie diese Dinge mit einem standhaften Herzen zu betrachten
haben, nicht allein mit dem Gehirn. Das Gehirn allein, wenn es nur
rechnet, das täuscht. Es gibt sehr viele Dinge, die man nicht auf-
addieren kann. Sie wissen nicht, welche Fehler der Gegner drüben
macht. Nie ist die Lage hoffnungslos, nie, weil Sie nicht wissen, was

das Glück, der Zufall, Ihre Stärke, Ihre Haltung, die Fehler des Gegners, Ihnen bringen können. Nie ist eine Lage so, daß sie durch ganz hartes Durchschlagen nicht verbessert werden kann. Machen Sie sich das unter allen Umständen zum Grundsatz. Tun Sie das nicht, gehen Sie dabei in die Defensive, werden Sie weich in den Knien, scheitern Sie, und nutzlos kommt der Gegner über Sie. Beschämt sehen Sie hinterher ein, daß es nicht notwendig war. Also die Standhaftigkeit des Herzens. Ich habe nicht das geringste Verständnis für einen Soldaten, einen Fähnrich oder einen Offizier, der im Kampf überhaupt einen Gedanken frei hat, frei haben kann: ›Was kann Dir passieren, Dein persönliches Wohl, was kann wohl nun geschehen? Ist es möglich, daß ich vielleicht falle?‹ Wer solche Gedanken während des Kampfes überhaupt in seinem Gehirn hegen kann, der ist ein Waschlappen. Nun kommt ein weiteres: Denken Sie an eine Sache. Wenn Sie einen Entschluß gefaßt haben, dann halten Sie an diesem Entschluß fest. Die Kriegslage ist immer ungewiß. Der Entschluß, der gefaßt ist, wird angegriffen durch neue Zweifel an der Lage. Er wird weiter angegriffen durch die seelische Belastung der Feindeinwirkung. Da gibt es nur ein Rezept: Unbeirrt an diesem Entschluß festhalten, allen Zweiflern gegenüber. Nur wenn eine neue, eindeutige Erkenntnis jeden Zweifel abgelöst hat, ist es richtig, dieser neuen Sicherheit durch einen neuen Entschluß gerecht zu werden. Ist das aber nicht der Fall, bestehen Zweifel, ist es immer richtig, beim ersten Entschluß zu bleiben. Vergessen Sie das nicht. Eine wichtige Sache für den Krieger. – So, das war etwa das, was ich sagen wollte.«

In großem Ernst hatte ich ab Herbst 1935, als die ersten drei U-Boote der neugegründeten deutschen U-Boot-Waffe mir unterstellt wurden, das Streben, die neue U-Boot-Waffe zu solch einer seelischen Gemeinschaft zu erziehen. Ich bin dem Schicksal dankbar, daß dieses Streben erfolgreich war. Diese seelische Geschlossenheit ist der Grund, warum die deutsche U-Boot-Waffe bis zum Ende des Krieges auch schwierigste Verhältnisse gemeistert und überstanden hat und bis zum Schluß des Krieges in selbstlosem Soldatentum ihre Pflicht erfüllt hat. In der Beantwortung der Frage 4 habe ich über diese Haltung der deutschen U-Boot-Waffe schon einige ausländische Stimmen, z. B. die hochachtenden Worte von Churchill gebracht. Ich möchte hier, um dieses Thema abzuschließen, noch einige deutsche Urteile nennen:

So schreibt der deutsche General von Tippelskirch auf Seite 403 seiner »Geschichte des zweiten Weltkrieges« über die deutsche U-Boot-Waffe:

»In keinem anderen Wehrmachtteil haben deutsche Soldaten, den fast sicheren Tod vor Augen, mit größerer Hingabe gekämpft.«

Der Lehrer an der deutschen Schule »für Innere Führung der Bundeswehr« in Koblenz, Herr Dr. Lambertus Metzner, beschäftigt sich im Heft 3 des Organs der »Gesellschaft für Wehrkunde« vom März 1961 mit Recht in einem Aufsatz mit der Frage, wie wird die Haltung und die Standhaftigkeit eines Soldaten sein, wenn, anders wie im allgemeinen in früheren Kriegen, in einem kommenden Atomkrieg der Kämpfer das vermeintlich mathematisch sichere Ende vor Augen hat. Dr. Lambertus Metzner sagt in diesem, die entsprechenden Probleme sehr gründlich behandelnden Aufsatz über die U-Boot-Waffe des letzten Krieges jedoch folgendes:

»Und es hat in der Tat bereits eine solche Lage gegeben, gerade was das Problem des quasi mathematisch sicheren Endes anbelangt. Das war der U-Boot-Krieg im zweiten Weltkrieg *und dennoch* brachten es die Männer, brachte es die U-Boot-Waffe fertig, das psychologisch ungemein belastende Moment des gleichen mathematisch sicheren Endes, ja selbst die konkreten Erlebniseindrücke zu überwinden, wie die Tatsache beweist, daß bis zum 8. Mai 1945 unentwegt U-Boote an den Feind gingen und *ihren Kampfauftrag erfüllten!* Die Standhaftigkeit der U-Boot-Besatzungen war also nicht zu erschüttern.«

So ist es gewesen. Und ich neige mich in Ehrfurcht vor der selbstlosen Tapferkeit und Opferbereitschaft dieser U-Boot-Männer.

Niemand der damaligen Vorgesetzten des Befehlshabers der U-Boote haben auch in den dienstlichen Beurteilungen anders geurteilt.

So sprachen die Flottenchefs Admiral Foerster, Admiral Lütjens und Admiral Schniewind über die deutsche U-Boot-Waffe:

»Militärischer und kameradschaftlicher Geist in der Flottille ist über alles Lob erhaben.«

». . . bedingungslose Gefolgschaft von Offizier und Mann.«

». . . zu einer engverschworenen Kampfgemeinschaft zusammengeschweißt.«

Durch diese seelische Haltung, durch diese Gemeinschaft hat die deutsche U-Boot-Waffe im zweiten Weltkrieg sicherlich das Höchstmaß an Kampfkraft gehabt, das waffenmäßig möglich war.

24. *Welche Maßnahmen ergriffen Sie, um die Kampfkraft der bisherigen U-Bootwaffe zu verbessern?*

25. *Welchen Wert maßen Sie dem Walter-U-Boot und den neuen Elektro-U-Booten zu?*

Für die Beantwortung der Frage, was geschah, um die Kampfkraft der U-Boot-Waffe zu verbessern, sind zwei Probleme zu erörtern.

Das erste Problem war die Entwicklung eines wirklichen Unterseebootes, das heißt eines Bootes, das tatsächlich *im* Wasser sich aufhält, sowohl auf dem Marsch wie beim Angriff, das also durch keine technische Notwendigkeit zum Auftauchen gezwungen ist und das vor allem für seine militärische Verwendung im Wasser die erforderlichen Eigenschaften, z. B. eine hohe Geschwindigkeit unter Wasser, besitzt. Denn vergessen wir nicht, daß zu diesem Zeitpunkt die bisherigen U-Boote aller Nationen eigentlich *Überwasser*-Fahrzeuge waren, die für eine beschränkte Zeit unter Wasser gehen, also tauchen konnten. Hierdurch gewannen sie zwar, dem Überwasser-Feind gegenüber, große militärische Vorteile, sie verloren aber auch einen wesentlichen Teil ihrer militärischen Eigenschaft, nämlich ihre für den Kampf so wichtige, möglichst hohe Geschwindigkeit. Und ebenfalls waren sie aus technischen Gründen, der Notwendigkeit, ihre Batterie, die den elektrischen Antrieb für die Unterwasserfahrt lieferte, aufladen zu müssen, gezwungen, nach gewisser Zeit wieder an die Oberfläche des Meeres zu gehen. Denn die Dieselmaschinen des U-Bootes, welche die Batterie aufluden, brauchten zu ihrem Antrieb den Sauerstoff der Luft und mußten ihre Abgase in die freie Atmosphäre abgeben können.

Das zweite Problem war die Frage, wie wir diese bisherigen U-Boote, die seit Mai 1943 der feindlichen Abwehr stark unterlegen waren, in ihrer Kampfkraft verbessern konnten, bis die oben genannte radikale Lösung, die der totalen Unterseeboote mit schneller Unterwasser-Geschwindigkeit, die bisherigen U-Boote ersetzen konnte.

Zunächst also zu dem ersten Problem: Als die neue deutsche U-Boot-Waffe ab 1935 aufgebaut wurde, war bei keiner Nation die Frage eines schnellen ausschließlichen Unterwasser-U-Bootes gelöst. Wir waren daher bei dem Aufbau der neuen U-Boot-Waffe auf die bisherigen Bootstypen, nach bestem Streben vielseitig verbessert, angewiesen. In derselben damaligen Zeit ließ sich schon erkennen, daß bei allen Völkern die Entwicklung der Luftwaffe in den kommenden Jahren einen großen Aufschwung nehmen würde. So war ich mir immer wieder bewußt, daß dieser Trend der Luftwaffe einmal in der Zukunft die Beweglichkeit des U-Bootes über Wasser so einschränken würde, daß der erfolgreiche Einsatz der bisherigen U-Boote zu Ende sein würde. Daß dies im Jahre 1943, also erst nach acht Jahren, geschah, konnte 1935 niemand wissen.

Im Jahre 1936 geschah dann folgendes: Der geniale Ingenieur Walter legte mir ein Projekt vor, einem U-Boot durch eine Wasserstoffsuperoxyd-Maschine eine hohe Unterwassergeschwindigkeit zu geben. Über die technischen Aussichten seiner Idee konnte ich selbstverständlich nichts Authentisches wissen. Aber mein Wunsch, bei der genannten gefährlichen Entwicklung der Luftwaffe für die Überwasser operierenden U-Boote, ein U-Boot mit hoher *Unterwasser*geschwindigkeit zu besitzen, veranlaßte mich, Herrn Walter, soweit ich es dienstlich konnte, beim O.K.M. zu unterstützen. Diese Unterstützung der Walterschen Ideen beim Oberkommando der Kriegsmarine habe ich auch in den folgenden Jahren stets aufrechterhalten. Denn es gab auch Kreise im O.K.M., die diesen Gedanken, als Antriebsmittel Ingolin (Aurol) zu verwenden, als utopisch ablehnten. Immer wieder mußte daher versucht werden, Ingenieur Walter zu helfen, damit zunächst mindestens ein Versuchsboot von 80 t gebaut wurde.

Dieses Boot erreichte bei den ersten Versuchsfahrten in der Danziger Bucht tatsächlich eine Unterwassergeschwindigkeit von 23 Knoten. Es wurde daraufhin vom Oberkommando der Kriegsmarine im Januar 1940 der Bauauftrag für ein »Vorläufer-Boot«, eines späteren Atlantik-Walter-U-Bootes, erteilt. In vieler Beziehung war dieser neue Bootstyp, trotz seines anders gearteten Antriebs, noch sehr an die bisherigen U-Boote angelehnt, besonders was auch die Bootsform – ohne Rücksicht auf die schnelle Unterwasserfahrt – anbetraf. Ich habe dann in Besprechungen in meiner Befehlsstelle in Paris am 18. Januar und 10. Juli 1942 mit Vertretern des Oberkommandos der Kriegsmarine sowie Herrn Walter und Herrn Baurat Waas – letzterem war vom Oberkommando die Zusammenarbeit mit Herrn Walter übertragen worden – versucht, die Ideen von Professor Walter und Herrn Baurat Waas beim Oberkommando durchzusetzen. Dies gelang. Am 15. Juli 1942 befahl der Oberbefehlshaber der Kriegsmarine die Neukonstruktion eines totalen Unterwasserbootes »mit dem Ziel, ein atlantikfähiges Boot mit großer Unterwassergeschwindigkeit zu schaffen«.

Ich habe dann nochmals versucht, durch einen Vortrag bei Hitler am 28. 9. 1942 den Bau des Walter-U-Bootes zu beschleunigen. Ich begründete meinen Antrag für den möglichst baldigen Bau eines schnellen Unterwasserbootes mit einer Darstellung der Zunahme der feindlichen Luftwaffe in den Jahren 1940 bis 1942 im Atlantik und mit meiner Sorge, daß diese Entwicklung eines Tages das U-Boot von der Wasseroberfläche vertreiben und für fest in das Wasser zwingen würde. Wenn auch Hitler diese Sorge nicht teilte – er glaubte nicht, daß die Anglo-Amerikaner soviel Flugzeuge einsetzen könnten, daß dauernd der ganze Atlantik überwacht würde –, so unterstützte er doch voll meine Forderung, den Bau eines U-Bootes mit hoher Unterwassergeschwindigkeit zu beschleunigen. Es wurde beschlossen, nach Vorliegen der Erfahrungen des jetzt in Bau befindlichen Versuchsbootes zu entscheiden, ob dieses Boot dann sofort im großen Umfang in Bau gegeben werden könnte (siehe Brassey's Naval Annual 1948, Seite 492).

Als dann im Frühjahr 1943 die Wende im U-Boot-Krieg vor der Tür stand bzw. eingetreten war, klärte ich in Besprechungen mit Herrn Walter und den verantwortlichen Bauräten des Oberkommandos der Kriegsmarine, welchen Weg wir gehen konnten, um nunmehr ein solch schnelles totales Unterwasser-U-Boot in großer Zahl sofort herstellen zu können.

Es kam also darauf an, zu diesem Zweck ein neues schnelles Unterwasser-U-Boot sofort in den *Serienbau* zu geben, damit seine Fertigstellung in größerer Zahl möglichst bald erfolgte. Denn die Front brauchte diesen Typ nunmehr dringend. Bei dieser Besprechung stellte sich jedoch heraus, daß das Walter-U-Boot für einen sofortigen Serienbau noch nicht erprobt genug war. Der Antrieb des Bootes durch Wasserstoffsuperoxyd brachte soviel Schwierigkeiten und z. B. auch Gefahrenquellen mit sich, welche bei einer etwaigen plötzlichen chemischen Verbindung des Antriebstoffes mit Sauerstoff eintreten konnten, daß ein Serienbau dieses Bootes noch nicht zu verantworten war.

Es machten daraufhin die verdienten U-Boot-Konstrukteure der Kriegsmarine, der Ministerialdirektor Schürer, der Ministerialdirigent Bröking sowie der Marinebaudirektor Oelfken den Vorschlag, den bisherigen U-Booten eine große Unterwassergeschwindigkeit durch Verdoppelung der Batterie zu geben, und die Boote für diese Geschwindigkeit durch die neue Unterwasser-Stromlinienform, welche bei den letzten Erprobungsbauten des Walter-U-Bootes angewandt worden war, geeignet zu machen. Wenn es sich hier auch grundsätzlich um neue Bootstypen handelte, so waren doch die Antriebselemente des neuen Typs die alten, wenn auch, was z. B. die Batterie anbelangte, wesentlich vergrößert. Es konnte daher dieser neue Bootstyp sofort in Serienbau gegeben werden.

Ich entschloß mich daher, diesen Weg zu gehen. Die Verdoppelung der Batterie machte es erforderlich, dem für den Atlantik bestimmten Boot die Größe von 1600 t zu geben.

Die gesamte Taktik des Bootes war nunmehr in das Wasser hineinverlegt. 1½ Stunden lang konnte das Boot unter Wasser 18 sm laufen und auf die Dauer von 10 Stunden hatte es eine Geschwindigkeit von 12 bis 14 sm unter Wasser. Wenn man diese Zahlen mit jenen vergleicht, die für die bisherigen U-Boote galten – z. B. im getauchten Zustand nur 45 Minuten lang die geringe Geschwindigkeit von 4 bis 5 sm –, so ist der große Fortschritt des neuen Bootstyps ersichtlich. Er würde also *unter Wasser* an einem Geleitzug operieren können, das heißt herausschließen, sich vorsetzen und angreifen können, da die Geschwindigkeit der normalen Geleitzüge nicht mehr als 10 sm betrug. Die hohe Geschwindigkeit unter Wasser würde auch ausreichen, sich der Verfolgung eines Überwasser-Kriegsfahrzeuges zu entziehen, besonders wenn z. B. das U-Boot unter Wasser gegen die Richtung der See fahren würde, wie sie an der Wasseroberfläche zu dieser Zeit vorhanden war.

Neben diesem größeren, neuen totalen Unterseeboot von 1600 t gaben wir auch ein kleineres Boot gleicher Bauart von 300 t in Auftrag. Es konnte unter Wasser 12 sm laufen und war für Flachwasserunternehmungen unmittelbar unter der englischen Küste vorgesehen.

Die Fertigstellung der neuen Bootstypen übernahm gemeinsam mit der Konstruktionsabteilung des Oberkommandos der Kriegsmarine der Rüstungsminister Speer.

Trotz starker Luftangriffe, die ab 1943 unsere Industrie in Deutschland immer mehr zu ertragen hatte, gelang es Speer, im großen und ganzen das Bauprogramm durchzuführen. So wurden im Jahre 1944 monatlich noch durchschnittlich 19,5 U-Boote mit 18 374 t gebaut. Zum Vergleich seien frühere Bauzahlen genannt: 1941 waren es 16,3 U-Boote mit 13 142 t und 1942 19,9 U-Boote mit 16 380 t.

Dies war also der neue Bootstyp mit hoher Unterwassergeschwindigkeit. Daß er außerdem überhaupt nicht mehr aus technischen

Gründen an die Wasseroberfläche zu gehen brauchte, verdankte er dem »Schnorchel«, mit dem er ausgerüstet war. Am 2. März 1943 hatte Ingenieur Walter mir gegenüber angeregt, das Aufladen der U-Boot-Batterie bei *Unterwasser*fahrt auf Sehrohrtiefe durchzuführen und zwar dadurch, daß die Dieselmotoren bei dieser Unterwasser-marschfahrt die Luft, welche sie für ihren Antrieb brauchten, durch ein Rohr erhielten, das zu diesem Zweck bei dieser Unterwassermarsch-fahrt bis über die Wasseroberfläche ausgefahren wurde. In gleicher Weise mußte natürlich auch der Auspuff der Dieselmotoren durch ein ausfahrbares Rohr über Wasser abgeleitet werden.

Dies war eine großartige Idee, und sie wurde sofort mit allen uns zur Verfügung stehenden Mitteln erprobt. Die Ausrüstung der Boote mit dieser Einrichtung zweier aus- und einfahrbarer Rohre machte die U-Boote nun zu völligen Unterwasser-Booten, sie brauchten über-haupt nicht mehr an die Wasseroberfläche zu gehen und konnten da-her niemals durch die gefährlichste Ortung, die Radarortung, die in erster Linie den Zusammenbruch des U-Boot-Krieges im Mai 1943 herbeigeführt hatte, festgestellt werden.

So war im Frühjahr 1943 dieses Gesamtproblem gelöst und die Boote wurden nun in gemeinsamer Arbeit des Konstruktionsamtes des Oberkommandos der Kriegsmarine mit den ausführenden Or-ganen des Ministeriums Speer gebaut.

Bei aller Beschleunigung dieses Baues brauchte er jedoch seine Zeit. Bis dahin mußten die bisherigen U-Boote so kampfkräftig wie möglich gemacht werden. Denn, wie bereits gesagt, wir mußten ja am Gegner bleiben, um ihn zu zwingen, die bisherigen Kräfte gegen den U-Boot-Krieg auch weiterhin dort einzusetzen. Dies gelang. Die Anglo-Ame-rikaner behielten das Geleitzugsystem bei. Die Zahl der Flugzeuge, die in den Jahren 1943, 1944 und 1945 gegen die U-Boote in den Seeräu-men flogen sowie die Zahl der Seestreitkräfte und Fahrzeuge der Ge-leitzüge nahmen nicht ab, sondern der Gegner war gezwungen, sie zu vermehren. Auf diesen Punkt komme ich noch einmal zurück.

Also die bisherigen U-Boote mußten bis zur Fertigstellung der neuen Typen, genannt Typ XXI (das 1600 t Boot) und Typ XXIII (das 300 t Boot), weiterkämpfen. Um die Kampfkraft der bisherigen U-Boote zu erhöhen und ihre Verluste so gering wie möglich zu hal-ten, wurden sie mit folgenden zusätzlichen Einrichtungen ausgerüstet:

1. Sobald die »Schnorchel«-Konstruktion fertig war, erhielt jedes Boot einen »Schnorchel«. Schnorchel war der Name der beiden ge-

nannten ausfahrbaren Rohre für die Luftzufuhr des Diesels und für die Entfernung seiner Abgase. Bei einer Sitzung hatte mich das Konstruktionsamt um einen Namen für diese neue Einrichtung gebeten. In diesem Augenblick dachte ein Admiralstabsoffizier meines Stabes, der sehr erkältet war, nicht an sein Taschentuch, sondern sog den Inhalt seiner Nase kräftig und geräuschvoll nach oben. Dies schien mir eine Parallele mit der Luftzufuhr für den Diesel eines U-Bootes zu sein, und das eindrucksvolle Geräusch veranlaßte mich, der neuen U-Boot-Einrichtung den Namen »Schnorchel« zu geben. Ich glaube, daß dieser Ausdruck heute in der ganzen Welt für eine entsprechende Einrichtung und z. B. auch für gleichartige Kinderspielzeuge angewendet wird.

Ab Frühjahr 1944 konnten alle Typen der alten Art mit dem Schnorchel ausgerüstet werden. Im Juni 1944 konnte ich anordnen, daß grundsätzlich kein U-Boot ohne Schnorchel mehr in See gehen durfte. Auch die alten U-Boot-Typen brauchten daher nicht mehr aufzutauchen. Ihre Verluste nahmen aus diesem Grunde erheblich ab. Auch ihre Erfolge wurden wieder etwas größer, denn sie konnten unerkannt dicht unter Land operieren, wo der Verkehr stärker als in der offenen See war. Daß sie nicht erheblich höhere Erfolge als in der letzten Zeit erzielen konnten, war selbstverständlich, denn ihre Unterwassergeschwindigkeit blieb ja nach wie vor gering. Sie waren also beim Unterwasser-Angriff fast stationär und konnten daher nur dann zum Schuß kommen, wenn das gegnerische Schiff sie anlief, also in der Nähe ihrer Unterwasser-Position vorbeikam.

2. Die zweite wichtige Frage war, die alten U-Boot-Typen mit einem Empfangsgerät auszurüsten, das feststellen konnte, wenn das U-Boot durch Radar geortet wurde. Wie bereits gesagt, war dies im Jahre 1942 durch die ersten Fu.M.B.-Geräte gelungen, denn sie erfaßten die Wellen, auf denen die Radarortung damals erfolgt war. Sehr bald danach hatten wir jedoch die Erfahrung machen müssen, daß die U-Boote durch eine neue Ortung, nämlich auf der 10-cm-Welle geortet wurden, die wir mit unserem Fu.M.B.-Gerät nicht feststellen konnten.

Wir versuchten nun durch ein neues Gerät, das Hagenuk-Gerät, einen größeren Wellenbereich des Gegners überwachen zu können, aber wir hatten hiermit keinen vollen Erfolg. Wir blieben der Radarortung gegenüber unterlegen und konnten ihr mit den alten Bootstypen erst dann ausweichen, als wir infolge des Schnorchels auch mit diesen Booten für fest unter Wasser bleiben konnten.

3. Mit dem gleichen Ziel wurde versucht, den Turm des U-Bootes mit einer Schutzmasse zu umgeben, die die Ortung des Bootes dadurch verhinderte, daß die entsandten Strahlen nicht wieder zu dem ortenden Fahrzeug zurückkehrten, aber auch hierbei wurde kein voller Erfolg erreicht. Die Absorbierung der Strahlen in der Schutzschicht des Turmes war nur geringfügig. Der Gegner bekam ein ausreichendes Quantum seiner entsandten Ortungsstrahlen zurück, das ihm die Position des U-Bootes doch anzeigen konnte.

4. In gleicher Weise, immer aus dem Gedanken heraus, das U-Boot über Wasser zu schützen, verbesserten wir die Flakarmierung der Boote, damit sie sich eines angreifenden Flugzeuges erwehren konnten. Auch diese Verbesserung der Kampfkraft brachte keine grundsätzliche Änderung der Lage. Das aufgetauchte U-Boot blieb einem Flugzeugangriff gegenüber unterlegen.

Es kam dann der Tag, an dem U-Boote der neuen Typen eingesetzt wurden. Das Urteil eines Kommandanten des kleinen U-Boots von 300 t, dem Typ XXIII, das an der englischen Ostküste operiert hatte, in den Firth of Forth eingedrungen war und südöstlich von May Iland zwei Schiffe versenkt hatte, lautete über diesen Bootstyp:

»Ideales Boot für kurzfristige Unternehmungen in Küstennähe, schnell, wendig, einfache Tiefensteuerung, geringe Ortungs- und Angriffsfläche. Der Gegner ahnt mehr, daß ein Boot da ist, als daß er den klaren Beweis und die Position erhält.«

Es ergab sich auch, daß die Seeausdauer dieser kleinen Bootstypen, die wir mit 2 bis 3 Wochen angenommen hatten, größer war. Eines dieser Boote war z. B. 36 Tage in See gewesen. Keines der 8 U-Boote dieses kleinen Bootstyps XXIII, die in den schwierigen Gebieten unter der feindlichen Küste operiert hatten, war verlorengegangen. Man sieht daraus, daß die feindliche Abwehr praktisch ausgeschaltet wurde.

Das erste Boot vom Typ XXI, also dem 1600 t großen, neuen Bootstyp, lief erst am 30. April 1945 von Bergen in Norwegen zu seiner ersten Unternehmung aus. Am 4. Mai 1945 erhielten jedoch bereits alle U-Boote von mir Angriffsverbot, weil ich inzwischen mit Feldmarschall Montgomery einen Sonder-Waffenstillstand abgeschlossen hatte und ich infolgedessen auch in See jede Kriegführung gegen England einstellen wollte.

Der Kommandant dieses großen, neuen U-Bootes berichtet über seine erste, kurze Fahrt folgendes:

»Auf Ausmarsch zum ersten Mal Feindberührung mit U-Jagd-
gruppe in der Nordsee. Feststellung, daß dem Boot mit der hohen
Unterwassergeschwindigkeit diese U-Jagdgruppen nichts mehr an-
haben können. Mit geringer Kursänderung um 30° unter Wasser da-
vongelaufen. Nach dem Schießverbot am 4. Mai 1945 auf Rückmarsch
nach Bergen; wenige Stunden später, englischen Kreuzer mit mehreren
Zerstörern getroffen – Unterwasserangriff gefahren, in die Sicherung
gestoßen und auf 500 m Schußentfernung Kreuzer erreicht. Alles un-
bemerkt, wie sich bei späterer Unterredung in Bergen herausstellte.
Meine Erfahrungen: Boot war hervorragend, im Angriff und in der
Abwehr etwas ganz Neues für den U-Boot-Fahrer.«

So war es. – Was der *Gegner* von diesen neuen Bootstypen hielt,
will ich in der nächsten Frage beantworten.

26. Was hielt Ihr Gegner von diesem neuen U-Boot-Bau und wie reagierte er darauf?

Was die Gegner bereits im Kriege von den kommenden deutschen totalen Unterwasser-U-Booten hielten, geht z. B. klar aus ihren Äußerungen auf der Konferenz von Jalta im Februar 1945 hervor. Auf der ersten Vollversammlung dieser Konferenz am 4. Februar im Liwadia-Palast, an deren Spitze der Präsident Roosevelt der Vereinigten Staaten, der Premierminister Churchill von Großbritannien und der Chef der Sowjetunion, Marschall Stalin, teilnahmen, erklärten der amerikanische General und Stabschef der US-Armee George Marshall und der Erste Britische Seelord und Chef des Admiralstabes der britischen Marine, Flottenadmiral Sir Andrew Cunningham, daß die Deutschen eine große Anzahl neuer U-Boot-Typen bauten. Da diese neuen Typen eine hohe Unterwassergeschwindigkeit hätten und mit den neuesten technischen Geräten ausgerüstet sein würden, würde es für die alliierten Luft- und Überwasserkräfte sehr schwer sein, sie zu bekämpfen. In Bremen, Hamburg und Danzig würden die neuen Unterseeboote mit Hilfe von vorfabrizierten Teilen zusammengesetzt. Der größte Wunsch der USA und Großbritanniens sei daher, daß die Russen so schnell wie möglich Danzig einnähmen, da in dieser Stadt ungefähr 30% aller deutschen U-Boote gebaut würden.

Die heutige Geschichtsschreibung kommt nach gründlicher Prüfung der Eigenschaften und der damaligen Erfolgsmöglichkeiten unserer neuen U-Boot-Typen zu folgenden Schlüssen:

So schreibt in »United States Naval Institute Proceedings« vom März 1961 der amerikanische Seeoffizier, Lieutenant Commander Glennon, der auch eine Ausbildung auf der US Naval Academy und an der Universität von California in Los Angeles erhalten hatte, folgendes:

»In 1945, Germany surrendered to the Allies a submarine fleet so advanced that no practical defense against it existed at the time.« »... Until the submarines of other navies were modernized after the war, these German Type XXI-U-boats were the world's most advanced submarines.« ... »Three major characteristics set the class far ahead of all other submarines of that period: increased battery power, which gave greater submerged speed and endurance; a streamlined hull and superstructure, contributing to underwater speed, and a snorkel, the first to be included in the original design of a submarine. In addition, Type XXI represented a notable production achievement.« ... »With due regard for our own production record during World War II, the German effort to produce Type XXI is admirable. That rough plans were ready within seven months after the idea was conceived is remarkable in itself, but the achievement of building the first boat a completely new class in ten more months, while undergoing disrupting bombing raids and indoctrinating new producers into submarine building is phenomenal. The production of 119 of these boats in a 13-month period despite shortages of labor and material, and under continual bombing, is a record we can respect.«

Dies ist also eine Meinungsäußerung von amerikanischer Seite. Als englische Stellungnahme möchte ich zunächst wieder den englischen Marinehistoriker Roskill als größten Fachmann nennen. Er schreibt in seinem Buch »White Ensign. The British Navy at War 1939–1945« auf Seite 413:

»Surprising though it may seem, the early months of 1945 were an anxious period for the British naval authorities; for we knew that new-U-boats were still taking the water far faster than we were sinking them, we were expecting the greatly improved Type XXI and XXIII-boats to enter service in some numbers, and we knew that since the arrival of the ›Schnorkel‹ our radar-fitted aircraft had lost much of their effectiveness. Thus there were grounds for believing that, unless we could reverse the unfavourable trends, the enemy might regain the initiative sufficiently to renew the campaign against our North Atlantic convoys in strength, and heavy losses in that theatre might, so the Admiralty considered, jeopardise the whole land campaign in western Europe. As we now know that the German U-boat strength actually reached the peak figure of 463 boats in March, 1945, and that during the first two months of that year large numbers of escort vessels and maritime aircraft which had to be deployed at home to cope with the four or five dozen U-boats which were working in our coastal waters, it is plain that the Admiraltys anxieties, were by no means ill-founded. (on 1th January, 1945, there were 426 escort vessels at home, and 37 groups were working in the Western Approaches Command alone. Coastal Command then had 420 aircraft based in Britain and Iceland.) Energetic steps were taken to improve the situation. The Chiefs of Staff approved that some 300 escort vessels due to leave shortly for the Far East should be held back, and directed Bomber Command to devote more of its effort to U-boat bases and building yards.«

Zu meinem Buch »10 Jahre und 20 Tage« nimmt Captain Roskill in der »Sunday Times« zur Frage dieser neuen Bootstypen am 8. Februar 1959 wie folgt Stellung: »He (Dönitz) is also on firm ground in the claims he makes for the new boats (Types XXI and XXIII), for the threat they represented was every bit as serious as he makes out.« – Und Captain Roskill schließt seine Stellungnahme zu den Aussichten des deutschen U-Boot-Krieges mit diesen neuen Boots-typen durch die Worte ab: »... but for the bombing raids on Germany and the land victories of the early summer of 1945, it is almost certain that we should have had to face a very dangerous renewal of the campaign, with the initiative once more in German hands.«

Ich möchte als Abschluß der ausländischen Urteile noch das von Churchill anführen, welches er in seinen Erinnerungen »The Second World War« im Band VI, auf Seite 472 anführt:

»The Schnorkel-fitted boats now in service breathing through a tube while charging their batteries submerged, were but an introduction to the new pattern of U-boat warfare which Dönitz had planned. He was counting on the advent of the new type of boat, of which very many were now being built. The first of these were already under trial. Real success for Germany depended on their early arrival on service in large numbers. Their high submerged speed threatened us with new problems, and would indeed, as Dönitz predicted, have revolutionised U-boat warfare.«

Ich glaube, daß diese Urteile überzeugend sind. Die gesamte anglo-amerikanische Abwehr beruhte ja nahezu ausschließlich auf der Fest-stellung und Bekämpfung der über Wasser befindlichen deutschen U-Boote, denn das Unterwasser-Horchgerät gegen U-Boote, das Asdic, hatte ja nur geringe Reichweite und war in seiner Wirksamkeit, wie die Praxis im Kriege erwiesen hatte, sehr von anderen Geräuschen und anderen Umständen abhängig, es spielte daher in der anglo-ame-rikanischen Abwehr nur eine geringe Rolle. Wenn also die deutsche U-Boot-Waffe, wie es mit den neuen U-Boot-Typen geschehen war, einen ganz neuen Weg ging und Operation, Taktik und Angriff vollkommen in das Wasser hineinverlegte, durch U-Boote, die auch durch hohe Geschwindigkeit im Angriff überlegen und die auch fähig waren, sich hierdurch einer Verfolgung zu entziehen, so ist es völlig klar, daß damit auch die Wirksamkeit der bisherigen Abwehr, der anglo-amerikanischen Flugzeuge, Zerstörer und anderer Bewachungsstreitkräfte, nahezu annulliert wurde. Dies hatten die Einsätze dieser neuen Bootstypen, auch dicht unter der englischen Küste, am Ende des Krieges bereits erwiesen und dies ist auch durch Nachkriegsversuche und -untersuchungen eindeutig bestätigt worden.

Die Gründe, warum diese neuen deutschen U-Boote am Ende des Krieges nicht mehr rechtzeitig in größerer Zahl zum Einsatz gekommen sind, hat vorstehend Captain Roskill bereits in seiner Stellungnahme in »The Sunday Times« vom 8. Februar 1959 genannt.

Die Anglo-Amerikaner und ebenso ihr Verbündeter, der Chef der Sowjetunion, Marschall Stalin, hatten den dringenden Wunsch, ihr strategisches Vorgehen zu synchronisieren, damit durch eine einheitliche Planung das Zweckmäßigste und Bestmögliche aus den Operationen dieser verbündeten Staaten herausgeholt würde. Roosevelt und Churchill trafen sich daher Ende Januar 1943 in Casablanca. Stalin konnte an dieser Konferenz nicht teilnehmen, weil der Kampf um Stalingrad es nicht zuließ, daß er Rußland verließ.

Auf dieser Konferenz war der wesentliche strategische Gesichtspunkt, möglichst bald in Nordfrankreich die anglo-amerikan·sche Invasion in Europa zu vollziehen. Richtigerweise wurde von dieser Invasion angenommen, daß sie die deutsche Kriegslage polar ändern würde, denn Deutschland hätte dann wieder nach zwei Fronten zu kämpfen.

So wünschenswert daher der möglichst baldige Zeitpunkt dieser Invasion war, so wurde doch vom britischen Generalstab und Admiralstab und daher auch von Churchill auf der Konferenz sehr klar dargestellt, daß im Jahre 1943 die »logistischen« Voraussetzungen für eine solche Invasion nicht vorhanden waren: Es fehlte an dem erforderlichen Schiffsmaterial, um die Transporte über See durchzuführen. Dies war richtig, und die Amerikaner wurden von der englischen Beweisführung überzeugt. Sie kamen daher zu dem Schluß, daß erst die Hauptgefahr, der deutsche U-Boot-Krieg, beseitigt werden müßte. Der Kampf gegen die deutschen U-Boote erhielt daher die »erste Priorität«. – Admiral Nimitz drückte diese Entscheidung der Casablanca-Konferenz in seinem Buch »The Naval Struggle against the Axis« mit folgenden Worten aus: »Everyone agreed that the Allies must give top priority to the antisubmarine war. Otherwise no offensives anywhere could succeed.«

Dieses war also die strategische Entscheidung der Konferenz von Casablanca. Die zweite Entscheidung, die gefällt wurde, war politischer Art. Sie hatte vorher die Zustimmung des amerikanischen State Department und des englischen Kabinetts gefunden, und sie wurde von Roosevelt am 24. Januar 1943 offiziell verkündet: Er erklärte, daß mit Deutschland und seinen Verbündeten keine andere Beendigung des Krieges von den Alliierten zugelassen werden würde, als die des »Unconditional surrender«.

Diese Forderung wurde von den Angloamerikanern aus den beiden folgenden Hauptgründen genannt:

Erstens, das Aufrichten einer entscheidenden zweiten Front der Alliierten in Westeuropa war natürlich für Stalin von allergrößtem Interesse. Nur eine solche zweite Front würde eine grundsätzliche und entscheidende Entlastung der russischen Front gegen den deutschen Gegner in Rußland bringen können. Daß diese Entlastung durch eine entsprechende alliierte Invasion sobald wie möglich erfolgte, war daher in größtem russischen Interesse und Stalins eindeutig wiederholte Forderung. Nunmehr war wiederum der Termin dieser Front auf der Konferenz von Casablanca hinausgeschoben worden. Roosevelt und Churchill wollten daher einen Beschluß fassen, der Stalin versöhnen sollte, und der auch, wie Churchill es ausdrückte, »den Freunden in aller Welt Mut einflößen würde«.

Zweifelsohne konnte die Forderung nach bedingungsloser Kapitulation den Zweck dieses genannten Ziels erfüllen.

Der zweite wesentliche Zweck dieser Forderung war, die Voraussetzung für eine friedliche Nachkriegswelt zu verkünden, wie sie sich die Angloamerikaner für die Zeit nach diesem Kriege vorstellten. Die Alliierten hielten sich für fähig, eine Welt des Friedens zu schaffen, und bei den Maßnahmen hierzu wollten sie jegliche Beteiligung ihrer Feindmächte im letzten Kriege ausschließen. Sie wollten also, daß sich beim Friedensschluß der Gegner in einer radikalen Ohnmacht befände. Dann konnten sie ihm alle Bedingungen für den Frieden auferlegen, und der Ohnmächtige mußte alles annehmen, was mit ihm geschehen würde.

Es war durch diese Forderung nach bedingungsloser Kapitualtion auch eindeutig eine Diskriminierung des ganzen deutschen Volkes ausgedrückt. Nicht etwa gegen Hitler oder den Nationalsozialismus wurde gekämpft, sondern der Kampf gegen das deutsche Volk sollte solange fortgesetzt werden, bis dieses vollkommen machtlos am Boden lag.

Welche Folgen diese Forderung für die Stimmung des deutschen Volkes im Jahre 1943 und für die Erkenntnisse über die Notwendigkeit unserer weiteren Kriegführung hatte, werde ich noch eingehend bei der Beantwortung der Frage 28 zeigen.

Ich möchte hier nur noch einige angloamerikanische politische Urteile über diese politische Forderung der bedingungslosen Kapitualtion nennen:

Der englische Historiker Fuller schreibt in seinem Buch »Der zweite Weltkrieg«, daß diese Politik der Casablanca-Formel der bedingungslosen Kapitulation »die taktisch absurdeste und strategisch sinnloseste Kriegführung zur Folge gehabt habe«. Der Widerstand der Achsenmächte habe sich versteift. Da alle Wege, bedingte Kapitulation herbeizuführen, verbaut gewesen seien, sei die Kriegführung bis zum totalen Zusammenbruch Deutschlands nötig geworden.

Der britische Minister Lord Hankey kritisiert in seiner Stellungnahme zur bedingungslosen Kapitulation auch die moralische Haltung der Initiatoren dieser Politik. Er sagt: »Unglücklicherweise war diese dem Geist der Bergpredigt so entgegengesetzte Politik auch nicht geeignet, die moralische Position der Alliierten zu stärken.«

Und Admiral Nimitz schreibt in seinem Buch »Triumph in the Atlantic«, »The Naval Struggle against the Axis« auf Seite 129 über diese Forderung nach bedingungsloser Kapitulation:

»The day following the close of the Casablanca Conference, President Roosevelt startled statesmen and military leaders around the world by announcing to the press a policy that himself had formulated, with the concurrence of Prime Minister Churchill. This was the decision that the United States and Britain would accept nothing short of ›unconditional surrender‹ of Germany, Italy and Japan. Terms would neither be offered nor considered. Not even Napoleon at the height of his conquests ever so completely closed the door to negotiation. To adopt such an inflexible policy was bad enough, to announce it publicly was worse. The policy of Unconditional Surrender ran counter to the earlier insistence of British and American leaders that they were fighting not the people but the leaders who had misled them. The policy was the sort of mistake that statesmen of the 17th and 18th centuries never made. They understood better than some of their successors that today's enemy might be needed as tomorrow's ally. And a war pushed to the point of complete victory might ruin victor as well as vanquished.«

Ich möchte zum Abschluß der Beantwortung dieser Frage zur bedingungslosen Kapitulation nur noch folgendes sagen. Diese politische

Forderung hatte die weitestgehenden Konsequenzen: Der Wille zur völligen deutschen Ohnmacht wurde durch die politisch falsche Verlängerung des Krieges, nachdem militärisch der Sieg über Deutschland längst errungen war, erreicht. Und als Folge hiervon wurden den Russen Tür und Tor geöffnet, sich in Osteuropa festzusetzen. Dieser russische Erfolg hat heute noch für die Politik der Angloamerikaner die schwerwiegendsten Nachteile. Und die Forderung nach bedingungsloser Kapitulation, die durch die Verlängerung des Krieges bis zur völligen Machtlosigkeit Deutschlands erreicht wurde, zwingt die Engländer und Amerikaner noch heute, nach über 20 Jahren, in dem Raum, in welchem sie 1945 glaubten gesiegt zu haben, Armeen auf Kosten von Milliarden Geldsummen zu unterhalten, um nicht nur uns, sondern auch sich selbst, aufgrund ihrer jetzigen Politik, gegen die Folgen des Kriegs von damals zu schützen. Wer besiegt ein Land mit dem Ziel, danach dort noch Jahrzehnte aus Gründen der eigenen Sicherheit Armeen unterhalten zu müssen? Ich glaube, daß es kaum ein klareres Zeichen als dies gibt, daß dieser politische Entschluß der bedingungslosen Kapitulation mit seinen militärischen Folgen ein großer Fehler der Angloamerikaner war. In der Beantwortung der nächsten Frage habe ich hierüber noch weiteres, und auch von Hitlers Schuld hierbei, zu sagen.

Unsere Niederlage bei Stalingrad brachte zweifelsohne eine entscheidende Wende in unsere gesamtstrategische Situation. Der Verlust der 6. Armee in diesem Kampf zeigte sehr klar, daß Hitlers Plan vom Juni 1941, durch einen Sieg über Rußland unsere Position auf dem Kontinent zu sichern und so zu stärken, daß auch die Seemacht England die Weiterführung eines Krieges gegen uns für aussichtslos halten müßte, scheitern würde. Es war nun nicht mehr zu hoffen, daß wir den russischen Gegner besiegen konnten; im Gegenteil, unsere Armee in Rußland mußte nach Westen zurückweichen und hatte mit schweren Abwehrkämpfen zu rechnen.

Diese Lage an unserer Ostfront war also einer der Gründe, warum wir überhaupt einen Sieg in diesem Kriege nicht mehr erwarten durften.

Dann kam im Mai 1943 der Zusammenbruch des U-Boot-Krieges. Die Kriegführung unserer U-Boote hatte bis dahin verhindert, daß die überlegene Macht der beiden großen Seemächte sich auf unserem europäischen Kontinent ausbreiten konnte. Die Schiffsversenkungen durch deutsche U-Boote hatten die den Anglo-Amerikanern zur Verfügung stehende Tonnage, trotz des beschleunigten Nachbaues von Handelsschiffen in den Vereinigten Staaten und in Großbritannien, laufend vermindert. Auch als der U-Boot-Krieg ab Mai 1943 keine großen Erfolge mehr erreichte, überwog doch erst ab Juli 1943 der Neubau von Handelsschiffen deren Verluste.

Ich habe bereits gezeigt, durch welche Mittel, durch welche neuen U-Boot-Typen wir unseren Seekrieg wieder wirkungsvoll machen wollten. *Wann* dies geschehen konnte, ob der Seekrieg noch rechtzeitig zu Erfolgen kommen würde, das war jedoch im Jahre 1943 noch ganz unsicher.

So war unsere militärische Lage im ersten Halbjahr 1943 bereits derart ernst, daß wir auch mit dem Verlust des Krieges rechnen mußten. Als dann im Sommer 1944 die Invasion in der Normandie glückte, es also den Angloamerikanern gelungen war, in Frankreich gegen uns eine zweite Front aufzurichten, waren für unsere Gegner die Aussichten, den Krieg endgültig zu gewinnen, nahezu sicher.

Aber wie sollten wir 1943 und 1944 militärisch anders handeln, als wir gehandelt haben?

Ein großer Teil des deutschen Volkes und ebenso der Soldaten stand zu dieser Zeit hinter Hitler. Bei aller Anerkennung der moralischen Motive von Männern, die Hitlers Regime beseitigen wollten, hätten die hierdurch entstehenden Unruhen andererseits die Kampfkraft unserer Fronten geschwächt und damit wahrscheinlich größere Verluste an deutschen Soldaten zur Folge gehabt. – Das deutsche Volk wußte zudem von der Forderung unserer Gegner, daß für einen Friedensschluß mit uns nur die bedingungslose Kapitulation in Frage käme. Auch bei einer Beseitigung Hitlers hätte sich daran nichts geändert. – Wir wußten auch von dem Plan des amerikanischen Finanzministers, Morgenthau, nach einem errungenen Sieg die deutsche Industrie radikal zu vernichten und aus Deutschland ein Weide- und Ackerland zu machen. Das würde bedeutet haben, daß Millionen deutscher Menschen verhungern müßten. Wir wußten auch, daß Roosevelt und Churchill diesen Morgenthau-Plan auf der Konferenz von Quebec, Herbst 1944, gebilligt und unterschrieben hatten. Später wollten sie sich von ihm distanzieren. Hierdurch kamen sie jedoch in einen Gegensatz zu ihrem Verbündeten Stalin, der sich diesen Plan voll zu eigen gemacht hatte. Auf der Konferenz von Teheran forderte er, nach einem Sieg über Deutschland Millionen deutscher Menschen als Arbeitskräfte nach Rußland zu schicken. Und auch auf der Konferenz von Jalta beharrte Stalin auf der Vernichtung von mindestens 80% der deutschen Industrie; er forderte ferner, daß die Deutschen Milliarden als Reparationsleistungen zahlen sollten und verlangte wiederum die Entsendung von Millionen deutscher Arbeitskräfte nach Rußland. Wenn die Anglo-Amerikaner sich auch auf diese Forderungen vor der deutschen Kapitulation noch nicht festlegen wollten, so war jedoch ebenfalls bei ihnen eine Tatsache eindeutig klar: Nach einem Sieg über uns, sollte es eine deutsche Regierung überhaupt nicht mehr geben. Deutschland würde in den kommenden Friedenszeiten von den Siegern regiert werden. Zu diesem Zweck würden die Sieger Deutschland in Stücke aufteilen und hierbei auch deutsche Staaten, wie z. B. Preußen, absichtlich auslöschen.

Dieses Gesamtbild der alliierten Deutschland-Politik in den Kriegsjahren 1943 bis 1945: Bedingungslose Kapitulation, Vernichtung unserer Industrie, Zahlung von Milliarden, Entsendung von Arbeitskräften nach Rußland, keine deutsche Regierung mehr, also keinerlei Rechte des deutschen Volkes, Regierung durch die Siegermächte, Zerstückelung Deutschlands, also völlige Aushändigung unseres Landes, unseres Volkes und unserer Zukunftsaussichten an die Gegner – dieses Gesamtbild ließ uns also gar keine andere Wahl übrig, als weiterzukämpfen. Denn welcher Mensch legt sich schon freiwillig hin, wenn sein Gegner ihm sagt: Wenn Du den Kampf aufgibst und Dich hinlegst, schneide ich Dich in vier Stücke und tue dann mit diesen vier Teilen, was ich will. Welcher Mensch würde sich dieser Aufforderung freiwillig unterwerfen? In derselben Lage befand sich das deutsche Volk in dieser Zeit des Krieges, trotz der Erkenntnis, daß ein Sieg nicht mehr zu erringen war. Dies war also unsere Situation.

In dieser Gesamtdarstellung ist von mir ein Phänomen noch nicht erwähnt, das ist das der Judenvernichtungen. Diese haben bei der Haltung der Alliierten uns gegenüber sicherlich eine Rolle gespielt. – Aber diese furchtbaren Judenvernichtungen sind hinter dem Rücken der deutschen Nation, unter größter Geheimhaltung vor dem deutschen Volk, von einem kleinsten Kreis der deutschen Regierung und meistens fern im Osten, außerhalb Deutschlands, durchgeführt worden. Daß das deutsche Volk in seiner ganz großen Masse von diesen Judenvernichtungen nichts wußte, darüber besteht kein Zweifel. Eine solche Aktion lag außerhalb jeder Vorstellungswelt anständiger Menschen. Diese konnten daher auch nicht den geringsten Verdacht haben, daß so etwas überhaupt geschehen würde. Wenn Ausländer heute zu uns sagen: Warum habt Ihr denn nicht im Kriege den englischen oder amerikanischen Rundfunk gehört? In diesem wurden doch derartige Fälle von Judenvernichtungen berichtet! – So kann man darauf nur antworten und fragen: Hat etwa die Masse des amerikanischen oder des englischen Volkes im letzten Krieg den deutschen Rundfunk statt des eigenen angehört? Allgemein wußte man doch, daß der feindliche Rundfunk in einem Kriege Kriegspropaganda für die eigene Sache machte; also sicherlich hatte die Masse des amerikanischen und des englischen Volkes keinen Grund, sich diese deutsche Kriegspropaganda anzuhören. Ebenso aber hatte das deutsche Volk hierzu kein Verlangen. Denn etwa durch das Anhören des fremden Rundfunks auch von deutschen Judenmorden etwas hören zu können, lag, wie bereits gesagt, außerhalb jeder deutschen Vorstellungswelt und Vermutung. – Unter welchen Umständen ich selbst am Ende des Krieges von diesen

Menschenvernichtungen erfahren habe, werde ich noch in der Beantwortung der nächsten Frage sagen.

So blieb uns also trotz der Erkenntnis, daß wir nicht mehr siegen konnten, nichts anderes übrig, als weiterzukämpfen, in der Hoffnung, doch noch zu einer besseren Beendigung des Krieges zu gelangen als der durch bedingungslose Kapitulation. Die Erklärungen der alliierten Regierungen wandten sich ja auch nicht etwa nur gegen Hitler oder das nationalsozialistische Regime, sondern es war das deutsche Volk, das total zu besiegen war, das deutsche Volk sollte bedingungslos kapitulieren, das deutsche Volk durfte in einem kommenden Frieden keinerlei Rechte mehr haben, selbst im eigenen Lande nicht, das deutsche Volk sollte industriell und wirtschaftlich ausgelöscht werden.

Unter diesen Bedingungen konnte daher kein militärischer Führer 1943 oder 1944 zu einer Kapitulation raten.

Um nur noch einen Grund für diesen Gesichtspunkt zu nennen: Hätten wir damals kapituliert, dann hätten wir die $3^1/_2$ Millionen deutscher Soldaten unserer Ostfront, die in diesen Zeiten noch tief in Rußland standen, an Stalin ausliefern müssen. Denn Kapitulation bedeutet und gebietet für die Truppe: Stehenbleiben, die Waffen niederlegen und sich als Gefangene in Feindeshand begeben. Für einen erheblichen Teil der Truppen im Osten hätte das den Tod in der Gefangenschaft bedeutet.

*29. Was wußten Sie von den Verbrechen der Himmlerschen Befehls-
stellen, und was haben Sie veranlaßt, als Sie davon erfuhren?*

Anfang Mai 1945 befand ich mich in Mürwik bei Flensburg, um als
Staatsoberhaupt die deutsche Kapitulation nach meiner Konzeption
durchzuführen. Am 5. Mai meldete mir der Standortälteste von Mürwik, daß ein Weichsel-Kahn, der in den letzten Wochen über die Ostsee von Danzig aus mit erheblichen Verzögerungen durch die Kriegslage nach Flensburg geschleppt worden war, mit etwa 300 KZ-Insassen,
die sich in einem furchtbaren Zustand befanden, angekommen sei, wie
der Hafenkapitän von Flensburg festgestellt hätte. Ich befahl sofortige
Hilfe und Unterstützung, vor allem auch in ärztlicher Beziehung, für
die überlebenden Insassen dieses Transportes. Eine genaue Meldung
über die auf dem Kahn vorgefundenen Verhältnisse, dessen Bewachung anscheinend unmittelbar nach dem Einlaufen des Schiffes
dieses heimlich verlassen hatte, sei mir vorzulegen.

Wenn auch die Schwierigkeit des langen Transportes für den Zustand der Insassen eine Rolle gespielt haben mag, so schien es mir
doch eindeutig klar zu sein, daß hier verbrecherisch gegen die Gesetze
und die Moral verstoßen worden war. Dies war das erste »Alarm-
signal«, das ich und der Kreis meiner Mitarbeiter von verbrecherischen Zuständen in KZ-Lagern bzw. deren Transporten erhielten.

Am 7. Mai 1945 kam der Generaladmiral von Friedeburg, den ich
zu Kapitulationsverhandlungen zu Eisenhower geschickt hatte, aus
dem amerikanischen Hauptquartier zu mir nach Flensburg-Mürwik
zurück. Er brachte mir eine Ausgabe der amerikanischen Soldaten-
zeitung »Stars and Stripes« mit. In dieser Zeitung waren Bilder aus
dem deutschen Konzentrationslager Buchenwald, das auf dem Ettersberg in unmittelbarer Nähe der Stadt Weimar lag, abgebildet. Diese
Bilder von toten und verhungerten Lagerinsassen waren entsetzlich.
Wenn auch wiederum das Ende des Krieges durch Erschwerung der
Verpflegungsmöglichkeiten des Lagers hierbei eine Rolle gespielt haben mag, so waren doch diese Zustände eindeutig verbrecherisch und
in keiner Weise durch irgendwelche anderen Gründe zu rechtfertigen.

Friedeburg und ich, sowie mein Stab, waren entsetzt. Derartiges hatten wir nicht für möglich gehalten. Am 9. Mai habe ich dann den Bericht des Hafenkapitäns über den eingangs genannten Weichsel-Kahn erhalten.

In diesen ersten Tagen des Mai, also nach der Kapitulation, erhielten wir noch weitere Nachrichten über die Zustände in deutschen KZ-Lagern.

Dies drückt auch ein Vermerk aus, den mein Adjutant, der Korvettenkapitän Lüdde-Neurath, in dem von ihm geführten Tagebuch am 11. Mai geschrieben hat:

»12.00 Uhr: Außenminister, Feldmarschall Keitel.

In letzter Zeit mehren sich Nachrichten über unhaltbare Zustände und rechtswidrige Vorkommnisse in KZ-Lagern. Auf der anderen Seite ist Bewachung und Betreuung durch Flucht bisheriger Wachmannschaften nun Wehrmacht zugefallen. Da weder das deutsche Volk, noch die Wehrmacht von diesen Zuständen Kenntnis hatten, wird es unter Umständen erforderlich sein, sich öffentlich klar zu distanzieren.«

Wenn wir auch immer noch hofften, daß es sich bei diesen Fällen nur um Einzelfälle handelte, so war ich der Ansicht, daß sofort die restlose und rücksichtslose Feststellung der Schuldigen für diese Verbrechen erfolgen sollte. Ich hielt dies auch mit Rücksicht auf das deutsche Volk für notwendig, dem solche Vorkommnisse, die hinter dem Schleier der strengsten Geheimhaltung in diesen KZ-Lagern erfolgt waren, völlig unbekannt geblieben waren und das sicherlich mit Recht einen Anspruch darauf hatte, daß die eigene Sauberkeit durch Klärung dieser Fälle öffentlich klargestellt wurde.

In Übereinstimmung mit meinem Außenminister und dem Chef der vorläufigen Reichsregierung, Graf Schwerin von Krosigk, erließ ich daher als Staatsoberhaupt eine Verfügung, die das Reichsgericht als oberste deutsche Rechtsinstanz mit der sofortigen Verfolgung dieser Fälle beauftragte. Diese Verordnung lautete:

»Verordnung

§ 1

Alle Verstöße bei der Festnahme und Vernehmung von Personen und bei der Einweisung von Häftlingen in Konzentrationslager, sowie bei der Unterbringung und Behandlung in diesen Lagern, die den allgemein gültigen Grundsätzen von Recht und Moral sowie den ergangenen gesetzlichen Bestimmungen zuwiderlaufen, werden einer sofortigen Untersuchung unterworfen. Verstöße sind nach den geltenden

Strafgesetzen zu ahnden und beschleunigt abzuurteilen und zu vollstrecken.

§ 2

(1) Die Untersuchung dieser Straftaten und die Erhebung der Anklage übertrage ich dem Oberreichsanwalt beim Reichsgericht.

(2) Für die Aburteilung ist das Reichsgericht in erster und letzter Instanz zuständig.

§ 3

Diese Verordnung tritt mit dem Tage ihrer Verkündung in Kraft. Hauptquartier, den 15. Mai 1945

Der Großadmiral
gez. Dönitz«

Diese Verordnung sandte Graf Schwerin von Krosigk mit einem Anschreiben an den Oberkommandierenden der alliierten Streitkräfte, General Eisenhower. In diesem Anschreiben sagte Schwerin von Krosigk folgendes:

»1. Das deutsche Volk hatte bislang von den Zuständen, die in diesen Lagern herrschten, keine Kenntnis. Die Konzentrationslager waren von der Außenwelt völlig abgeschlossen und alles, was in diesen Lagern vorging, wurde auf das Strengste geheimgehalten. Selbst führende deutsche Persönlichkeiten hatten keine Möglichkeit, sich über die tatsächlichen Verhältnisse in den Konzentrationslagern zu unterrichten.

2. Das deutsche Volk lehnt Mißhandlungen und Greueltaten, wie sie in den alliierten Meldungen dargestellt werden, einmütig mit Entrüstung ab, da sie mit den Grundsätzen seiner Wesensart und seinem Moralgefühl schlechthin unvereinbar sind. Es entspricht dem wirklichen und unverfälschten Rechtsempfinden des Deutschen Volkes, daß die begangenen Verbrechen sofort mit aller Schärfe geahndet werden.

Um den Urteilssprüchen die größte Autorität und nachhaltige Wirkung zu verleihen, hält es der Großadmiral auf Grund eines von mir erstatteten Berichts, von dem ich Abschrift beifüge, für notwendig, daß die Untersuchung und Urteilsfällung den Institutionen des Reichsgerichts, als dem höchsten deutschen Gerichtshof, übertragen werden. Der Großadmiral hat auf meinen Bericht mit dem beigefügten Schreiben geantwortet, indem er die sofortige und rücksichtslose Untersuchung und Ahndung der einzelnen Vorfälle durch das Reichsgericht verfügt und hat die anliegende Verordnung erlassen.

3. Ich bitte Sie, Herr General, um dem Wollen des Großadmirals und der Reichsregierung nach Aufklärung und Bestrafung der Verantwortlichen gerecht werden zu können, dem Reichsgericht die Rechtsprechung schnellstens ermöglichen zu wollen.

gez. von Krosigk«

Am 17. Mai 1945 kam der amerikanische Botschafter Murphy, der der politische Vertreter der amerikanischen Regierung im Hauptquartier Eisenhowers war, zu mir nach Flensburg-Mürwik. Bei dem Gespräch, das ich mit ihm hatte und das sich im wesentlichen um meine Sorge wegen Ostdeutschland und auf die rechtlichen Unterlagen meiner Ernennung zum Staatsoberhaupt bezog, teilte ich Botschafter Murphy auch mit, daß ich eine Verordnung für das Reichsgericht, die Verbrechen in KZ-Lagern zu untersuchen, an General Eisenhower hätte schicken lassen. Ich bat Botschafter Murphy, sich für mein Gesuch bei General Eisenhower einzusetzen, damit möglichst bald das Reichsgericht in dieser Hinsicht in Tätigkeit treten könnte.

Da auch die deutsche Wehrmacht, ebenso wie das deutsche Volk, von diesen Dingen, die wir jetzt von den Zuständen in den KZ-Lagern erfuhren, keine Kenntnis gehabt hatte, hielt ich es für erforderlich, dies durch folgenden Tagesbefehl an die deutsche Wehrmacht öffentlich klarzustellen.

»Der Oberste Befehlshaber   H.Qu., den 18. Mai 1945
der Wehrmacht
(Großadmiral Dönitz)
   An die deutsche Wehrmacht!

Eine der wesentlichen Voraussetzungen dafür, daß wir auch in den Tagen der Niederlage in unserem schwergeprüften Vaterland Ordnung und Sicherheit erhalten und den uns durch die Kapitulation auferlegten Verpflichtungen nachkommen können, ist es, daß kriminell schwer belastete und sittlich verwahrloste Elemente durch Unterbringung in geschlossenen Lagern verhindert sind, ihren verbrecherischen Einfluß auszuüben.

Mit Abscheu und Bedauern habe ich aber von menschenunwürdigen Zuständen Kenntnis erhalten, die in Konzentrationslagern bei der Behandlung und Unterbringung von Häftlingen festgestellt sind.

Ich weiß, daß der deutsche Soldat und auch die Masse der ihre soldatische Pflicht in unseren Reihen erfüllenden Männer der Waffen-SS nichts davon gewußt haben, wenn in Konzentrationslagern und vornehmlich bei den durch die kriegerischen Ereignisse bedingten Verlegungen Dinge vorgekommen sind, die in krassem Widerspruch zu den allgemeinen Grundsätzen des Rechts und der Moral stehen.

Ich fühle mich den Millionen deutscher Soldaten, die ehrlich und sauber gekämpft und ihre Pflicht getan haben, und unseren gefallenen Kameraden gegenüber zu der eindeutigen Feststellung verpflichtet, daß wir Soldaten mit Willkürakten, die gegen das soldatische Empfinden und Ehrgefühl verstoßen, nichts gemein haben und sie voll Abscheu ablehnen.

Wenn Menschen im feldgrauen Rock das Ehrenkleid des deutschen Soldaten durch würdelose und niedrige Handlungen beschmutzt haben, dann wollen wir es selbst wieder säubern. Ich werde daher eine sofortige Untersuchung aller Verstöße bei der Festnahme und Vernehmung von Personen und bei der Einweisung, Unterbringung und Behandlung von Häftlingen in Konzentrationslagern einleiten und sie beschleunigt gerichtlich aburteilen lassen, sofern sie den allgemein gültigen Grundsätzen von Recht und Moral, sowie den ergangenen gesetzlichen Bestimmungen zuwiderlaufen.

Oberkommando der Wehrmacht
WFST/Chefkanzlei
Nr. 16/45   H.Qu., den 18. 5. 1945«

Dieser Befehl von mir an die deutsche Wehrmacht wurde, entsprechend den nach der Kapitulation gültigen Bestimmungen, vom Oberkommando der deutschen Wehrmacht an den Vertreter des alliierten Kontrollrates in Flensburg-Mürwik, den amerikanischen Generalmajor Lowell W. Rooks, mit der Bitte um Genehmigung der Veröffentlichung des Befehls gegeben. Generaloberst Jodl, der meinen Tagesbefehl an Rooks abgeschickt hatte, bekam jedoch von diesem die Antwort, daß die Herausgabe des Befehls verboten sei.

Damit war also die Absicht meines Tagesbefehls, den ich im Interesse der Anständigkeit und Sauberkeit der deutschen Soldaten und vor allen Dingen in Ehrfurcht vor den tapferen Gefallenen, für erforderlich hielt, undurchführbar geworden.

Ebenso erhielt ich von General Eisenhower auf meine Bitte, die Verordnung für das Reichsgericht zwecks Untersuchung der KZ-Verbrechen in Kraft setzen zu können, überhaupt keine Antwort.

Anscheinend hielten die Alliierten uns damals für ungeeignet, diese Verbrechen durch eigene deutsche Gerichte zu verfolgen; wahrscheinlich glaubten sie, daß hierfür nur die Siegermächte zuständig wären. Ich war damals und bin auch heute noch der Ansicht, daß es richtiger gewesen wäre, wenn diese genannten Verbrechen gegen die Menschlichkeit bereits damals sofort durch ein deutsches Gericht verfolgt worden wären. Dies war unsere deutsche Pflicht, und die sofortige Klarstellung dieser unmenschlichen Geschehnisse wäre für die moralische Gesundung unseres Volkes wichtig gewesen, und sie hätte uns nicht die politischen Nachteile gebracht, die durch die spätere Verfolgung dieser Verbrechen von Seiten der Siegermächte entstehen mußten und heute noch für die Bundesrepublik entstehen, weil damals mein Antrag auf sofortige deutsche Verfolgung von den Alliierten verboten wurde.

Ich möchte diese Beantwortung der Frage nach den von einer kleinen Clique deutscher Menschen begangenen Verbrechen mit einer Erinnerung aus dem Nürnberger Prozeß abschließen. Dort wurde uns ein Film gezeigt, der von amerikanischer Seite aufgenommen worden war, als nach der Kapitulation die Bevölkerung der Stadt Weimar von der amerikanischen Besatzungsmacht die Anordnung erhalten hatte, von Weimar den Ettersberg hinaufzuwandern, um sich dort die entsetzlichen Zustände im Lager Buchenwald anzusehen. Diese deutschen Menschen aus der Stadt Weimar hatten jahrelang in unmittelbarer Nähe des KZ's Buchenwald gelebt. Man sah sie auf dem Film, sich fröhlich unterhaltend, mit sorglosen Gesichtern die Ettersberger Chaussee hinaufgehen. Dann kamen die entsetzlichen Aufnahmen aus dem Lager Buchenwald. Und zum Schluß wurde wieder die Fülle derselben Weimarer Menschen im Film gezeigt, die nach Kenntnis dieser Zustände in Buchenwald nun wieder nach Weimar zurückliefen. Der Gesichtsausdruck dieser Menschen auf dem Rückweg war durchweg, ohne jede Ausnahme, noch voller Entsetzen. So offenkundig und schwer zeigte sich der Eindruck, den diese Besichtigung auf sie gemacht hatte. Der amerikanische Arzt des Nürnberger Prozesses, der bei der Vorführung dieses Films in meiner Nähe gestanden hatte, kam unmittelbar danach zu mir und sagte: »Einen besseren Beweis, daß die Menschen in Weimar von den Zuständen innerhalb des KZ's Buchenwald nichts gewußt haben, als den Unterschied im Ausdruck ihrer Gesichter beim Hinweg gegenüber dem Rückmarsch, gibt es nicht.«

Ich halte diese Ansicht des Arztes, eines angesehenen Psychiaters und Psychologen, für richtig.

30. Wie war damals und ist heute Ihre Einstellung zum Attentat des 20. Juli 1944?

Es ist selbstverständlich, daß man ein so außergewöhnliches Ereignis, wie es ein Attentat gegen ein Staatsoberhaupt ist, nicht losgelöst von den politischen Verhältnissen betrachten darf, in denen sich die betreffende Nation zu der Zeit des Attentats befand. Auch das damalige Verhalten von Personen zu einem solchen Geschehen kann sachlich nicht gewürdigt werden, wenn man nur nach den Gesichtspunkten späterer Erkenntnisse urteilt.

Wie stellte sich mir also damals die Lage dar?

Im Juli 1944 befand sich Deutschland im Krieg. Es stand im schweren Ringen gegen den äußeren Feind. Die deutschen kriegerischen Kräfte waren bis zum Zerreißen angespannt. Unsere militärischen Landfronten hatten also gegen eine wachsende Übermacht in härtestem Einsatz zu kämpfen.

Ebenso befand sich im Seekrieg die deutsche U-Boot-Waffe in einem Opfergang: Gegen eine überlegene Abwehr mußte sie bei geringen Erfolgsaussichten, aber erheblichen Verlusten, weiterkämpfen, um die außerordentliche Zahl der militärischen und materiellen Kräfte, welche die Anglo-Amerikaner bisher in der Atlantikschlacht eingesetzt hatten, auch weiterhin dort zu binden.

So befanden sich die deutschen Soldaten auf dem Lande und zur See im Kampf gegen den äußeren Feind im schwersten Einsatz. Die militärischen Führer dieser Soldaten mußten immer wieder von dem opferbereiten, selbstlosen Soldatentum ihrer Truppen den Einsatz des Lebens fordern, um die Heimat und das deutsche Volk zu schützen.

Dann war es auch selbstverständlich, daß in dieser Lage ein deutscher militärischer Führer jedes Ereignis und jeden Umstand ablehnen mußte, die seine Soldaten in ihrer Kriegführung gegen den äußeren Feind schwächen konnten, denn er trug die Verantwortung für den Einsatz, also für das Leben seiner selbstlos kämpfenden Soldaten. Diese Verantwortung eines militärischen Führers muß berücksichtigt werden, wenn man die Gründe für manche Fälle seines übrigen Handelns verstehen will, denn das Gelingen des Attentats hätte zweifelsohne im Innern Deutschlands zu Auseinandersetzungen geführt, weil große Teile des deutschen Volkes noch immer hinter Hitler standen, und weil seine Staatsorgane auch bei Hitlers Tode sich gegen einen Umsturz gewehrt hätten.

Ebenso hätten die Attentäter auch unter den Truppen in der Heimat nicht mit überlegener Gefolgschaft rechnen können und ebenso nicht bei den Soldaten an der Front.

So wäre der Bürgerkrieg im Innern und erhebliche Schwächung der Fronten gegen den äußeren Feind die Folge eines geglückten Attentats gewesen.

Ebenso hätte sich auch außenpolitisch bei einem Gelingen des Attentats nichts geändert. Nach wie vor wäre die Forderung nach bedingungsloser Kapitulation mit allen ihren Konsequenzen, siehe die Beantwortung der Frage 28, bestehen geblieben. Der Krieg hätte also auch von einer neuen deutschen Regierung fortgeführt werden müssen.

Derart stellte sich mir also die Lage am 20. Juli 1944 dar, als ich von dem Attentat erfuhr. Es kam mir an diesem Tage deshalb darauf an, jegliche Zweifel meiner Soldaten im Interesse der Kampfkraft der Kriegsmarine gegen den äußeren Feind so schnell und nachdrücklich wie möglich abzufangen. Ich erklärte mich daher am 20. Juli eindeutig gegen das Attentat.

So war diese Entscheidung eine Verantwortungsentscheidung, eine Entscheidung des Gewissens, des Pflichtgefühls für die mir anvertrauten, im Kampf befindlichen Soldaten, um alles das zu tun, was ihre Kampfkraft erhalten könnte und um alles auf diese Weise auch zu verhindern, was möglicherweise größere Verluste zur Folge haben würde.

In dieser Art mußte damals, nach meiner Ansicht, ein militärischer Führer handeln. Besonders dann mußte er ohne etwaige Zweifel diese Haltung befolgen, wenn er von den Verbrechen der Menschenvernichtungen, die hinter dem Rücken des deutschen Volkes und meistens im ausländischen Osten Deutschlands geschehen waren, nichts wußte.

Wesentlich auch aufgrund dieses Gesichtspunktes komme ich zu der Frage, welche Einstellung ich heute zum Attentat des 20. Juli habe.

So bin ich heute der Ansicht, wenn deutsche Männer und Frauen nach tiefer Gewissensprüfung und in dem Glauben, hierdurch Unrecht abwehren zu können, den Weg des Widerstandes bis zum Hochverrat und Attentat beschritten, so war dies sittlich berechtigt.

Ich bin daher der Meinung, daß es sich bei beiden Seiten um zwei verschiedene, aber beiderseits moralische Einstellungen und entsprechende Gewissensentscheidungen gehandelt hat: Die Einstellung des Attentäters und die Einstellung des Befehlshabers militärischer Streitkräfte.

So glaube ich also, daß es richtig ist, keine Seite zu verurteilen. Auf die ethischen Motive, die ein Mensch für sein Handeln hat, kommt es an. Allein diese sind für ein moralisches Urteil maßgebend, und wenn diese ethischen Motive auf beiden Seiten vorhanden waren und entsprechend die Entscheidungen des Gewissens getroffen wurden, so sollte man auch heute beide Seiten würdigen und eine Brücke zwischen den beiden verschiedenen Auffassungen der damaligen Zeit schlagen.

31. Wie beurteilen Sie den Ostsee-Kriegsschauplatz, welche Folgerun-
gen zogen Sie für die Kriegsmarine, als die Seetransporte in der
Ostsee für die deutsche Kriegführung immer größere Bedeutung
gewannen?

Die Ostsee bedeutete für uns im letzten Weltkrieg in strategischer
Beziehung und für unsere Kriegsrüstung sehr viel. Niemand hatte dies
klarer erkannt als Churchill. In der Beantwortung der Frage 22 hatte
ich bereits angeführt, wie treffend er sich Anfang September 1939, als
er Marineminister geworden war, darüber geäußert hat.

Unsere Seeherrschaft in der Ostsee schützte unsere dortigen langgestreckten Küsten Nord- und Ostdeutschlands vor einer feindlichen
Invasion und damit der Aufrichtung einer neuen Landfront auf
deutschem Gebiet. Zu dieser Seeherrschaft gehörte, daß die Ostseein-
gänge militärisch durch uns so gesichert waren, daß der Gegner nicht
von Westen in die Ostsee eindringen konnte. Es gehörte ferner dazu,
daß wir den Finnischen Meerbusen absperrten, damit nicht russische
Seestreitkräfte bzw. russische Truppentransporter von Leningrad und
Kronstadt in die Ostsee vorstoßen konnten.

Unsere Beherrschung der Ostsee stellte auch sicher, daß wir, sobald
der Bottnische Meerbusen eisfrei war, auch von dem neutralen Staat
Schweden über See die Erzzufuhr erhalten konnten, welche für unsere
Kriegswirtschaft von entscheidender Bedeutung war. Ebenso liefen
über die Ostsee auch andere schwedische Handelsimporte, und selbstverständlich wurde unsere eigene Ostfront in Rußland durch Seetransporte über die Ostsee mit Soldaten, Waffen und Material unterstützt,
bzw. Truppenteile wurden mit ihren Waffen über See nach Westen
zurückgeführt.

Im Jahre 1942 war es einigen russischen U-Booten gelungen, aus
dem Finnischen Golf in die Ostsee einzudringen. Sie hatten das vollbracht, trotzdem wir selbstverständlich durch Minen und andere Sperren den Finnischen Golf gesperrt hatten. Um ein solches Vordringen
russischer U-Boote in die Ostsee ganz auszuschließen, ließ ich daher
als Oberbefehlshaber der Kriegsmarine im Frühjahr 1943 eine Sperre
von Stahlnetzen auslegen, die bis zum Grunde des Meeres hinunter-
reichten und nunmehr den Finnenbusen völlig abschlossen, so daß

keinerlei russische U-Boote mehr in die Ostsee hineinkommen konnten. Sie war also nunmehr hermetisch abgeschlossen, und im Jahre 1943 und in den ersten neun Monaten des Jahres 1944 liefen unsere Transporter jeder Art, seien es Erzschiffe, andere Handelsschiffe oder militärische Seetransporte völlig ungestört.

Ebenso waren die Ausbildung der deutschen U-Boot-Waffe auf neu in Dienst gestellten Booten und die Erprobungen der neuen Bootstypen nur in dem gesicherten Raum der östlichen Ostsee, mit den Stützpunkten Danzig, Pillau und Memel, in dem erforderlichen Maße durchführbar. Auch diese wichtigen, die Kriegführung vorbereitenden Handlungen geschahen in diesem Seegebiet ohne jede Störung.

Im Sommer 1944 sollte sich jedoch die Lage an unserer Ostfront in Rußland ändern. Bei der Heeresgruppe Mitte war es zu russischen Einbrüchen gekommen.

Am 9. Juli 1944 fand daher im Führerhauptquartier eine Besprechung mit Hitler statt, wie diese ernste Lage unserer Front am besten zu bereinigen sei. An dieser Besprechung nahmen der Feldmarschall Model, General Friessner, Generaloberst von Greim und ich teil. Nördlich der Heeresgruppe Mitte, an sie anschließend, stand die deutsche Heeresgruppe Nord, welche die Landfront bis Leningrad hinauf bis zum Finnischen Meerbusen sicherte und deshalb bisher einen russischen Durchbruch in die Baltischen Länder, und damit den Russen den Zugang an die Ostsee, verhindert hatte.

Die Nordfront, die Heeresgruppe Nord, in gleicher Weise wie die zwangsläufig zurückgesetzte Heeresgruppe Mitte zurückzuführen, wurde von den genannten Teilnehmern an der Besprechung, dem Feldmarschall Model, dem General Friessner und dem Generaloberst von Greim, abgelehnt, da die Erfahrung bei einem Absetzen in der Sommerzeit gelehrt hatte, daß dies ohne stärkste eigene Einbußen nicht möglich sei, weil dann der Gegner im Sommer auch außerhalb der Straßen im freien Gelände folgen und die zurückgehende deutsche Armee überholen und abschneiden könnte. Die Heeresspezialisten kamen daher zu dem Schluß, daß es besser sei zu versuchen, durch Zuführung weiterer Divisionen in den Einbruchsraum der Heeresgruppe Mitte, die russischen Vorstöße aufzufangen. Bei dieser Besprechung fragte mich Hitler, welche Folgen ein russischer Durchbruch an die freie Ostsee haben würde. Ich wies in meiner Antwort darauf hin, daß damit die wirtschaftlich entscheidende Zufuhr der schwedischen Erze mit größter Wahrscheinlichkeit aufhören würde, weil dann, wie ich glaubte, die Schweden keinen politischen Konflikt mit den nunmehr auch in der Ostsee befindlichen Russen riskieren würden. Ebenso würde es schwere Folgen für den Aufbau und die Ausbildung unserer neuen U-Boot-Waffe haben und selbstverständlich auch unsere Truppentransporte, die dann mit russischen Angriffen rechnen müßten, behindern.

Ich erklärte daher, daß das Wesentliche für unsere Seeherrschaft in der Ostsee wäre: Die westlichste Stellung, die noch eine Schließung des Finnenbusens durch eine Seesperre möglich machte, liege ostwärts Reval. Dieses wäre also der westlichste Punkt, bis zu dem die Heeresgruppe Nord zurückgenommen werden könnte. Gelinge es dem Gegner aber weiter südlich, etwa in Litauen und Ostpreußen, zur Ostsee durchzustoßen, so sei diese Position der Heeresgruppe Nord ostwärts Reval für unsere Seeherrschaft in der Ostsee wertlos. Der Kernpunkt der ganzen Frage, dem sich auch die evtl. Zurücknahme der Heeresgruppe Nord unterordnen müsse, sei daher, daß ein Durchstoß der Russen an die Ostsee verhindert werde.

Es sollte nun aber doch anders kommen. Im August 1944 erreichten die Russen am Rigaischen Meerbusen die Ostsee. Die Kriegsmarine hatte mit unseren noch einsatzbereiten großen Kriegsschiffen, »Prinz Eugen«, »Lützow«, »Scheer« und »Hipper« eine Kampfgruppe gebildet, die den Kampf unseres Heeres von See aus durch Eingriff in den Landkampf unterstützen sollte. Aber auch diese konnte das genannte Ergebnis nicht verhindern.

Die politischen Folgen des Vorstoßes der Russen bis an die Ostsee waren groß. Mitte September 1944 kapitulierte Finnland. Damit waren unsere Sperren, die den Finnlandbusen abgeriegelt hatten, wirkungslos geworden. Russische U-Boote konnten im Norden der Finnlandbucht durch die Finnischen Hoheitsgewässer nach Westen in die Ostsee vordringen. Wenn auch die russischen Erfolge zunächst nur gering waren, so trat politisch das ein, was wir befürchtet hatten: Am 26. September 1944 kündigte uns Schweden die Lieferung von Erz. Es war klar, daß dieser neutrale Staat jede nur mögliche Auseinandersetzung mit russischen Kriegsschiffen in der Ostsee vermeiden wollte.

Bei dieser nun außerordentlich angespannten Lage unserer deutschen Ostfront nahm die Bedeutung unserer Seetransporte über die Ostsee für die Versorgung dieser Front und die entsprechenden Abtransporte in starkem Maße zu. Diese Lage für unsere Seetransporte verschärfte sich in großem Umfang, als am 12. Januar 1945 die Russen unsere

Ostfront durchbrochen hatten, in Schlesien eingedrungen waren und ebenfalls dann die mittlere Oder bei Küstrin und Frankfurt erreicht hatten.

Nunmehr fluteten die deutschen Menschen aus diesen Ostgebieten nach Westen, um sich vor dem russischen Einmarsch zu retten. Zu den militärischen Transporten über See kamen nun in außerordentlich hohem Maße zusätzlich Seetransporte hinzu, welche diese Flüchtlinge aus den ost- und westpreußischen Häfen nach Westen bringen sollten.

Bei dieser außerordentlichen Verschlechterung unserer militärischen Lage im Januar 1945 wird heute leicht jemand fragen, warum haben Sie dann nicht spätestens zu dieser Zeit kapituliert? Hierauf kann nur geantwortet werden, daß dies nicht möglich war, weil wir z. B. die 3¹/₂ Millionen deutscher Soldaten, die an der deutschen Ostfront standen, im Winter nicht in russische Gefangenschaft geben konnten; sie aufzunehmen, zu verpflegen und unterzubringen, wäre den Russen selbst bei bestem Willen organisatorisch nicht möglich gewesen. Die deutschen Gefangenen hätten auf freiem Felde kampieren müssen, und zwangsläufig wäre ihre Todesquote entsetzlich hoch gewesen.

Es war nun aber klar geworden, daß für die Kriegsmarine der U-Boot-Krieg nicht mehr die Hauptaufgabe war, denn durch Verlust der genannten Ausbildungsplätze für die neue U-Boot-Waffe konnte ihr Aufbau und Einsatz nicht mehr so schnell und in dem Maße erfolgen, daß sie noch irgendeine Entscheidung hätte bringen können. Die Hauptaufgabe der Kriegsmarine hatte sich daher auf die Unterstützung der Ostfront über See und auf den Rücktransport von Flüchtlingen, Verwundeten und Soldaten nach dem Westen zu konzentrieren. Entsprechend handelte ich: Ich zog Seestreitkräfte, soweit ~ irgendwie möglich war, aus der Nordsee und dem Norwegenraum ⁊ und setzte sie zum Schutz unserer Transporter in der Ostsee ein. ᴴ ließ mir von Hitler die noch verfügbare Handelsschifftonnage ᴺterstellen, denn nunmehr mußte die Kriegsmarine ihre Transporter, möglichst in Geleitzüge zusammengefaßt, unter dem Schutz von Kriegsschiffen, also in einer Einheit, von Westen nach Osten und von Osten nach Westen laufen lassen. Eine einheitliche Befehlsgebung durch mich für Kriegs- und Handelsmarine war daher erforderlich. Aus dem gleichen Grunde ließ ich mir von der Staatsführung die gesamte Kohlen- und Treibstoffverteilung für Norddeutschland übertragen, damit ich auch die Brennstoffversorgung dieser über die Ostsee laufenden Kriegs- und Handelsschiffe sicherstellen konnte. Auf den

Werften bekamen die Reparaturen von Fahrzeugen, die für die Seetransporte eingesetzt waren, Vorrang vor anderen Werftaufgaben.

So gelang es dann der eingesetzten Kriegs- und Handelsmarine,
über die Ostsee in der Zeit vom 23. Januar 1945 bis in die Kapitula-
tionstage des Mai 1945 hinein, mehr als 2 Millionen Menschen, also
Flüchtlinge, Männer, Frauen und Kinder, Verwundete und Soldaten,
nach Westen zu überführen. Diese Fahrten wurden unter Kämpfen
gegen anglo-amerikanische und russische Flugzeuge und ebenfalls gegen russische U-Boote und Schnellboote sowie vielfach auch auf ver-
minten Wegen durchgeführt. So schmerzlich hierbei auch der Verlust
eingeschiffter Menschen auf einigen Transportern, die durch den
Gegner vernichtet wurden, gewesen war, so glückte es doch immerhin,
99 % der Seetransporte sicher in westliche Häfen zu bringen.

Daß diese Rettung gelang, dafür bin ich dem Schicksal dankbar.

Amerikanische Historiker bezeichnen diese Transporte als die größte
geglückte Seetransportaktion der modernen Geschichte.

32. Was bewog Sie, das Amt als Staatsoberhaupt anzunehmen, als Hitler Ende April 1945 ausgeschieden war?

Im April 1945 hatte sich die militärische Lage an unseren Landfronten im Osten und im Westen dermaßen verschlechtert, daß mit einer Aufteilung Deutschlands in einen Nord- und Südraum zu rechnen war, weil die Fronten der Angloamerikaner und der Russen sich in der Mitte Deutschlands immer näher kamen. Für diesen Fall hatte Hitler befohlen, daß dann der Nordraum meinem Oberbefehl unterstellt werden sollte. Diese Befehlsgewalt bezog sich aber zunächst, solange Hitler sich noch in Berlin, also im Nordraum, befand, nur auf den zivilen Sektor, weil er dann die militärische Führung zusammen mit dem Oberkommando der Wehrmacht aus der Befehlsstelle des Führerbunkers in Berlin weiter behalten wollte. Hitler hatte in den ersten Wochen des April die Absicht, Berlin zu verlassen und sich nach dem Süden Deutschlands zu begeben. Am 22. April entschloß er sich jedoch, in dem Befehlsbunker in Berlin zu bleiben. Meine Befehlsgewalt in Norddeutschland, den zivilen Sektor betreffend, trat in Kraft. Ich fuhr daher in der Nacht vom 22. zum 23. April in meine neue Befehlsstelle nach Plön in Holstein. Die militärische Führung blieb jedoch bei Hitler. Sein Organ hierfür war nach wie vor das Oberkommando der Wehrmacht unter Feldmarschall Keitel und dem Generalstabschef General Jodl. Damit dieser Generalstab auch bei einer Einschließung Berlins durch die Russen und Anglo-Amerikaner wirkungsvoll bleiben konnte, wurde er Ende April 1945 von Berlin nach Rheinsberg in der Mark Brandenburg verlegt.

Am 28. April fuhr ich daher von Plön nach Rheinsberg, um mich beim Oberkommando der Wehrmacht über die militärische Lage zu orientieren. Die Straßen waren dicht angefüllt von Flüchtlingskolonnen, von armen Menschen aus den deutschen Ostgebieten, die vor dem russischen Einmarsch nach Westen flohen. Auf Pferdewagen und Karren oder ohne jede Transportmittel hatten Männer, Frauen und Kinder nur eine geringe Habe bei sich, die sie auch für ihren Unterhalt auf den Trecks brauchten.

Nur ganz langsam und oft die Straße verlassend, konnten wir, mit unserem Auto nach Osten fahrend, diese Flüchtlingsstrecke passieren. Wir erlebten, daß anglo-amerikanische Jagdflieger erschienen, welche die Straßen beschossen. Unter diesen armen Flüchtlingen gab es Tote und Verwundete. Ich sah, wie ein Bauer, der auf einem Felde neben der Straße pflügte, beim Erscheinen der tieffliegenden feindlichen Jagdflieger fluchtartig sein Pferd mit dem Pflug verließ, um sich schutzsuchend in einen Graben zu werfen.

Ich hatte schon erklärt, daß das Retten der Flüchtlinge über See die Hauptaufgabe der Kriegsmarine in den letzten Monaten des Krieges war, und daß ich alles tun würde, um diese Seetransporte so schnell und häufig wie möglich durchzuführen. Nachdem mir seit dem 23. April 1945 nunmehr auch auf dem Landsektor in Norddeutschland der Oberbefehl zugesprochen worden war, hatte ich sofort die zivilen Stellen Norddeutschlands zu mir kommen lassen, um umgehend alle Maßnahmen durchzuführen, damit auch der Vormarsch der Flüchtlingstrecks an Land so gut wie noch möglich erleichtert wurde. Dieses persönliche Erleben der Not der Flüchtlinge auf dem Lande bei meiner Fahrt nach Rheinsberg zeigte mir daher sehr eindrucksvoll den ganzen Ernst dieses Problems.

Bei der militärischen Lagebesprechung am 28. 4. 1945 im Oberkommando der Wehrmacht in Rheinsberg wurde mir sehr bald klar, daß unsere »Weichselarmee«, die den Vormarsch der Russen nach Westen aufhalten sollte, hierzu nicht mehr lange in der Lage sein würde. Es wurde mir ebenso klar, was in den letzten Tagen bereits meine immer wachsende Sorge gewesen war, daß von einer einheitlichen Führung durch das Staatsoberhaupt im Bunker in Berlin keine Rede mehr sein konnte. Wenn auch eine Nachrichtenverbindung dorthin noch bestand, sowohl durch Telefon wie durch Funksprüche meines Marine-Nachrichten-Trupps, so war doch für die Eingeschlossenen im Berliner Bunker eine Beurteilung der Lage Deutschlands, also von ihrem Stand- und Gesichtspunkt eine Urteilsfindung über die Lage draußen, nicht möglich.

Es war gar kein Zweifel, daß dieser Zustand sehr leicht zu chaotischen Verhältnissen führen konnte. Um dies zu zeigen, möchte ich zunächst ein Wort sagen, wie unsere militärische Lage damals aussah. Ich werde hierbei im Wesentlichen das anführen, was ich über diese Lage in den letzten Apriltagen 1945 meinem Adjutanten, dem Korvettenkapitän Lüdde-Neurath, nach der Kapitulation diktiert habe:

»Durch die Bombenangriffe der letzten Monate war jegliche Kriegs-produktion auf ein Mindestmaß herabgesunken. Irgendwelche Reserven an Munition, Waffen oder Treibstoff waren nicht mehr vorhanden. Das Verkehrswesen lag vollkommen danieder, so daß ein Ausgleich oder eine Verlagerung irgendwelcher Rohstoffe, Fertigwaren oder Nahrungsmittel außerordentlich schwierig, wenn nicht unmöglich war.

Unser Westheer befand sich in Auflösung. Im Osten war die Süd-Ostarmee im geordneten Rückzug auf Jugoslawien. Die Heeresgruppe Rendulic hielt ihre Stellung in der Ostmark; auch die Heeresgruppe Schörner war noch intakt. Beide Heeresgruppen hatten jedoch nur noch für kurze Zeit Munition und Betriebsstoff.

Die Entsetzung Berlins war nicht geglückt. Mit der baldigen Einschließung Berlins war zu rechnen. Unsere Heeresgruppe im nörd-lichen Teil der Ostfront befand sich auf dem Rückzug in den Mecklenburger Raum hinein. Die Truppen in Ost- und Westpreußen wurden von der russischen Übermacht erdrückt. Die Front in Kurland hielt.

Aus Kurland, Ost- und Westpreußen versuchte die Kriegsmarine in Gemeinschaft mit den verfügbaren Handelsschiffen soviel Truppen wie möglich über See nach Westen zu retten.

In Nordwestdeutschland waren Ostfriesland und Schleswig-Hol-stein vom Gegner noch nicht besetzt. Aber ausreichende Kräfte, um den zu erwartenden Angriff des Gegners auf diese Gebiete abzuhal-ten, standen nicht zur Verfügung.

Holland, Dänemark und Norwegen, ebenso wie die Biskaya-Häfen, die Kanal-Inseln und Dünkirchen waren noch in deutschem Besitz. In diesen Räumen war zur Zeit noch Ruhe.

Die deutsche Luftwaffe besaß nur noch geringe Kräfte und ihr Einsatz war wegen Betriebsstoffmangels außerordentlich eingeschränkt.«

Dieses militärische Gesamtbild zeigte deutlich, daß der Krieg mili-tärisch verloren war. Da eine politische Änderung der Lage Deutsch-lands nicht zu erwarten war, mußte nunmehr versucht werden, nach-dem auch die deutsche Ostfront und die Millionen von Flüchtlingen dem Westen bereits nähergerückt waren, den Krieg sobald wie möglich nach einer entsprechenden Konzeption zu beenden, um diese Men-schen aus dem Osten auch noch weiterhin zu retten.

Hierzu war es erforderlich, daß eine verantwortliche zentrale Be-fehlsinstanz vorhanden war, eine einheitliche Leitung, die die Durch-führung dieser Aufgabe nach einer klaren Konzeption in die Hand nehmen konnte, eine Führung, deren Befehlsgewalt von allen deutschen unterstellten militärischen und zivilen Befehlsstellen anerkannt und befolgt werden würde.

Kam es zu einer solchen anerkannten verantwortlichen und führenden Befehlsinstanz nicht, so würde ein Chaos entstehen. Und die Folge hiervon wäre, daß noch Hunderttausende von Menschen ohne Sinn und Zweck ins Verderben gestürzt würden. Denn an zahlreichen Stellen würde es zu selbständigen Kapitulationen kommen, aber gleichzeitig könnten am gleichen Ort auch Durchhalteparolen erlassen werden, so daß die Folge hiervon wäre: Auflösung der militärischen Disziplin, Auseinanderlaufen der Truppe und Bruderkrieg. Denn ohne obere Befehlsinstanz würde sicherlich jeder nach seinen beschränkten, örtlichen Gesichtspunkten und seiner persönlichen Einstellung handeln. Hierfür möchte ich nur ein Beispiel nennen: Der Gauleiter Kaufmann von Hamburg hatte sich im April 1945 bemüht, mit der englischen Heeresgruppe, die vor Hamburg stand, zu einer Sonderkapitulation für Hamburg zu kommen. Für ihn galt nur der Gesichtspunkt, so schnell wie möglich Hamburg vor weiteren Verlusten und Zerstörungen zu schützen. Daß jedoch bei einer Übergabe Hamburgs, also einem Geländegewinn der Engländer auf der Ostseite der Elbe, die Gegner dann auch sofort von Schleswig-Holstein bis an die Ostsee heran, einschließlich von Kiel, Besitz ergreifen könnten, beachtete er nicht und vor allem war ihm anscheinend fremd, welche Folgen dies für das Retten von Flüchtlingen haben würde. Ich hatte daher am 30. April 1945 dem Gauleiter Kaufmann, als ich von seiner Absicht hörte, persönlich und allein für Hamburg dem englischen Gegner gegenüber zu kapitulieren, folgendes Fernschreiben gemacht:

»1. Hauptsorge der militärischen Führung in der augenblicklichen Situation ist die Rettung deutschen Landes und deutschen Volkstums vor dem Bolschewismus. Der Schwerpunkt der Kampfführung liegt daher eindeutig im Osten. Es wird militärisch alles nur Mögliche getan, den russischen Vormarsch im Mecklenburger Raum abzustoppen oder zumindest so lange wie möglich aufzuhalten, um den Abfluß der deutschen Menschen zu ermöglichen.

2. Dieser Abfluß ist nur möglich, solange ein Tor nach Westen über die in Jalta vereinbarte Grenzlinie der Besatzungszone offen bleibt. Wird der Elbe-Trave-Kanal jetzt durch die Engländer versperrt, geben wir 7 Millionen wertvolle deutsche Menschen der russischen Willkür preis.

3. Es ist daher unumgänglich notwendig, die Elbestellung mit äußerster Zähigkeit gegen den Westen zu verteidigen. Wo durch diese Kampfaufgabe Sachwerte zerstört werden, wird dies durch die Rettung deutschen Blutes im deutschen Osten tausendfach gerechtfertigt. Eine darüber hinausgehende Zerstörung von Häfen oder Industrieanlagen ist nicht beabsichtigt und muß unter allen Umständen verhindert werden.

4. Durch rückhaltlose Unterstützung vorstehender Kampfaufgaben können Sie und die Stadt Hamburg den besten Beitrag zum Schicksalskampf unseres Volkes leisten.«

Zu dieser Unterschiedlichkeit der beiden Stellungen sagt der deutsche Historiker Reimer Hansen in seinem Buch »Das Ende des Dritten Reiches«, daß Kaufmanns Sorge in erster Hinsicht dem Schicksal der ihm unterstellten Stadt und ihrer Bevölkerung galt. Hansen fährt dann fort: »Dönitz dagegen dachte in größeren, strategischen Zusammenhängen. Um eine größtmögliche Rettung der deutschen Ostbevölkerung vor den vordringenden Russen zu garantieren, mußte das ›Tor‹ nach dem Westen in deutscher Hand bleiben. Dieses ›Tor‹ konnte aber nur geöffnet bleiben, wenn die Verteidigungslinie Hamburg–Lauenburg gehalten wurde. Eine vorzeitige Übergabe Hamburgs hätte die Konzeption Dönitzs zerstört und damit eine weitere Rettung der deutschen Ostflüchtlinge vor den Sowjets unmöglich gemacht. Was Kaufmann vom Standpunkt seiner lokalen Verantwortung für Hamburg sinnlos erschien, war für den Großadmiral, der für den gesamten Norddeutschen Raum Verantwortung trug, durchaus sinnvoll.«

Aus diesem Beispiel ersieht man, wie sehr es zu erwarten war, daß bei Fehlen einer einheitlichen Führung dann die verschiedensten Dienststellen nach verschiedensten, egoistischen Gesichtspunkten handeln und damit einen Zustand der Unordnung schaffen würden.

In diese chaotischen Verhältnisse würde dann auch der Feind, weiter kriegführend, hineinstoßen. Denn es würde keine allgemein verbindliche Kapitulation erfolgen, die den Gegner zur Einstellung von Kampfhandlungen verpflichtete. Die deutschen Städte müßten z. B. also auch weiterhin Bombenangriffe erleiden.

Ebenso würde ein solches Chaos, das in Deutschland entstand, auch seine Rückwirkung auf die von uns besetzten Gebiete haben, also in erster Linie auf die Niederlande, Dänemark und Norwegen. Die Bevölkerung würde dort mit größter Wahrscheinlichkeit den Zeitpunkt für gekommen halten, sich nunmehr gegen die deutsche Besetzung aufzulehnen. Und die Abwehr dieses Aufstandes durch die im Land befindlichen Deutschen würde zu Kämpfen und Blutvergießen führen und um so mehr das deutsche Verhältnis zu diesen Völkern in der Zukunft belasten.

Die Frage, was zur Erreichung einer sofortigen autoritären Führung Deutschlands zu tun sei, um den Krieg nach einer klaren Konzeption zu beenden, bewegte mich daher in den letzten Apriltagen des Jahres 1945 außerordentlich.

Wenn heute aus anderer Lage und ohne genauere Kenntnis der damaligen Befehls- und Unterstellungsverhältnisse ein Historiker schreibt: Warum ich denn nicht ohne Hitlers Ernennung Ende April die Führung an mich gerissen hätte, denn inmitten einer völligen Auflösung einer Nation gehorcht ein Volk einem jeden, der die Kommandogewalt an sich reißt und zu befehlen wagt, so möchte ich zu dieser Auffassung antworten:

Daß es sicherlich Ende April 1945 Heeresgruppenführer genug gegeben hat, von Himmler ganz zu schweigen, die sich nicht verpflichtet gefühlt hätten, mir zu gehorchen, wenn ich ohne Vollmacht durch die bisherige Führung erklärt hätte: »Ich habe jetzt zu sagen und Ihr tut das, was ich will.« Ebenso ist es sehr zweifelhaft, wie die feindlichen Mächte dann auf das Handeln eines solchen »Usurpators« reagiert hätten. Was hätte es diesem Mann also genutzt, wenn er Kapitulationsangebote gemacht hätte, auf die die Gegner dann nicht eingegangen wären.

Am 30. April abends war jedoch zu meiner großen Erleichterung dieses Problem gelöst. Als ich gegen 18.00 Uhr von einer Fahrt nach Lübeck wieder nach Plön zurückgekehrt war, legte mir mein Adjutant ein Funktelegramm vor, das mit dem sicheren, geheimen Marineschlüssel aus dem Führerbunker in Berlin an mich gekommen war. Dieses Telegramm lautete:

»FRR Großadmiral Dönitz. An Stelle des bisherigen Reichsmarschalls Göring setzt der Führer Sie, Herr Großadmiral, als seinen Nachfolger ein. Schriftliche Vollmacht unterwegs. Ab sofort sollen Sie sämtliche Maßnahmen verfügen, die sich aus der gegenwärtigen Lage ergeben. Bormann.«

Eine Last fiel mir von der Seele, als ich diesen Funkspruch gelesen hatte. Es war selbstverständlich, daß ich diesen Auftrag sofort annahm. Denn nun konnte ich handeln und versuchen, das drohende Chaos zu verhindern, noch möglichst viele Menschen, Flüchtlinge und

Soldaten aus dem Osten nach Westen zu retten und möglichst schnell nach meiner Konzeption den Krieg zu beenden.

Wie ich diese Dinge dann durchführte, werde ich in der Beantwortung der nächsten Frage sagen.

33. Wie führten Sie die Beendigung des Krieges durch und was war hierbei Ihre Konzeption?

Mein Regierungsprogramm war einfach. Ich wollte so schnell wie möglich den Krieg beenden, aber unter dem Hauptgesichtspunkt, hierbei noch soviel Menschenleben wie möglich aus dem Osten nach Westen zu retten. Im Grunde war dies das gleiche Ziel, das ich in den letzten Monaten bei der Führung der Kriegsmarine bereits befolgt hatte. Jetzt war aber, im Gegensatz zu den vergangenen Monaten, eine baldige Kriegsbeendigung in den Bereich der Möglichkeit gerückt, weil die Masse der Flüchtlinge und die Soldaten der deutschen Ostfront den amerikanischen und englischen Besatzungszonen Deutschlands schon näher gekommen waren, sie also möglicherweise noch vor der Kapitulation diese westlichen Zonen erreichen konnten.

Diesem Gesichtspunkt des Menschen-Rettens hatte sich daher meine Konzeption der Kapitulation unterzuordnen. Entsprechend war also von mir zu versuchen, den Westen zu bewegen, mit mir Sonderkapitulationen abzuschließen. Denn es war für mich am 1. Mai 1945 immer noch unmöglich, die von den Alliierten seit Februar 1943 geforderte Gesamt-Kapitulation sofort anzunehmen. Dann hätte ich ja die noch immer im Zonenbereich der Sowjetunion stehenden deutschen Soldaten an Stalin ausliefern müssen. Auch die Flucht der noch im Osten stehenden Menschen nach Westen wäre dann überhaupt nicht mehr möglich gewesen.

Ich wollte also versuchen, zunächst für die deutsche Heeresgruppe Nordwest, die den Engländern unter Feldmarschall Montgomery gegenüberstand, zu einem Waffenstillstand, einer Teilkapitulation zu kommen. Auch dies kam für mich erst dann in Frage, wenn wir an der Elbe nicht mehr weiterkämpfen brauchten oder konnten, um das Tor zwischen Lübeck und Hamburg offenzuhalten für die Fülle der auf dem Rückzug befindlichen Soldaten und die Masse der Flüchtlinge, die sich noch in Mecklenburg befanden und sich aus dieser künftigen Sowjetzone in das zum britischen Besatzungsbereich gehörende Schleswig-Holstein retten wollten.

Diese Teilkapitulation den Engländern gegenüber war daher die erste Maßnahme meiner beabsichtigten Konzeption für die Beendigung des Krieges. Am 30. April 1945 abends, kurz nachdem das Telegramm eingegangen war, daß Hitler mich als seinen Nachfolger eingesetzt hatte, faßte ich diesen Entschluß meinem langjährigen Mitarbeiter, dem Konteradmiral Godt gegenüber, in folgenden Worten zusammen, welche er sofort in einer Niederschrift festlegte:

»Schluß machen, Heldenkampf ist genug gekämpft, Volkssubstanz erhalten, keine unnötigen Blutopfer mehr. Um Menschen – Soldaten und Zivilpersonen – vor dem Bolschewismus zu retten, Fortsetzung des Kampfes gegen Osten, besonders mit Rücksicht auf die Flüchtlinge in Mecklenburg, die Armee Wenck in Brandenburg und die Armeegruppe Schörner im Protektorat; weiterkämpfen an der Elbe bei Lauenburg, um das Loch zwischen Lübeck und Lauenburg offenzuhalten.«

Um jeder Zeit in der Lage zu sein, Kapitulationsverhandlungen mit Montgomery einzuleiten, sobald an der Elbe bei Lauenburg nicht mehr weitergekämpft werden mußte, bestellte ich noch am 30. April abends den Admiral von Friedeburg aus Kiel für den 1. Mai vormittags zu mir nach Plön. Ihn wollte ich als Unterhändler zum englischen Befehlshaber schicken und ihn daher möglichst bald über seine Aufgabe unterrichten.

Dies war die erste Anordnung in personeller Beziehung, die ich am 30. April abends veranlaßte. Von den weiteren personellen Maßnahmen ist vor allem folgende zu erwähnen: Am 30. April nachmittags war ich in Lübeck bei Himmler gewesen. Er war ein Mann, dem noch überall Machtmittel im vom Gegner noch unbesetzten deutschen Bereich zur Verfügung standen. Ich dagegen besaß an Land keine, weil die Kriegsmarine in See eingesetzt war oder durch Marinedivisionen der Heeresfront half, im Osten den russischen Vormarsch aufzuhalten. Ich hatte am Nachmittag in Lübeck den Eindruck erhalten, daß Himmler, nachdem Hitler Göring als seinen Nachfolger abgesetzt hatte, damit rechnete, diese Nachfolgeschaft von Hitler übertragen zu bekommen. – Nachdem ich nun aber von Hitler zum Staatsoberhaupt ernannt worden war, hielt ich es daher in erster Linie für notwendig, mich mit Himmler auseinanderzusetzen. Ein Zusammenarbeiten mit ihm kam für mich nicht in Frage. Meine politischen Absichten ließen es nicht zu, daß ich mich mit ihm, dem nationalsozialistischen Polizeichef, obwohl ich von seinen Verbrechen in den KZ's und von den

Judenvernichtungen noch nichts wußte, belastete. Ich beauftragte daher am 30. April abends meinen Adjutanten, Himmler anzurufen und ihn zu bitten, noch am selben Abend zu mir zu kommen. Da Himmler dies meinem Adjutanten gegenüber ablehnte, sprach ich daraufhin selbst mit ihm. Er sagte zu und traf etwa gegen 12 Uhr nachts bei mir ein, begleitet von sechs bewaffneten SS-Offizieren. Er ahnte also anscheinend, daß ihm irgendeine Auseinandersetzung mit mir bevorstand. Aus der gleichen Sorge einer Kontroverse mit Himmler hatte der Chef der Seekriegsleitung, Admiral Meisel, vorher eine U-Boot-Besatzung, die zur Verteidigung Hamburgs eingesetzt war, zu meinem Schutz nach Plön kommen lassen, weil ich dort bisher ohne jede Sicherung in einer militärischen Baracke meinen Dienst getan hatte. Himmler erschien in meinem Arbeitsraum. Der historischen Wahrheit wegen möchte ich erzählen, daß ich auf dem Schreibtisch unter einem Bogen Papier, meine Pistole griff- und schußbereit hingelegt hatte. Ich gab ihm das Telegramm zu lesen, das ich an diesem Abend von Hitler erhalten hatte und das mich zu seinem Nachfolger bestimmte. Himmler las das Telegramm. Er wurde blaß. Dann stand er auf, verbeugte sich und sagte zu mir: »Lassen Sie mich in Ihrem Staat der zweite Mann sein!« Ich lehnte dieses Verlangen von ihm klar und eindeutig ab. Er verließ mich dann resigniert nach einem längeren Gespräch, ohne hierbei ein Wort zu äußern, daß er mir Opposition machen wolle. Ich fühlte mich erleichtert, obwohl ich nicht ganz sicher war, daß ich nicht doch noch Widerstände von Himmler zu erwarten hatte. Dies war also meine zweite personelle Maßnahme an diesem Abend. Die dritte war, daß ich dem Feldmarschall Keitel und dem General Jodl, dem Chef und dem Chef des Stabes der Oberkommandos der Wehrmacht, den Befehl gab, von Rheinsberg zu mir nach Plön zu kommen, denn selbstverständlich mußte ich nun stets ein klares Bild über die militärische Lage haben, um die richtigen Entschlüsse fassen zu können.

Die vierte personelle Maßnahme war, daß ich meinen Adjutanten beauftragte festzustellen, wo sich der Baron von Neurath befand. Ich wollte diesen ehemaligen deutschen Außenminister, der mir seit langen Jahren persönlich bekannt war, als politischen Berater zu mir kommen lassen. Neurath war aber nicht zu finden. Ribbentrops Anerbieten, mich außenpolitisch zu beraten, hatte ich abgelehnt. Ich bat daraufhin den bisherigen Finanzminister, Graf Schwerin von Krosigk, zu mir und machte ihm das Angebot, in meiner Regierung Außenminister und Chef einer Geschäftsführenden Reichsregierung zu werden. Ich legte ihm meine Konzeption für die Beendigung des Krieges dar. Er erbat sich Bedenkzeit bis zum 2. Mai 1945 aus und erklärte mir dann, daß er bereit sei, meiner Bitte zu folgen. Es zeigte sich später, daß ich keine bessere Wahl hätte treffen können.

So ging bereits dieser Abend des 30. April 1945 mit einleitenden Maßnahmen für die nun in den folgenden Tagen von mir durchzuführenden Absichten hin.

Am 1. Mai morgens ging ein zweiter Funkspruch an mich aus der Reichskanzlei in Berlin ein. Er lautete:

»FRR Großadmiral Dönitz (Chefsache)

Testament in Kraft. Ich werde so schnell wie möglich zu Ihnen kommen. Bis dahin m. E. Veröffentlichung zurückstellen. Bormann.«

Aus den Worten »Testament in Kraft« entnahm ich, daß Hitler tot war. – Den Satz »bis dahin m. E. Veröffentlichung zurückstellen«, hielt ich jedoch nicht für richtig. Im Gegenteil: Ich mußte nun sofort dem deutschen Volk die Tatsache von Hitlers Tod und meiner Nachfolgeschaft bekanntgeben, bevor diese Nachrichten, gegebenenfalls aus anderer Quelle und in schädlicher Form veröffentlicht, Verwirrung anrichten könnten. Letzteres auf jeden Fall zu verhindern, gehörte ja zu meinen Hauptzielen. Vor allen Dingen betraf diese Sorge die deutsche Wehrmacht, denn sie war ja nun nach dem Tod des Staatsoberhauptes, Hitler, von ihrem Eid entbunden. Auflösung von Truppenteilen konnte die Folge sein, wenn diese Tatsache auf anderen Wegen den deutschen Soldaten bekannt werden würde.

Aus diesen Gründen sagte ich am 1. Mai 1945 dem deutschen Volk in einer Rundfunkansprache:

»Der Führer hat mich zu seinem Nachfolger bestimmt. Im Bewußtsein der Verantwortung übernehme ich die Führung des deutschen Volkes in dieser schicksalsschweren Stunde. Meine erste Aufgabe ist es, deutsche Menschen vor der Vernichtung durch den vordrängenden bolschewistischen Feind zu retten. Nur für diesen Zweck geht der militärische Kampf weiter. Soweit und solange die Erreichung dieses Ziels durch die Briten und Amerikaner behindert wird, werden wir uns auch gegen sie weiter verteidigen und weiterkämpfen müssen. Die Angloamerikaner setzen dann den Krieg nicht mehr für ihre eigenen Völker, sondern allein für die Ausbreitung des Bolschewismus in Europa fort.«

Und entsprechend erklärte ich am 1. Mai 1945 in meinem Tagesbefehl an die deutsche Wehrmacht:

»Der Führer hat mich zu seinem Nachfolger als Staatsoberhaupt und als Obersten Befehlshaber der Wehrmacht bestimmt. Ich übernehme den Oberbefehl über alle Teile der deutschen Wehrmacht mit dem Willen, den Kampf gegen die Bolschewisten so lange fortzusetzen, bis die kämpfende Truppe und die Hunderttausende von Familien des deutschen Ostraumes vor der Versklavung oder Vernichtung gerettet sind. Gegen Engländer und Amerikaner muß ich den Kampf so weit und so lange fortsetzen, wie sie mich in der Durchführung des Kampfes gegen die Bolschewisten hindern.«

Dies war jedoch nicht alles, was ich der deutschen Wehrmacht zu sagen hatte. Die Frage der Gehorsamspflicht der deutschen Wehrmacht, der durch den Tod Hitlers erloschene Eid, beschäftigten mich am 1. Mai 1945 außerordentlich. Wenn die Soldaten nun glaubten, daß sie ihrer Pflicht ledig seien, also nach Hause gehen könnten, so würde die Folge davon sein, daß doch noch das Chaos entstände, das ich vermeiden wollte und das ja dann noch eine Fülle von Menschenleben kosten würde. In Anbetracht der militärischen trostlosen Lage an unseren Fronten, und bei den zerrissenen und getrennten Heeresformationen war es andererseits aus praktischen Gründen unmöglich, daß ich eine offizielle Vereidigung der Wehrmacht-Soldaten durch ihre Vorgesetzten auf meine Person anordnete. Bei diesen Verhältnissen mußte ich daher in der Eidfrage zu einer Notlösung greifen, wenn sie auch der Rechtsgrundlage des freiwillig und persönlich geleisteten Eides entbehrte. Ich sagte daher den deutschen Soldaten in meinem Tagesbefehl am 1. Mai:

»Ich verlange Disziplin und Gehorsam. Nur durch vorbehaltlose Ausführung meiner Befehle werden Chaos und Untergang vermieden. Ein Feigling und Verräter ist, wer sich gerade jetzt seiner Pflicht entzieht und damit deutschen Frauen und Kindern Tod oder Versklavung bringt. Der dem Führer geleistete Treueid gilt nunmehr für jeden einzelnen von Euch ohne weiteres mir als dem vom Führer eingesetzten Nachfolger.«

Die kommenden ereignisvollen Tage sollten zeigen, daß die deutsche Wehrmacht in ihren Spitzen und in der Masse der Truppe die Gehorsamspflicht gegenüber meiner Person akzeptiert hatte und meine Befehle befolgte.

Die Gespräche, welche ich mit Generalfeldmarschall Keitel und General Jodl wegen der Heeresfronten hatte, zeigten sehr klar die aussichtslose Lage der Kurland-Armee und der restlichen Heeresgruppen in Ost- und Westpreußen, aber ich wußte, daß alles mögliche geschah, um noch über See Soldaten dieser Verbände nach Westen abzutransportieren. Dagegen waren die »Weichsel-Armee«, also der nördlichste Teil der noch bestehenden deutschen Ostfront, und die weiter südlich stehende 9. und 12. Armee bereits so nahe an die englische und an die amerikanische Demarkationslinie gerückt, daß damit zu rechnen war, sie noch vor einer Kapitulation in den Schutz des Westens zu bringen.

Anders sah es jedoch mit der Heeresgruppe »Mitte« aus, die unter dem Generalfeldmarschall Schörner ostwärts der Tschechoslowakei stand, also noch durch die ganze Breite dieses Landes von der amerikanischen Besatzungszone getrennt war. Ich hielt daher die sofortige Zurücknahme dieser Heeresgruppe für richtig. Keitel und Jodl waren jedoch anderer Ansicht, weil sie befürchteten, daß bei der Zurücknahme dieser Front ihre Auflösung erfolgen und sie dann mit Sicherheit in die Hände des vor- und nachstoßenden Gegners fallen würde. Ich stellte daher eine meiner Meinung entsprechenden Anweisung an die Heeresgruppe Mitte zurück, bis ich den Feldmarschall Schörner oder den Chef seines Stabes zu dieser Frage gesprochen hatte. Einer von ihnen erhielt Anweisung, sofort zu mir zu fliegen.

Der andere große Fragenkomplex, der mich beschäftigte, waren die noch von uns besetzten Gebiete, außer der Tschechoslowakei in der Hauptsache Norwegen, Dänemark und die Niederlande. Dort herrschten zur Zeit noch Ruhe und Ordnung. Wie sich der innere Zustand in diesen Ländern aber entwickeln würde, wenn sich diesen Nationen unsere vollkommene Niederlage an den Fronten offenbarte, war völlig offen. Es kam mir daher unter allen Umständen darauf an, in diesen Ländern Aufstände und jedes Blutvergießen zu verhindern. Die entsprechenden Maßnahmen, die zu treffen waren, bis es zu dem von mir gewünschten Einbezug dieser Länder in die Kapitulationsgebiete kam, wollte ich daher mit den Reichskommissaren in diesen Ländern und den militärischen Befehlshabern der dortigen deutschen Truppen sofort besprechen. Ich bestellte also diese Männer am 1. Mai 1945 zu mir.

Inzwischen liefen über See mit allen Mitteln die Soldaten- und Flüchtlingstransporte von Ost nach West weiter. Truppen und Flüchtlinge an Land versuchten ebenfalls, so schnell wie möglich die angloamerikanischen Besatzungszonen zu erreichen.

Der zweite Mai sollte eine schnelle Änderung und Entwicklung der Lage bringen.

Die Engländer hatten bei Lauenburg einen Brückenkopf gebildet. Sie griffen aus diesem am 2. Mai an und stießen sofort bis Lübeck durch.

Damit war das »Tor nach dem Westen« für die aus dem Mecklenburger Raum nach Schleswig-Holstein zurückflutenden Soldaten und Flüchtlinge nicht mehr offen. Unser Widerstand im schleswig-holsteinischen Raum und bei Hamburg war daher sinnlos geworden. Es kam nun darauf an, so schnell wie möglich mit der englischen Heeresgruppe unter Feldmarschall Montgomery zu versuchen, zu einem Waffenstillstand, zu einer Teilkapitulation zu kommen. Ich bestellte zu diesem Zweck den Generaladmiral von Friedeburg zu mir. Aber es erwies sich, daß am 2. Mai die Landstraßen in unserem Raum im ständigen Beschuß englischer Jagdflieger lagen, so daß ein Treffen mit Friedeburg im Laufe des Tages noch nicht möglich war. – Im gleichen Sinne der beabsichtigten Teilkapitulation bekam der Kampfkommandant von Hamburg Anweisung, entsprechende Übergabeverhandlungen einzuleiten.

Gleichzeitig entschloß ich mich, mein Hauptquartier von Plön nach Flensburg zu verlegen, denn es kam mir darauf an, solange wie möglich Handlungsfreiheit zu behalten. Nach dem Durchstoß der Engländer von Lauenburg an der Elbe bis nach Lübeck lag Plön zu nahe an diesem nunmehr englisch besetzten Gebiet, so daß ich in Plön jederzeit mit meiner Festnahme durch die Engländer rechnen mußte.

Als gegen Abend die Jaboangriffe nachließen, bestellte ich Friedeburg von Kiel für 21 Uhr an die Levensauer-Hochbrücke. Dort unterrichtete ich ihn in Gegenwart von Graf Schwerin von Krosigk über seine Aufgabe. Er sollte versuchen, mit Montgomery zu einer Teilkapitulation zu kommen. Er sollte hierbei darauf hinweisen und hinwirken, daß die Seetransporte mit Soldaten und Flüchtlingen trotzdem weiterlaufen könnten und daß ebenfalls Montgomery zuließ, daß die Flüchtlinge auf dem Lande, Soldaten und Zivilpersonen, in den nunmehr englischen Bereich aufgenommen würden. Ich gab dem Generaladmiral von Friedeburg meinen engsten Mitarbeiter, den Konteradmiral Wagner mit. Dieser hervorragende Offizier kannte alle Vorgänge und alle meine Entschlüsse.

Nach der Unterredung am 2. Mai abends setzten die Jaboangriffe wieder ein. Die Straßen wurden von den Flugzeugen mit Scheinwerfern beleuchtet, um so festgestellten Verkehr zu beschießen. Sehr oft mußten wir daher unsere Weiterfahrt nach Flensburg unterbrechen, so daß wir schließlich erst um 2 Uhr nachts dort ankamen.

Am Morgen des 3. Mai hatte ich besondere Sorgen, ob nun die Luftangriffe wieder einsetzen würden, oder ob möglicherweise Friedeburg mit seiner Bitte um einen Waffenstillstand bei Montgomery Erfolg gehabt hätte. Als es auch in den Vormittagsstunden ruhig blieb, begann ich zu hoffen, daß dies die Auswirkung von Friedeburgs Verhandlungen wäre.

Am 3. Mai erschienen nun die von mir am 1. Mai bestellten Vertreter aus den besetzten Gebieten. Anstelle von Schörner kam für die Heeresgruppe Mitte der Chef des Generalstabes dieser Heeresgruppe, General von Natzmer. Er war der gleichen Ansicht wie Keitel und Jodl und meldete mir, daß auch Schörner dieselbe Meinung hätte: Eine sofortige Zurücknahme der Heeresgruppe Mitte würde die Gefahr des Einbruchs und der Einschließung durch die Russen mit sich bringen. Ich stimmte daher zu, daß die Heeresgruppe Mitte vorläufig ostwärts der Tschechoslowakei stehen blieb. Diese Zustimmung erfolgte bei mir schweren Herzens, denn was in der Tschechoslowakei in den nächsten Tagen geschehen würde, war ganz ungewiß. Der Reichskommissar dieses Gebietes, Frank, machte mir den Vorschlag, die bürgerlichen Parteien dieses Landes zu veranlassen, die Kapitulation und Besetzung der Tschechoslowakei den Amerikanern anzubieten. Wenn ich auch starke Zweifel hatte, ob ein solches Angebot überhaupt einen Einfluß auf die sicherlich bereits getroffenen Abmachungen der Alliierten für das künftige Schicksal der Tschechoslowakei haben würde, so stimmte ich doch einem entsprechenden Versuch von Frank zu. Frank flog am selben Tage wieder nach Prag zurück, doch wir hörten nichts mehr von ihm. Am 6. Mai brach dann der Aufstand in Prag aus.

In der Besprechung mit den Reichskommissaren und Militärbefehlshabern der von uns noch besetzten Länder, Norwegen, Dänemark und Holland, gab ich die klare Anweisung, jede Friktion mit der Bevölkerung in diesen Gebieten zu vermeiden, bis es in den kommenden Tagen gelungen wäre, auch diese Länder in die beabsichtigte Durchführung meiner Kapitulation mit den Anglo-Amerikanern einzubeziehen.

Ideen, die mir zum Teil von den Reichskommissaren vorgetragen wurden, diese Länder als Faustpfand für Kapitulationsverhandlungen zu behalten, lehnte ich grundsätzlich und kategorisch ab. Ein Land, das wie wir total besiegt war, konnte aus dem Besitz solcher Faustpfänder wirklich keinen Vorteil mehr ziehen.

Am 3. Mai erhielt ich von Generalfeldmarschall Kesselring aus dem Südraum einen Funkspruch. Er bat um meine Zustimmung zu der

Kapitulation der Heeresgruppe Südwest und zu weiteren Waffenstillstands-Verhandlungen des eigenen Frontabschnittes im Südosten. Ich erteilte selbstverständlich hierfür meine Genehmigung, weil dieses Vorgehen genau zu meiner Konzeption paßte.

Kurz vor Mitternacht an diesem ereignisreichen 3. Mai kam Friedeburg zu mir nach Flensburg-Mürwik von seiner Besprechung mit Montgomery zurück. Das Wesentliche dieser Besprechung war: Montgomery hatte das Angebot einer Teilkapitulation nicht abgelehnt, also keine Gesamtkapitulation für alle Fronten gefordert. – Eine Last fiel mir von der Seele. Damit schien mir der erste Schritt getan, dem Westen gegenüber zu einem Friedenszustand zu kommen und noch Zeit zu gewinnen, Truppen und Flüchtlinge aus dem Osten nach dem Westen zu retten.

Montgomery hatte bei den Verhandlungen außerdem gefordert, daß Dänemark und Holland in den Kapitulationsbereich einbezogen würden. Ich gab Friedeburg sofort den Auftrag, Montgomery meine Zustimmung hierzu zu erklären. Damit war es geglückt, wenigstens in diesen beiden Ländern sofort ruhige Verhältnisse zu sichern und jedes Blutvergießen zu vermeiden.

Eine weitere Forderung Montgomerys bei den Verhandlungen mit Friedeburg war gewesen, die im Kapitulationsbereich befindlichen Kriegs- und Handelsschiffe auszuliefern. Dieser Punkt war wesentlich für mich, er berührte das Fortlaufen der Flüchtlingstransporte und der Seetransporte von Truppen nach Westen. Immerhin schien mir sicher zu sein, daß wenigstens die bereits in See befindlichen Schiffe in der Ostsee nach Westen weiterlaufen konnten. Aber ich müßte nunmehr die auf ihnen befindlichen deutschen Menschen, Verwundete, Truppen und Flüchtlinge, in dänischen Häfen landen lassen. Große Schwierigkeiten würden sich in Dänemark bei der Ankunft der etwa 300 000 Menschen ergeben, trotz aller Bemühungen für passende Unterkunft, Verpflegung und ärztliche Betreuung zu sorgen. Aber diese Nachteile mußten notgedrungen in Kauf genommen werden.

Ich hatte auch keine Bedenken, die im Kapitulationsbereich befindlichen Kriegsschiffe auszuliefern. Wenn dies auch einer alten soldatischen Tradition bei allen Nationen widersprach, so war doch in dieser Beziehung die augenblickliche Lage eine ganz andere. Stimmte ich dieser Forderung von Montgomery nicht zu, würde die Teilkapitulation nicht zustande kommen. Die Folge davon würde sein, daß die Bombenangriffe in Norddeutschland wieder einsetzen würden, mit

Verlusten an deutschen Menschen, auch von Frauen und Kindern. Demgegenüber spielte es für mich daher keine Rolle, bei Inkrafttreten der Kapitulation mit Montgomery intakte deutsche Kriegsschiffe an die Engländer zu übergeben. Ich erließ einen entsprechenden Befehl an den Chef der Seekriegsleitung.

Aus dieser geglückten Kapitulation mit den Engländern zog ich von mir aus sofort auch weitere Konsequenzen: Ich ließ am 4. Mai 1945 mittags den U-Boot-Krieg auf allen Meeren der Welt einstellen. Dies lag im Sinne meiner Absicht, den Krieg mit dem Westen so schnell wie möglich zu beenden.

Ich schickte am 4. Mai Friedeburg zu Montgomery zurück mit der Vollmacht, die Forderungen Montgomerys zu unterschreiben. Am 4. Mai abends erhielt ich von Friedeburg die Mitteilung, daß dies geschehen wäre und die Teilkapitulation mit der englischen Heeresgruppe, einschließlich der genannten Erweiterungen für Holland und Dänemark, am 5. Mai um 8 Uhr morgens in Kraft träte.

So fühlten wir uns von einer Last befreit. Der erste Schritt zum Waffenstillstand war gelungen, ohne daß hierbei die Übergabe deutscher Soldaten und Bevölkerungsteile in russische Hand hatte zugestanden werden müssen.

Friedeburg hatte von mir Anweisung erhalten, nach Vollzug der Kapitulation im Hauptquartier Montgomerys weiter zu Eisenhower nach Reims zu fliegen, um mit ihm aus gleichen Gründen eine Teilkapitulation gleicher Art gegenüber den amerikanischen Streitkräften zu erreichen.

Am Morgen des 6. Mai traf der General Kintzel bei mir in Flensburg-Mürwik ein, der mit Friedeburg nach Reims zu Eisenhower geflogen war. Er meldete mir im Auftrag Friedeburgs, daß Eisenhowers Haltung einer Sonderkapitulation gegenüber schroff ablehnend sei. Es käme für uns nur die bedingungslose Übergabe an allen Fronten in Frage; die deutschen Truppen hätten stehenzubleiben, ihre Waffen unbeschädigt niederzulegen und sich an Ort und Stelle in Gefangenschaft zu begeben.

Diese Forderung Eisenhowers war für mich aus humanitären Gründen nicht möglich. Ich hätte damit mit sofortiger Wirkung alle Soldaten der noch im Osten befindlichen deutschen Armeen an die Russen ausgeliefert. Ich konnte eine solche Forderung auch schon deswegen nicht unterschreiben, weil ich wußte, daß sie von den Soldaten nicht befolgt werden würde: Denn die Truppen würden nicht stehen bleiben, ihre

Waffen nicht niederlegen und sich nicht in Gefangenschaft begeben, sondern es würde eine undisziplinierte, wilde Flucht der deutschen Soldaten nach dem Westen eintreten. Ich wollte daher nochmals versuchen, Eisenhower durch meine Gründe zu überzeugen, warum ich so handeln mußte. Ich bat daher den Generaloberst Jodl zu mir und gab ihm den Auftrag, mit folgender Instruktion zu Eisenhower nach Reims zu fliegen:

»Versuchen Sie nochmals, die Gründe zu erklären, warum wir eine Teilkapitulation den amerikanischen Streitkräften gegenüber anstreben. Scheitern Sie hierbei bei Eisenhower, wie es Friedeburg erging, so erbitten Sie für eine Gesamtkapitulation folgendes Verfahren: In ihr werden zwei Termine festgelegt. Zu dem ersten Zeitpunkt hören die Kampfhandlungen auf, aber die deutschen Truppen dürfen sich noch bewegen. Im zweiten ist auch dieses Bewegungsrecht beendet. Versuchen Sie zu erreichen, daß die Zeitspanne zwischen beiden Terminen möglichst groß ist und daß der Übertritt einzelner Soldaten in die amerikanischen Frontlinien auf jeden Fall erlaubt wird. Um so mehr deutschen Soldaten und zivilen Flüchtlingen wird es dann gelingen, sich nach Westen zu retten.«

Jodl flog am 6. Mai 1945 nach Reims. In der Nacht vom 6. zum 7. Mai erhielt ich aus Reims folgenden Funkspruch von Jodl:

»General Eisenhower besteht darauf, daß wir heute noch unterschreiben. Andernfalls werden die alliierten Fronten auch gegenüber denjenigen Personen geschlossen werden, die sich einzeln zu ergeben versuchen, und alle Verhandlungen werden abgebrochen. Ich sehe keinen Ausweg, als Chaos oder Unterzeichnung. Erbitte sofortige drahtlose Bestätigung, ob ich die Vollmacht habe, die Kapitulation zu unterzeichnen. Die Kapitulation kann dann wirksam werden. Feindseligkeiten werden dann am 9. Mai 0 Uhr deutscher Sommerzeit aufhören. Jodl.«

Eisenhower hatte eine Teilkapitulation also wieder abgelehnt. Die weltpolitische Wende, welche eingetreten war, wurde von den Amerikanern nicht verstanden. Das strategische Ziel war also erreicht, nun hätte das politische Ziel verfolgt werden müssen, soviel wie möglich von dem deutschen Raum dem Westen zu erhalten. Eisenhower hätte also z. B. so schnell wie möglich nach Osten vorstoßen müssen, um Berlin vor den Russen zu gewinnen. Er handelte nicht so, er blieb an der Elbe stehen. Die Folge dieses Verhaltens ist heute der Welt offensichtlich. Darüber werde ich zum Schluß noch ein Wort sagen.

Nachdem ich diesen Funkspruch von Jodl bekommen hatte, war mir klar, daß mir nichts anderes übrig blieb, als Eisenhowers Bedingung anzunehmen. Immerhin standen vom 7. Mai bis zum Inkrafttreten der allgemeinen Kapitulation am 9. Mai 0.00 Uhr noch etwa 48 Stunden zur Verfügung, die für die Rettung von Soldaten und Flüchtlingen nach dem Westen ausgenutzt werden konnten. Ich telegrafierte daher am 7. Mai gegen 1 Uhr nachts an Jodl, daß er auf dieser genannten Basis die Gesamtkapitulation erklären sollte.

Wie wurde nun das Schicksal der deutschen Soldaten? Der Masse der Soldaten der Heeresgruppe Süd (Generaloberst Rendulic) gelang es, sich hinter die amerikanischen Linien zu retten. Bei der Heeresgruppe Südost (Generaloberst Löhr), die von den amerikanischen Fronten noch weit abstand, war die Lage daher sehr viel schlechter. In persönlichen Verhandlungen mit den Jugoslawen versuchte Löhr für seine Soldaten das Beste zu erreichen. Daß trotzdem Zehntausende von ihnen in jugoslawischer Gefangenschaft starben, wissen wir heute.

Der amerikanische General Gavin erlaubte in Norddeutschland, daß die »Weichselarmee« sich hinter die englisch-amerikanischen Linien zurückzog. Ebenso konnten die 9. und 12. Armee die amerikanische Frontlinie an der Elbe überschreiten.

Am schlimmsten erging es den Soldaten der Heeresgruppe Mitte unter Feldmarschall Schörner. Sie erreichten zwar noch in der Masse die amerikanische Linie. Der Übertritt wurde ihnen jedoch zum großen Teil von Eisenhower nicht erlaubt. Sie wurden unter amerikanischem Fliegereinsatz zusammengetrieben und den nachdrängenden Russen ausgeliefert. So gingen sie nun am Ende des Krieges, in welchem sie tapfer ihre Pflicht getan hatten, noch in langjährige russische Gefangenschaft oder in den Tod durch Hunger und Kälte.

Was wir in diesen Tagen von der Ostfront nach Westen retten konnten, hat jetzt die Geschichtsforschung festgestellt. Es sind 1 850 000 Soldaten, wohingegen noch 1 490 000 Soldaten in russische Gefangenschaft kamen.

Wie groß die Zahl der Flüchtlinge ist, die sich in diesen Tagen in ihren Trecks über Land noch nach Westen retten konnten, ist schwer zu sagen. Sicherlich waren es einige Millionen.

Was über See durch Schifftransporte vollbracht wurde, habe ich schon früher berichtet: Es wurden im Frühjahr 1945 mehr als 2 Millionen Menschen transportiert. Noch in den Tagen vom 11. bis 17. Mai wurden 109 205 Soldaten, 6287 Verwundete und 5379 Flüchtlinge von aus dem Osten zurückkehrenden deutschen Kriegsschiffen und Transportern in schleswig-holsteinischen Häfen ausgeschifft. Am 8. Mai 1945 z. B., also noch einen Tag vor Inkrafttreten der Kapitulation, wurden unter russischem Beschuß noch 43 000 Menschen von der Halbinsel Hela in Ostpreußen nach Westen verschifft. Aber etwa 200 000 Menschen befanden sich am 8. Mai immer noch auf dieser Halbinsel. Sehnsüchtig warteten sie darauf, nach Westen abtransportiert zu werden. Dies konnte jedoch nicht mehr geschehen, sie kamen in russische Gefangenschaft, ihr Schicksal ist zum großen Teil unbekannt.

Ich möchte dem Kapitel über diese letzten Tage noch einige Urteile von Historikern anfügen. Der deutsche Historiker Reimer Hansen schreibt in seinem Buch »Die deutsche Kapitulation 1945«:

»Dönitz konnte also in der ersten Mai-Woche mehr als die Hälfte (= 55%) der an der Ostfront stehenden deutschen Truppen hinter die anglo-amerikanischen Linien bringen. Die Zahl der vor den Sowjets in Sicherheit gebrachten ost- und mitteldeutschen Flüchtlinge läßt sich nicht näher bestimmen.

Das Urteil der Historiker über die Konzeption, die Durchführung und das Ergebnis des Dönitzschen Kapitulationsverfahrens ist durchweg positiv. So schreibt Karl Dietrich Erdmann, ›daß unter der Verantwortung von Dönitz die Kapitulationsverhandlungen in dieser Endphase des Krieges mit großem Geschick geleitet worden sind und daß er das Bestmögliche aus dieser Situation herausholte‹. Ähnlich urteilt auch Michael Freund, und er bezeichnet es daher als das historische Verdienst des Großadmirals, ›die völlige Auflösung verhindert zu haben, indem er die Regierung Restdeutschlands übernahm‹.

Als das Hauptverdienst des Großadmirals ist zweifellos das von ihm gewählte Verfahren der zentral von der Reichsregierung gesteuerten stufenweisen Gesamtkapitulation anzusehen. Die zentrale Steuerung der Kriegsbeendigung ermöglichte eine disziplinierte Übergabe der deutschen Streitkräfte an die Siegermächte und eine kampflose Räumung der noch nicht in den Kriegsschauplatz mit einbezogenen besetzten Gebiete ›Westhollands, Dänemarks und Norwegens‹, die schrittweise vollzogene Kapitulation ermöglichte die Rettung von 1,85 Millionen deutscher Soldaten und einer großen Zahl ost- und mitteldeutscher Flüchtlinge vor sowjetischem Terror.«

Zu Eisenhowers Haltung am Ende des Krieges schreibt die »Revue Politique & Parlementaire, Paris, Rue Auber« im März 1960:

»Dönitz dit aussi comment il se heurta á l'aveugle entêtement d' Eisenhower: il s'agissait de faire honneur aux êtranges engagements de Jalta.

Depuis quinze ans le commandant de l'armée américaine a pu mesurer l'étendue de l'erreur commise!«

Wie groß Churchills Sorgen über die Zukunft Europas bereits in den Kapitulationstagen Mai 1945 waren, geht aus folgendem Telegramm hervor, das er am 12. Mai 1945 an Roosevelts Nachfolger, den amerikanischen Präsidenten Harry S. Truman richtete:

»I am profoundly concerned about the European situation. I learn that half the American Air Force in Europe has already begun to move to the Pacific theatre. The newspapers are full of the great movements of the American armies out of Europe. Our armies also are, under previous arrangements, likely to undergo a marked reduction. The Canadian Army will certainly leave. The French are weak and difficult to deal with. Anyone can see that in a short space of time our armed power on the Continent will have vanished, except for moderate forces to hold down Germany.

2. Meanwhile, what is to happen about Russia?... What will be the position in a year or two, when the British and American Armies have melted and the French has (sic) not yet formed on any major scale, when we may have a handful of divisions, mostly French and when Russia may choose to keep two or three hundred on active service?

3. An iron curtain is drawn down upon their front. We do not know what is going on behind. There seems little doubt that the whole of the regions east of the line Lubeck–Trieste–Corfu will soon be completely in their hands. To this must be added the further enormous area conquered by the American armies between Eisenach and the Elbe, which will, I suppose, in a few weeks be occupied, when the Americans retreat, by the Russian power...

4. Meanwhile the attention of our peoples will be occupied in inflicting severities on Germany, which is ruined and prostrate, and it would be open to the Russians in a very short time to advance if they chose to the waters of the North Sea and the Atlantic...«

Das waren also Churchills Sorgen Mai 1945. Nun war es aber zu spät. Deutschland war vernichtet und zerteilt. Osteuropa war in russischer Hand und ist es heute noch.

34. Was halten Sie vom Nürnberger Prozeß und von Ihrer Verurteilung?

Der Finanzminister Morgenthau in den Vereinigten Staaten hatte 1944 in seinem bekannten Plan für die Behandlung eines besiegten Deutschlands vorgesehen, die deutschen Kriegsverbrecher ohne Prozeß zu erschießen.

Der amerikanische Justizminister Biddle und der Außenminister Stettenius machten dagegen ihrem Präsidenten Roosevelt den Vorschlag, die deutschen Kriegsverbrecher in einer zweistufigen Prozeßführung zu verfolgen:

In der ersten Stufe sollten die höchsten deutschen Führer von einem Internationalen Tribunal abgeurteilt werden.

In der zweiten Stufe sollten die deutschen Kriegsverbrecher niedrigeren Ranges von den einzelnen Besatzungsmächten vor Gericht gestellt werden. Aufgrund dieses Memorandums, das dem Präsidenten Roosevelt für die Konferenz von Jalta vorgelegt wurde, kam es zu längeren Verhandlungen zwischen den Alliierten über die endgültige Form, in der man gegen die deutschen Kriegsverbrecher vorgehen wollte.

Das letzte Ergebnis dieser Besprechung war dann das Londoner Abkommen, das von den Siegermächten abgeschlossen und am 6. August 1945 unterzeichnet wurde.

Auf die Liste der Hauptkriegsverbrecher, die also in der ersten Stufe abgeurteilt werden sollten, kamen im ganzen 24 führende deutsche Personen, darunter auch ich. Ob sich von vornherein alle Alliierten bei der Auswahl meiner Mitangeklagten einig gewesen sind, das weiß ich nicht. Mir ist jedoch bekanntgeworden, daß die Amerikaner und Briten dagegen waren, auch mich anzuklagen, da sich in den Kriegstagebüchern der deutschen Seekriegsleitung kein Verstoß gegen die Kriegsregeln oder die Gebote der Menschlichkeit gefunden habe. Aber die Russen und Franzosen bestanden darauf, daß ich auch angeklagt werden müßte. Warum die Franzosen hierbei die Russen unterstützt haben, ist mir nicht bekannt.

Von den Alliierten wurde dann beschlossen, daß der Prozeß gegen die deutschen Spitzen ab Oktober 1945 in Nürnberg stattfinden sollte.

Das Londoner Statut enthielt für die Prozeßführung gegen uns folgende Strafpunkte:

1. Verschwörung gegen den Frieden,
2. Verbrechen gegen den Frieden,
3. Verbrechen gegen das Kriegsrecht,
4. Verbrechen gegen die Menschlichkeit.

Der Sinn dieser Punkte war folgender: Zu der These »Verschwörung gegen den Frieden«: Die Alliierten waren der Ansicht, daß in Deutschland unter den Spitzen eine Verschwörung stattgefunden habe, um den Krieg herbeizuführen. Daß für den Ausbruch des Krieges also nicht nur das Staatsoberhaupt Hitler schuldig gewesen sei, sondern daß in einer gemeinsamen Verschwörung alle Spitzen des deutschen Reiches, sei es auf politischem, militärischem oder industriellem Gebiet, hierbei beteiligt gewesen wären.

Das »Verbrechen gegen den Frieden« bestand nach diesem neuen Rechtsgrundsatz aus der Planung, der Vorbereitung, der Entfesselung und der Führung, auch der bloßen Teilnahme von oder an Angriffskriegen.

Durch den Tatbestand »Verbrechen gegen die Menschlichkeit« sollten die von Staats wegen angeordneten Massenverbrechen, z. B. die Menschenvernichtungen in den Konzentrationslagern, zum internationalen Delikt erklärt werden, das ohne Rücksicht auf das jeweilige innerstaatliche Recht verfolgt werden konnte.

Auf jeden Fall war durch das Londoner Statut neues Recht geschaffen worden. Es gab diesen neuen Rechtsgrundsätzen auch rückwirkende Kraft und setzte sich also hierbei über die bisherige Rechtsregel »nulla poena sine lege« hinweg. Ebenso wurden diese neuen Rechtsgrundsätze ohne Rücksicht auf das bisherige, überall gültige nationale Recht getroffen, z. B. auf dem Gebiet der Gehorsamspflicht des Soldaten. Es wurde auch nunmehr bestimmt, daß Vökerrechtswidrigkeit gleichbedeutend mit Strafbarkeit eines Individiums ist. So wurde auch die Anwendung des Krieges, die bisher als letztes Mittel der politischen Auseinandersetzung anerkannt war, mit rückwirkender Kraft zum strafbaren Verbrechen erklärt.

Nun zu meiner Person: Ich wurde in Nürnberg angeklagt wegen Punkt 1 »Verschwörung gegen den Frieden«, wegen Punkt 2 »Verbrechen gegen den Frieden« und wegen Punkt 3 »Verbrechen gegen das Kriegsrecht«.

Von keiner der vier Siegermächte, die uns in Nürnberg angeklagt hatten und über uns zu Gericht saßen, wurde irgendeine Anklage gegen mich erhoben wegen Punkt 4 »Verbrechen gegen die Menschlichkeit«. Ich wurde dann vom Nürnberger Gericht freigesprochen von der Anklage des Punkt 1 der »Verschwörung gegen den Frieden«, aber wegen des Punktes 2 »Verbrechen gegen den Frieden« und des Punktes 3 »Verbrechen gegen das Kriegsrecht« zu insgesamt 10 Jahren Gefängnis verurteilt.

Und zwar wurde ich wegen Verbrechen gegen den Frieden nicht verurteilt etwa wegen der Planung und Vorbereitung oder Entfesselung eines Angriffskrieges, sondern lediglich deswegen, weil ich als Soldat an einem Angriffskrieg teilgenommen hatte. Ich möchte hier gleich erwähnen, daß das Nürnberger Gericht und die folgenden Gerichte der einzelnen Besatzungsmächte nur einen einzigen deutschen Soldaten wegen Teilnahme (»waging«) an einem Angriffskrieg verurteilt haben, und der war ich. Ich wurde auch hierbei nicht bestraft, etwa wegen meiner Kriegführung gegen England, Frankreich und die USA, denn selbst das Nürnberger Gericht hat die Kriege gegen die Westmächte nicht als deutsche Angriffskriege erklärt, sondern ich wurde in Nürnberg bestraft, weil ich 1940 den Befehl meines militärischen Vorgesetzten ausgeführt hatte, Nachschub-U-Boote bei der Besetzung Norwegens dorthin zu schicken.

Es ist eindeutig klar, daß bei jeder Nation jeder Soldat einen solchen Befehl hätte ausführen müssen. Wenn er es nicht getan hätte, würde ihn jede Nation wegen Ungehorsams im Kriege schwer bestrafen. Und selbstverständlich wäre auch der betreffende Soldat, wenn er einen solchen Ungehorsam begehen würde, allgemein als im höchsten Maße unmoralisch angesehen worden. Bei einem anständigen Soldaten wäre also überhaupt der Gedanke an einen solchen Ungehorsam nicht möglich gewesen.

Aber dies nicht allein. In diesem neuen Rechtssatz, Verbrechen gegen den Frieden, also Verfolgung auch überhaupt nur einer Teilnahme an einem Angriffskrieg, ist nicht klar definiert und klargestellt, was ein Angriffskrieg ist. Denn ob ein Krieg ein Angriffskrieg ist oder nicht, ist eine rein politische Frage. Die Politik hat darüber zu entscheiden, und jedes Land wird im Kriegsfall immer zu beweisen suchen, daß der Andere der Angreifer ist oder daß das eigene Land so bedroht war, daß es aus Notwehr zu den Waffen greifen mußte. Niemals ist diese Strafbestimmung auch später wieder angewandt worden, z. B. weder im Korea-Krieg, noch beim Suez-Angriff der Franzosen und Engländer im November 1956. Ich halte daher diesen neuen Rechtssatz des Londoner Statuts, »Verbrechen gegen den Frieden«, für unmöglich, besonders dann, wenn man ihn, wozu der allgemein gehaltene Wortlaut dieses neuen Rechtssatzes berechtigt, auf untergeordnete Soldaten wegen ihrer bloßen Teilnahme an einem Angriffskrieg anwenden sollte. Dem Wortlaut des Rechtssatzes entsprechend, daß jeder Soldat hiernach bestraft werden könnte, müßte ja dann auch bei Kriegsausbruch jeder Soldat jeder Nation das Recht haben, bevor er die Waffe für sein Vaterland ergreift, erst einmal alle Akten der Politik der eigenen Staatsführung einzusehen, um sich ein Urteil bilden zu können, ob es sich nach seiner Ansicht um einen Angriffskrieg handelt oder nicht. Denn er würde ja evtl. später von einem Internationalen Tribunal schwer bestraft werden, wenn er an einem Angriffskrieg teilnimmt. Er hätte also das Recht, wenn er nach seinem Studium der Akten zu dem Schluß kommt, daß der Krieg, in den er auf Befehl seiner Regierung ziehen soll, ein Angriffskrieg ist, zu erklären: »Nein, da mache ich nicht mit!« Und er würde seine Waffen niederlegen und nach Hause gehen können.

Gerade dieser Teil der Nürnberger Rechtsprechung wurde auch von deutscher Seite sofort als Bumerang bezeichnet, der einmal auf seine Urheber zurückschlagen werde. Die Vereinigten Staaten von Amerika erleben das zur Zeit in einem dramatischen Ausmaß, indem sich gerade die akademische Jugend unter ausdrücklicher Berufung auf die Nürnberger Rechtsprechung für berechtigt und sogar für verpflichtet erklärt, die Legitimität der amerikanischen Kriegführung in Vietnam zu prüfen und auf Grund dieser Prüfung die Einberufung zu dem gesetzlich vorgesehenen Wehrdienst abzulehnen. Der auf Grund eines demokratischen Prozesses gewählten Regierung wird damit von einzelnen Staatsbürgern das Recht aberkannt, lebenswichtige Entscheidungen für die Nation mit Verbindlichkeit für alle Staatsbürger zu treffen. Eine solche Rechtsauffassung kann in unserer gegenwärtigen Weltordnung meiner Ansicht nach keine Regierung akzeptieren, und ich kenne auch keine Regierung, die das tut.

Aber auch für die Spitzen einer Wehrmacht, für die führenden Soldaten, ist dieser neue Rechtsgrundsatz wegen der Führung von Angriffskriegen eine Unmöglichkeit. Denn wäre ein führender Soldat in Zukunft wegen Teilnahme an einem Angriffskrieg strafbar, so müßte er auch gleichberechtigt neben dem Politiker über Krieg und Frieden entscheiden können. Ich glaube, es gibt in der Welt keine Demokratie und wird auch nie eine solche geben, die einem führenden Soldaten eine solche Gleichberechtigung mit dem Politiker der Nation einräumt.

Es ist daher nach meiner Ansicht folgender Grundsatz richtig: Erhält der Soldat von seiner Regierung den Befehl: »Jetzt ist Krieg und Du hast zu kämpfen«, so ist es seine selbstverständliche Pflicht, diesen Befehl zu befolgen. Denn die Politik hat das Primat über die Wehrmacht bei jeder Nation. Das ist auch notwendig. Wer daran rüttelt, rüttelt an der Existenz des Staates.

Wenn ich so die Bestrafung eines Soldaten wegen Teilnahme an einem Angriffskrieg ablehne, so möchte ich doch andererseits sagen, daß es sehr zu begrüßen wäre, wenn man versuchen würde, in Zukunft Angriffskriege zu verhüten. Aber es hat sich leider herausgestellt, daß dieser Versuch in Nürnberg nicht nur der Anfang, sondern auch gleichzeitig das Ende dieser neuen Rechtsprechung gewesen ist.

Es ist nun einmal so: der Angriffskrieg ist ein politischer Begriff, der schon im Nürnberger Rechtssatz nicht definiert worden ist und auch bisher nicht hat definiert werden können.

Die Politiker einer Nation, die die Entscheidung über Krieg oder Frieden haben, werden sich bei diesen hochwichtigen Entschlüssen in ihrem Handeln doch nur von ihrer politischen Überzeugung, der politischen Situation, so wie sie diese sehen, leiten lassen und nicht von dem Gedanken, daß sie einmal strafrechtlich zur Verantwortung gezogen werden könnten, wenn und weil sie den Krieg verloren haben.

Auch die UNO hat es bisher nicht fertiggebracht, die internationale Anerkennung dieses Rechtssatzes zu erreichen. So ist der Rechtssatz des Londoner Statuts, »Verbrechen gegen den Frieden«, nicht die Entwicklung eines neuen Rechts gewesen, sondern er ist nur einmal in Nürnberg angewandt worden zur Bestrafung des Besiegten durch den Sieger.

Der zweite Punkt meiner Verurteilung aufgrund des Rechtssatzes »Verbrechen gegen das Kriegsrecht« beruhte jedoch nicht auf dem eigentlichen Kernstück der Anklage gegen mich, nämlich der Führung des U-Boot-Krieges. Wegen der Führung des U-Boot-Krieges bin ich nicht verurteilt worden.

Meine Verurteilung wegen »Verbrechen gegen das Kriegsrecht« ist vielmehr durch folgende drei Fälle begründet worden:

1. Im Oktober 1942 war von der deutschen Staatsführung der sogenannte »Kommandobefehl« erlassen worden. Er richtete sich gegen

kleine Trupps des Gegners, die zu Sabotagezwecken im deutschen Landgebiet abgesetzt wurden. Da sie sich bei ihren Sabotagehandlungen und danach – um nicht als Soldaten festgestellt zu werden – tarnten und völkerrechtswidrig verhielten – wie in dem Befehl angeführt worden war –, wurde angeordnet, daß sie, wenn sie gefaßt wurden, nicht als Kriegsgefangene nach der Genfer Konvention zu behandeln seien, sondern daß man sie dem deutschen Sicherheitsdienst auszuliefern hätte. – Von diesem »Kommandobefehl« hatte ich im Jahre 1942 als Befehlshaber der U-Boote nur *nachrichtlich* Kenntnis erhalten, und diese Einschränkung mit Recht, weil er sich ja in keiner Weise auf den Seekrieg bezog, sondern es sich in diesem Befehl nur um Maßnahmen der reinen Landkriegführung handelte.

Ich hatte als Befehlshaber der U-Boote also gar keinen Anlaß nachzuprüfen, ob dieser Befehl, welcher ja enthielt, daß diese gegnerischen Trupps sich völkerrechtswidrig benahmen, rechtmäßig war. Dieses wäre mir auch praktisch unmöglich gewesen, zumal ich hierfür auch gar keine juristischen Mittel gehabt hätte. Ich glaube, daß man bei keiner Nation auch nur den Gedanken haben würde, daß ein Befehlshaber, der nachrichtlich von einem Befehl, der ihn sachlich nichts angeht, Kenntnis erhält, nachzuprüfen hat, ob dieser Befehl in rechtlicher Beziehung zutreffend ist.

Als ich dann im Jahre 1943 Oberbefehlshaber der Kriegsmarine wurde, habe ich von der Existenz dieses Befehls nichts mehr gehört, da er ja auch die reine Landkriegführung betraf, bis mir dann in Nürnberg die Existenz dieses Befehls zum Vorwurf gemacht wurde.

2. Der zweite Punkt meiner Verurteilung »Verbrechen gegen das Kriegsrecht« ist folgender: Ich habe KZ-Häftlinge als Arbeitskräfte für Schiffswerften angefordert, obwohl ich wissen mußte, daß in diesen Lagern auch Bewohner aus den besetzten Ländern gefangengehalten wurden, welche nicht zur Arbeit abgestellt werden durften.

Hierzu sind die Tatsachen: Ich hatte am Ende des Krieges das Streben, soviel Schiffsmaterial wie möglich bereit zu haben, um über die Ostsee möglichst viele Transporte von Ost nach West durchführen und auch noch Verwundete und Flüchtlinge, Frauen und Kinder in die Westhäfen retten zu können. Es kam mir daher darauf an, daß notwendige Reparaturen dieser Transportschiffe in den Werften so schnell wie möglich durchgeführt wurden. Ich ließ deshalb die entsprechenden Vertreter des Rüstungsministers, welche für die Werften zuständig waren, zu mir kommen. Diese machten den Vorschlag, die

Reparaturen auch durch den Einsatz von KZ-Häftlingen zu beschleunigen. Sie setzten hierbei hinzu, daß die KZ-Häftlinge diese Arbeiten sehr gerne täten, weil sie bei diesem Einsatz eine sehr viel bessere Verpflegung erhalten würden. Ich habe natürlich infolgedessen diesem Vorschlag der Vertreter des Rüstungsministers zugestimmt.

Daß sich unter diesen Häftlingen auch Bewohner aus den besetzten Gebieten befanden, habe ich nicht gewußt. Es ist auch tatsächlich vom Nürnberger Gericht weder behauptet, geschweige denn festgestellt worden, daß dann wirklich auf den infrage kommenden Werften ausländische Häftlinge eingesetzt worden sind. Selbstverständlich war es auch mir völlig unmöglich, hierüber eine Auskunft abgeben zu können, weil die Werften dem Rüstungsminister und nicht mir unterstanden.

Doch den bloßen Gedanken, daß unter Umständen auch ausländische Arbeiter auf den Werften beschäftigt worden sind, die bloße Möglichkeit, daß dies zutreffen könnte und zwar auf Werften, die mir gar nicht unterstanden, sah das Nürnberger Gericht als ausreichend an, mich deswegen zu verurteilen.

3. Der dritte und letzte Punkt meiner Verurteilung wegen »Verbrechen gegen das Kriegsrecht« ist folgender:

Ich habe im Frühjahr 1945 durch meinen Einspruch zwar Hitler von der Absicht abgebracht, die Genfer Konvention zu kündigen, das Gericht stellte jedoch die Behauptung auf, ich hätte hierbei den Gedanken gehabt, die Genfer Konvention notfalls ohne Kündigung zu verletzen. Die klaren Tatsachen dagegen sind:

a) Durch meinen Einspruch ist Hitler davon abgehalten worden, aus der Genfer Konvention auszutreten.

b) Das Nürnberger Gericht hat überhaupt keinerlei Verstöße durch mich gegen die Genfer Konvention festgestellt, deren gedankliche Verletzung mir unterstellt wurde.

c) Im Gegenteil: Die englischen und amerikanischen Lagerältesten in den Gefangenenlagern der deutschen Kriegsmarine haben, als sie am Ende des Krieges entlassen wurden, schriftlich der Kriegsmarine bescheinigt, daß sie mit größter Fürsorge und Fairness behandelt worden sind. Diese Bescheinigungen wurden dem Nürnberger Gericht vorgelegt.

Dies waren also die drei Punkte meiner Verurteilung wegen »Verbrechen gegen das Kriegsrecht«.

Bevor ich selbst mich zu diesen rechtlich unverständlichen Gründen meiner Verurteilung äußere, möchte ich noch folgende Tatsachen anführen:

Der amerikanische Richter des Nürnberger Gerichts, Francis Biddle, hat bei der Urteilsfindung des Gerichts für meinen Freispruch gestimmt. Infolgedessen wollte einer der Assistenten des Mr. Biddle ein »Minderheitsvotum« zu Protokoll geben, wie es bei amerikanischen Gerichten üblich ist. Aber Mr. Biddle unterließ dies, damit die internationale Zusammenarbeit nicht gestört wurde.

General Eisenhower hatte Ende September 1946 als Mitglied des Kontrollrates, der in Deutschland die Herrschaft ausübte, sich zu entscheiden, ob mein Urteil zu vollziehen sei oder nicht. Der amerikanische Rechtsberater des General Eisenhower hatte statt der Unterzeichnung, die Aufhebung meines Urteils von ihm gefordert. Aber Eisenhower hat das Urteil trotzdem bestätigt. Der Gedanke liegt nahe, daß bei diesem späteren Präsidenten der USA politische Erwägungen den Vorrang hatten vor der rechtlichen Einsicht.

Der englische Völkerrechtler Smith, früherer Professor der Universität London, schreibt zu der Begründung meiner Verurteilung durch das Nürnberger Gericht:

»The clumsiness and obscurity of this language perhaps indicate the embarassment which the members of the Tribunal felt in dealing with the case of Dönitz, and it is not easy to ascertain from the rest of the judgment the precise facts upon which he was condemned.«

Von ausländischer Seite – besonders von Amerikanern und Engländern – wird von prominenten Soldaten, Staatsmännern, Historikern und Juristen meine Verurteilung als Unrecht bezeichnet und mehrfach »flagrant travesty of justice resulting from hypocrisy« genannt.

Vielleicht interessiert für eine Veröffentlichung in Frankreich, was General Weygand am 16. April 1958 in einem Brief über meine Verurteilung geschrieben hat: »Aussi la condamnation de l' Amiral Dönitz ne me paraît-elle pas justifiée.«

Und der französische frühere Premierminister Pierre Étienne Flandin schrieb am 18. Dezember 1957 in einem Brief:

»Je partage entièrement l'opinion qui était exprimée dans l'annexe à vortre lettre et je pense que la condamnation du grand Amiral Dönitz – comme il est dit dans cette Note par l'Amiral Gallery – est une simple hypocrisie.«

Vielleicht interessiert auch in diesem Zusammenhang in Frankreich die Aussage des englischen Militärhistorikers J. F. C. Fuller, die er in einem Brief über den Nürnberger Prozeß und in bezug auf mich am 3. Juli 1957 gemacht hat. Fuller hatte sich auch allgemein über meine

Verurteilung in dem obengenannten Sinne »flagrant travesty of justice resulting from hypocrisy« ausgesprochen. – In dem Brief vom 3. Juli 1957 schreibt er folgendes:

»When in September 1870, the National Zeitung complained of the considerate treatement accorded to the captive French Emperor, Bismarck by no means shared this view. ›Popular feeling, public opinion‹ he said, ›always take that line. People insist that, in conflicts between States, the conquerer should sit in judgment upon the conquered, moral code in hand, and inflict punishment upon him for what he has done, not only to the victor himself, but to third parties as well. This is an altogether unreasonable demand. Punishment and revenge have nothing to do with policy. Policy must not meddle with the calling of Nemesis, or aspire to exercise the judge's officie...‹ ›Unfortunatly for the world as a whole, the Western Allies could not produce a statesman of the caliber of Bismarck.‹«

Dies war also Fullers Einstellung und daher sein Hinweis, wie ganz anders Napoleon III. im Kriege 1870 durch den deutschen Staatsmann Bismarck behandelt wurde; der französische Kaiser wurde nämlich lediglich im Schloß Wilhelmshöhe bei Kassel interniert.

Die vorstehend genannten Briefe sind an den Amerikaner Mr. H. Keith Thompson in New York gerichtet.

Wenn ich so der Ansicht bin, daß ich in Nürnberg zu Unrecht verurteilt wurde, und wenn ich auch, wie eingangs bereits erklärt, das neue Nürnberger Gesetz, »Verbrechen gegen den Frieden«, nicht als berechtigte Revolution der Rechtsprechung betrachten kann, weil es sich nicht als eine Entwicklung neuen Rechts erwiesen hat – so steht meine Ansicht zum Punkt 4 des Nürnberger Statuts, »Verbrechen gegen die Menschlichkeit« auf einem ganz anderen Brett.

Ich habe in diesem Buch bereits früher geschildert, was ich veranlaßt habe, als ich am 7. Mai 1945 als damaliges Staatsoberhaupt zum ersten Male von den Menschenvernichtungen in den KZ's erfuhr, die hinter dem Rücken des deutschen Volkes von einer Clique von Verbrechern geschehen waren. Ich hatte General Eisenhower gebeten, dem Deutschen Reichsgericht die Untersuchung und Ahndung dieser von Deutschen begangenen Verbrechen schnellstens zu ermöglichen. Ich habe jedoch niemals eine Antwort von Eisenhower erhalten.

Da damals also diese Verbrechen nicht bereits sofort von deutscher Seite verfolgt werden konnten, war es immerhin besser, sie dann in Nürnberg unter Strafe zu stellen, als wenn gar nichts geschehen wäre.

Für diese Verfolgung der Verbrechen gegen die Menschlichkeit bejahe ich auch die Neuerungen, die durch das Londoner Statut eingeführt worden sind, weil in unserer Epoche die innerstaatlichen Rechtsordnungen als Schutz gegen Regierungsverbrechen offensichtlich nicht ausreichen.

Als die Verhandlungen des Nürnberger Gerichts beendet waren, hatten wir Angeklagten das Recht, uns am 3. 9. 1946 in einem Schlußwort zu äußern, bevor sich dann in den nächsten Wochen das Gericht mit der Urteilsfindung befaßte. Ich sagte in diesem Schlußwort:

»Ich möchte drei Dinge sagen:

1. Mögen Sie über die Rechtmäßigkeit des deutschen U-Boot-Krieges urteilen, wie es Ihnen Ihr Gewissen gebietet. Ich halte diese Kriegführung für berechtigt und habe nach meinem Gewissen gehandelt. Ich müßte das genauso wieder tun. Meine Untergebenen aber, die meine Befehle befolgt haben, haben gehandelt im Vertrauen auf mich und ohne auch nur den Schatten eines Zweifels an der Notwendigkeit und Rechtmäßigkeit dieser Befehle. In meinen Augen kann ihnen kein nachträgliches Urteil den guten Glauben absprechen an die Ehrenhaftigkeit eines Kampfes, in dem sie freiwillig bis zur letzten Stunde Opfer über Opfer gebracht haben.

2. Man hat hier viel von einer Verschwörung geredet, die unter den Angeklagten bestanden haben soll. Ich halte diese Behauptung für ein politisches Dogma. Als solches kann man es nicht beweisen, sondern nur glauben oder ablehnen. Große Teile des deutschen Volkes werden aber niemals daran glauben, daß eine solche Verschwörung die Ursache ihres Unglücks ist. Mögen Politiker und Juristen darüber streiten. Sie werden es dem deutschen Volk nur erschweren, aus diesem Verfahren eine Lehre zu ziehen, die entscheidend wichtig ist für seine Stellungnahme zur Vergangenheit und für seine Gestaltung der Zukunft: Die Erkenntnis, daß das Führerprinzip als politisches Prinzip falsch ist.

Das Führerprinzip hat sich in der militärischen Führung aller Armeen der Welt auf das Beste bewährt. Aufgrund dieser Erfahrungen hielt ich es auch in der politischen Führung für richtig, besonders bei einem Volk in der trostlosen Lage des deutschen Volkes im Jahre 1932. Die großen Erfolge der neuen Regierung, ein nie gekanntes Gefühl des Glücks in der ganzen Nation, schien dem recht zu geben. Wenn aber trotz allem Idealismus, aller Anständigkeit und aller Hingabe der großen Masse des deutschen Volkes, letzten Endes mit dem Führerprinzip

kein anderes Ergebnis erreicht worden ist, als das Unglück dieses
Volkes, dann muß das Prinzip als solches falsch sein. Falsch, weil die
menschliche Natur offenbar nicht in der Lage ist, die Macht dieses
Prinzips zum Guten zu nutzen, ohne den Versuchungen dieser Macht
zu erliegen.

3. Mein Leben galt meinem Beruf und damit dem Dienst am deutschen Volk. Als letzter Oberbefehlshaber der deutschen Kriegsmarine
und als letztes Staatsoberhaupt fühle ich mich dem deutschen Volk
gegenüber verantwortlich für alles, was ich tat und ließ.«

Ich glaube, daß aus diesem Schlußwort erkenntlich ist, daß ich gar
nicht daran dachte, wegen derjenigen Punkte verurteilt zu werden,
mit denen dann meine Verurteilung begründet worden ist.

Ich war und bin also der Ansicht, daß meine Verurteilung in Nürnberg zu Unrecht erfolgt ist. Es ist offensichtlich, daß ich allein aus
politischen Gründen hinter Gitter mußte.

Bei dieser Frage möchte ich zunächst einmal anführen, was andere über mich hinsichtlich der Spandauer Zeit gesagt haben.

Ein amerikanischer Journalist schrieb kurz vor meiner Entlassung am 1. Oktober 1956 in einer Wochenzeitschrift der Vereinigten Staaten:

»The Lion is out« – »Unrepentant and spouting hatred, he took exercise to keep fit, read to keep his mind alert.«

Ein englischer Journalist charakterisierte mich folgendermaßen:

»Grand Admiral Dönitz remains unrepentant and Spandau's most dangerous character.«

In Glaubens- und kirchlicher Beziehung wurden wir in sehr menschlicher Weise in Spandau von französischen Pfarrern betreut. Der Pfarrer Nicolas schrieb über mich: «C'est un gentleman parfait et un peu distant. On lui reproche généralement son fanatisme politique et sa grande réserve à l'égard du personnel allié de la prison. Il semble de plus en plus que l'ex-grand amiral Dönitz nourrise à nouveau des ambitions politiques.«

Der französische Pastor Schantz sagt über mich:

»J'ai toujours eu de la sympathie pour Dönitz, mais c'était tout de même le plus fanatique de tous. Pas d'une manière morbide comme Hess, mais par raison, par réflexe de défense. Dès le début de sa détention, il s'était donné des consignes de rigidité. Ils ne m'auront pas, devait-il penser, je ne plierai pas.«

Ich habe die vorstehenden französischen Zitate aus dem beachtlichen Buch von Michel C. Vercel »Les rescapés de Nüremberg« entnommen.

M. Vercel sagt in seinem Buch, daß mein sehr reserviertes Verhalten zu der Annahme geführt habe, daß ich nach meiner Entlassung wieder politische Absichten haben würde. Er schreibt dazu, daß bei dieser Annahme vergessen wurde, daß ich vor meiner Ernennung als Hitlers Nachfolger, welche die ganze Welt überraschte, niemals ein Politiker gewesen bin.

Damit hat Vercel Recht. Ich habe in Spandau und auch bereits nach meiner Verhaftung als Staatsoberhaupt am 22. Mai 1945 nicht den geringsten Gedanken gehabt, wieder eine politische Rolle zu spielen. Daß dies bei der Lage und bei der Entwicklung der Verhältnisse nach dem Krieg unmöglich war, war eine Selbstverständlichkeit. Meine Zurückhaltung in Spandau war also nicht durch politische Ambitionen begründet. Sondern ihre Ursache lag auf persönlichem und charakterlichem Gebiet. Erstens war ich mir, wie bereits gesagt, keinerlei Schuld bewußt. Ich war also der Ansicht, daß ich aus politischen Gründen, unschuldig verurteilt, in Spandau hinter Schloß und Riegel zu sitzen hatte, wahrscheinlich, weil sich nach Ansicht der alliierten Politiker Hitlers Nachfolger als Staatsoberhaupt in dem Nachkriegs-Deutschland nicht in Freiheit befinden durfte.

In meiner persönlichen Einstellung war also auch in Spandau alles beim Alten geblieben: So wie ich am Ende des Krieges der Kriegsmarine befohlen hatte, keinerlei Akten zu vernichten, denn wir hätten nichts zu verbergen und stets anständig und ehrenvoll gehandelt, so wie ich mich während des Nürnberger Prozesses bemüht hatte, diese gleiche Auffassung zu vertreten, so wie ich bei meiner Verurteilung am Ende des Prozesses der klaren Ansicht war, daß man mich zu Unrecht eingesperrt hatte – ich möchte hierbei anführen, was mein Rechtsanwalt Kanzbühler den Journalisten nach der Bekanntgabe dieser Verurteilung erklärt hatte:

»10 Jahre scheint mir in Nürnberg die Mindeststrafe für erwiesene Unschuld zu sein« –, genauso war also auch in Spandau meine Haltung zur Frage meiner Schuld die gleiche geblieben. Deshalb fühlte ich auch keinerlei Verpflichtung, mich, unschuldig eingesperrt, in irgendeiner Form um meine »Gastgeber« zu bemühen und etwa zu ihnen noch liebenswürdig zu sein. Daher in erster Linie aus diesem Grunde meine reservierte Haltung! Der Erfolg dieser Haltung war jedoch auf die Gefängniswächter und auch auf die Gefängnisdirektion ein gegenteiliger. Die Wächter brachten mir sichtlich Achtung entgegen und ebenso auch die meisten, wenn nicht alle, Gefängnisdirektoren. Wenn ich z. B. einmal einem Wächter gegenüber mein Schweigen brach und mich an ihn mit irgendeiner Bitte wandte, so war es für den Wächter sichtlich selbstverständlich – alter Soldat, der er doch in den meisten Fällen auch gewesen war – meine Bitte sofort in bester Weise zu erfüllen. Dieses Verhalten der Wächter fiel natürlich auch gelegentlich der Gefängnisbehörde auf, so daß ich zweimal sogar moniert wurde, weil ich mir im Gefängnis »Befehlsgewalt« anmaßte. – Hierzu konnte ich damals

nur lächeln, denn die Gewalt lag doch, weiß Gott, bei der Gefängnisbehörde und nicht bei mir.

Es gab aber auch noch einen allgemeinen Grund, der mich zu meiner
Zurückhaltung veranlaßte. Es lag mir charakterlich nicht, etwa ab
Beginn der Inhaftierung mit den Wächtern zu schwatzen, mit ihnen
irgendein näheres Verhältnis herzustellen oder sogar zu versuchen, bei
ihnen lieb Kind zu werden. Sicherlich wäre dann auch der Zeitpunkt
gekommen, wo man sich in dieser Richtung verausgabt hätte und nun
mit einem »leeren Topf« ohne Ansehen dastand. Es entsprach also
meiner ganzen Veranlagung, mich zurückzuhalten. Vielleicht hatte
diese Zurückhaltung auch ihren Hauptgrund in der Überzeugung, daß
ich diese Inhaftierung am besten überstehen würde, wenn ich mich auf
mich selbst zurückzog und versuchte, mir selbst genug zu sein. Ich be-
mühte mich, die Dinge der körperlichen und geistigen Beschäftigung,
die uns von der Gefängnisaufsicht zugebilligt wurden, voll auszunutzen, bzw. ihnen bis auf den Kern nachzugehen oder in sie einzudringen. Ich versuchte, geistige Gebiete, über die ich Bücher lesen
durfte, wirklich in mich aufzunehmen, daß sie so stark wie möglich
mein Eigentum wurden, denn Bildung ist nur das, was man geistig
und mit seinem Wesen »verdaut« hat und das so ein Teil von einem
selbst geworden ist; es ist nicht das, was man nur gelesen und dann
etwa nur mit dem Gehirn behalten hat.

So habe ich versucht, diese Jahre zu überstehen, etwa nach dem
Grundsatz, den Goethe in seinem westöstlichen Diwan in »Suleika«
schreibt:

»Jedes Leben sei zu führen, wenn man sich nicht selbst vermißt; alles
könne man verlieren, wenn man bliebe, was man ist.«

In den ersten Jahren befanden wir uns in »Einzelhaft«, d. h. wir
durften auch bei gemeinsamer Gartenarbeit nicht miteinander sprechen, geschweige denn dann, wenn wir im Gefängnis unsere Einzel-
zellen zum Waschen oder Essenholen verließen. – Diese Gartenarbeit
fand auf einem sandigen Gelände innerhalb der Gefängnismauern statt.
Schon in dieser ersten »Schweigezeit«, besonders aber dann in den
weiteren Jahren, suchten wir sieben Spandauer Gefangenen uns für
unsere gemeinsame Arbeit denjenigen aus, der uns innerlich am
nächsten stand. So kam es zu einem jahrelangen Zusammensein bei
der Gartenarbeit zwischen dem früheren deutschen Außenminister,
dem Freiherrn von Neurath, und mir. Ich denke an diesen Mann heute
noch in Verehrung und Hochachtung und in herzlicher Verbunden-

heit. Ich halte ihn für einen der besten Menschen, die ich das Glück hatte, in meinem Leben kennenzulernen. Ich kannte ihn überdies seit dem Jahre 1915, als er in Konstantinopel Botschaftsrat bei dem Botschafter Freiherr von Wangenheim war. Er war zu dieser Zeit auch gelegentlich bei uns auf SMS »Breslau«, von unserem Kommandanten, dem Korvettenkapitän von Knorr, eingeladen. Da ich Knorrs Adjutant war, hatte ich auch die Freude, an diesen Zusammenkünften teilnehmen zu können. – Wir verkehrten also über 30 Jahre später in Spandau tagtäglich miteinander, und wir unterhielten uns über viele Probleme der Vergangenheit und des Lebens. Ich lernte von diesem Mann. – Unsere Gartenarbeit machten wir also in diesen Jahren gemeinsam. Er verstand natürlich hiervon mehr als ich, da ich meine Jahre vorher meist auf See zugebracht hatte. Ich lernte auch in dieser Beziehung von ihm. Wir vertrugen uns gut und waren auch, von mir bescheiden gesagt, eine »seelische Gemeinschaft« und halfen uns gegenseitig, über diese Jahre hinwegzukommen. Am Ende der Zeit wurde sein Gesundheitszustand, er war bereits über 80 Jahre alt, so schlecht, daß er dann, Gott sei Dank, im November 1954 entlassen wurde. – Nur einmal hatte ich eine Auseinandersetzung mit Neurath. Neurath war früher auch Jäger gewesen, wohingegen ich bis auf zwei oder drei Einladungen zu einer Rehbockjagd niemals gejagt hatte. (Soeben habe ich vergessen zu berichten, daß ich in Afrika einmal auf Krokodilsjagd gegangen bin, zusammen mit einem mir bekannten Farmer. In dem entscheidenden Augenblick, in dem ich ein Krokodil hätte erlegen können, schoß ich jedoch vorbei, und das Krokodil verschwand mit heftigen Schlägen seines langen Schwanzhinterteils im Wasser.) Neuraths Jagdlust machte sich in Spandau bemerkbar, wenn er feststellte, daß Feldmäuse in unseren Sandbeeten gewühlt hatten. Er versuchte dann gerne zuzuschlagen, wenn eine Feldmaus davonhuschte. Mein Verhalten zu diesen Mäusen war jedoch anders: Wir stellten einmal fest, daß die Feldmäuse besonders gern die Wurzeln unseres Petersilienbeetes auffraßen. Dann verwelkte unsere Petersilie, sehr zu Neuraths Kummer. Er war daher bestrebt, die Feldmäuse in diesem Beet zu vernichten, und seine Augen glühten im Jagdeifer, wenn er eine überraschen konnte. Ich hatte jedoch einmal an einem Mauseloch am Petersilienbeet zwei Brotkrumen hingelegt und wartete nun gespannt, ob die Feldmaus nach oben kommen würde, um das Brot abzuholen. Dies geschah tatsächlich. Vorsichtig schnuppernd und sichernd erschien sie, um die Krumen zu futtern. In diesem Augenblick kam auch

Neurath, und wir hatten die einzige Auseinandersetzung, die wir in Spandau miteinander gehabt hatten. Er sagte zu mir: »Dönitz, darüber müssen wir uns klar sein, was wir hier machen wollen! Entweder unterhalten wir einen zoologischen Garten oder wir pflanzen Gemüse und Petersilie. Dann können wir aber nicht noch die Tiere unterstützen, die unseren Gartenbau stören.« Dies war unsere halb ernsthafte, halb humorvolle einzige Diskrepanz. Ich ehre Neuraths Angedenken!

Ich habe zu Beginn des vorstehenden Absatzes ein Wort über unsere Einzelhaft gesagt. Ich möchte mich hier nicht weiter über unsere Behandlung auslassen, solange ein armer Mann wie Rudolf Hess, in Spandau noch hinter Gittern sitzt.

36. *Welches Gesamtbild haben Sie heute von der Haltung und Lei-*
stung der deutschen Kriegsmarine im 2. Weltkrieg, und wie kam es
zu Ihrer Ernennung zum Oberbefehlshaber der Kriegsmarine?

Im Dezember 1942 hatte ein Vorstoß unserer schweren Kreuzer nördlich Norwegen gegen einen englischen Geleitzug, der mit Kriegsmaterial für Rußland nach Murmansk lief, keinen Erfolg. Dieser vergeb-
liche Einsatz unserer Kreuzer löste bei Hitler die Entscheidung aus,
daß die großen Schiffe der Kriegsmarine außer Dienst zu stellen und
zu verschrotten seien. Großadmiral Raeder protestierte dagegen und
reichte seinen Abschied ein. Wenn dies auch Hitler überraschte, so
nahm er doch das Abschiedsgesuch von Raeder an. Hitler beauftragte
Raeder, ihm einen Nachfolger vorzuschlagen. Daraufhin richtete der
Oberbefehlshaber der Kriegsmarine, Großadmiral Raeder, am 14. Januar 1943 an Hitler als Obersten Befehlshaber der Wehrmacht folgendes Schreiben:
»Mein Führer! Ihrem Befehl gemäß mache ich für die Wahl meines
Nachfolgers folgenden Vorschlag: Als in erster Linie geeignet halte ich
den Generaladmiral Carls und den Admiral Dönitz, den ich durch
dreimalige vorzugsweise Beförderung im Kriege stark nach oben gezogen habe. Generaladmiral Carls (58 Jahre alt), der infolge der statt-
gehabten Verabschiedungen an der Spitze des Offizierskorps steht,
halte ich nach seiner Persönlichkeit und seinen umfassenden Erfahrungen in der Führung der Operationen und auf vielen anderen Gebieten (Schiffstypen, Organisation) für besonders geeignet. Seine
Ernennung würde ohne alle Reibungen erfolgen können, da kein Offizier von Verdienst zu überspringen wäre. In gleicher Weise geeignet
ist Admiral Dönitz, dessen Ernennung den Vorteil in sich schlösse,
daß damit die Bedeutung des U-Boot-Krieges für die Kriegsentschei-
dung besonders betont würde. Als Nachteil wäre nur anzuführen, daß
Admiral Dönitz mit seiner Ernennung zum Ob.d.M. sich der unmittelbaren Führung des U-Boot-Krieges nicht mehr in dem bisherigen
Maße widmen könnte. Vielleicht ließe sich dieser Nachteil aber durch
organisatorische Maßnahmen mildern. Ich bitte Sie, mein Führer,
hiernach ihre Entscheidung zu treffen.«

Ich war in den Jahren 1939 bis 1942 als Befehlshaber der Unterseeboote in der militärischen Organisation den jeweiligen Chefs der deutschen Flotte unterstellt. Diese Unterstellung bezog sich also auf die personalwirtschaftlichen und die damit verbundenen disziplinaren Verhältnisse. In operativer Beziehung war ich selbständig und dem Oberbefehlshaber der Kriegsmarine unmittelbar verantwortlich.

Zu diesen Flottenchefs in der genannten Zeitspanne gehörten auch der Admiral Boehm, der Admiral Lütjens, der später auf der »Bismarck« gefallen ist, und der Admiral Schniewind. Sie hatten als meine militärischen Vorgesetzten auch die Beurteilungsberichte über mich zu schreiben. In diesen Beurteilungsberichten steht: ein »Flaggoffizier, der für die höchsten Führerstellungen in Betracht kommt«, ein Offizier, »der später als Flottenchef und Oberbefehlshaber der Kriegsmarine infrage kommt«; »als Persönlichkeit zum Aufstieg in höchste Führerstellung nach meinem Dafürhalten geeignet«.

Warum bringe ich in der Beantwortung dieser Frage diese Dinge? Ich habe hierfür zwei Gründe:

1. Seit Ende 1940 lebte ich als Befehlshaber der U-Boote in einem dienstlichen und persönlichen Gegensatz zu dem Oberbefehlshaber der Kriegsmarine, Großadmiral Raeder. Die Gründe für diese Diskrepanz waren, daß der U-Boot-Bau, den ich für so außerordentlich dringend hielt, nicht den rüstungsmäßigen Vorrang bekam und ich so in der ständigen Sorge lebte, daß die feindliche Abwehr und der anglo-amerikanische Nachbau von Handelsschiffen im Laufe der Zeit, trotz der Erfolge, die die wenigen deutschen U-Boote vollbrachten, doch den deutschen U-Boot-Krieg allmählich überrunden würden. Zu diesem gesamtstrategischen Grund für den immer mehr wachsenden Gegensatz zwischen dem Großadmiral Raeder und mir kam weiter dazu, daß auch in operativer Beziehung die Seekriegsleitung den Schwerpunkt nicht so eindeutig auf den Tonnagekrieg der U-Boote legte, wie ich es für richtig hielt. Siehe z. B. die Abstellung von U-Booten zu unfruchtbaren Zwecken und damit der Ausfall von Versenkungen in der Höhe von etwa 1 Million BRT im Jahre 1941/1942, wie ich es in Beantwortung der Frage 15 bereits dargestellt habe.

Dieser Gegensatz zwischen Raeder und mir konnte natürlich in der Kriegsmarine nicht geheim bleiben und war selbstverständlich den vorstehend genannten Flottenchefs bekannt.

Daß nun trotz dieses bekannten Gegensatzes zwischen dem Oberbefehlshaber der Kriegsmarine und mir die oben genannten Flottenchefs in den Beurteilungsberichten über mich bei ihrer Meinung blieben und mich als Oberbefehlshaber der Kriegsmarine für geeignet erklärten, und daß trotz dieses Gegensatzes zwischen Raeder und mir er selbst diesen Brief an Hitler schrieb, in welchem er mich zum Oberbefehlshaber der Kriegsmarine vorschlug, ist dieses Erachtens ein sehr ehrenvolles Zeugnis für die sachliche und aufrechte Handlungsweise dieser hohen Offiziere der Kriegsmarine. Entscheidend für ihr Handeln waren also nur die rein sachlichen Gesichtspunkte, nicht persönliche Gegensätze. Diese hatten keinen Einfluß auf das, was sie taten. Vor allem gilt dieses ehrenvolle Zeugnis für den Großadmiral Raeder selbst, der bei seiner Verabschiedung die angeführte, rein sachliche Konsequenz zog, unabhängig von dem jahrelangen Gegensatz, in welchem er in dienstlicher und persönlicher Beziehung mit mir gelebt hatte.

2. Der zweite Grund, warum ich diesen Brief von Raeder angeführt und die drei Beurteilungen der drei Flottenchefs genannt habe, ist mein Streben, auch in der Beantwortung der Fragen dieses Buches der historischen Wahrheit zu dienen. Es wird nämlich von manchen Seiten tendenziös und leichtfertig behauptet, daß Hitler mich aus politischen Gründen zum Nachfolger Raeders ernannt hätte, und zwar gegen den Wunsch und die Ansicht des Großadmiral Raeder. – Dies ist also voll unwahr und daher meine Anführung des Briefes des Großadmiral Raeder vom 14. 1. 1943, der im Militärarchiv des Bundesarchivs, Freiburg, liegt.

Ich wurde also am 30. 1. 1943 Oberbefehlshaber der Kriegsmarine. Ich möchte aus voller Überzeugung betonen, daß Raeder mir einen Wehrmachtteil übergab, der einheitlich im Fühlen und Denken und daher in Kameradschaft und Disziplin gefestigt war. Diesem »Inneren Gefüge« hatte zweifelsohne die deutsche Marine nach den Erfahrungen der Meutereien in der Marine 1917 und 1918 und nach den Erfahrungen des Kapp-Putsches 1920 besonderen Wert beigemessen. Der Erfolg blieb nicht aus: Die Kampfkraft der Marine im letzten Kriege war bis zum letzten Tag dieses schweren Krieges ungebrochen. Die Folge hiervon ist gewesen, daß die deutsche Kriegsmarine zweifelsohne im letzten Krieg mehr geleistet hat, als von den geringen Seestreitkräften, die der Kriegsmarine infolge des überraschenden Kriegsausbruchs gegen die Seemacht England im September 1939 zur Verfügung standen, zu erwarten gewesen war. So haben die wenigen großen Schiffe, die trotz ihrer Unterlegenheit gegenüber der englischen Flotte von Großadmiral Raeder tapfer und verantwortungsvoll eingesetzt wurden, im zweiten Weltkrieg 334 000 BRT versenkt. Die Hilfskreuzer, welche ebenfalls die Tonnage des Gegners als Kampfziel hatten, haben 857 000 BRT vernichtet.

Die deutsche U-Boot-Waffe, die im Frühjahr 1943, also nach 3¹/₂ Jahren Krieg, noch nicht einmal dreiviertel der U-Boot-Zahlen umfaßte, die ich 1939 für eine rechtzeitige entscheidende Bekämpfung der englischen Lebenslinien im Atlantik für erforderlich gehalten hatte, hat mit dieser geringen U-Boot-Zahl im zweiten Weltkrieg von der alliierten Schiffstonnage 2882 Handelsschiffe mit nahezu 14 500 000 BRT versenkt. Dies sind etwa 65⁰/₀ von dem Gesamtverlust der alliierten Tonnage, der etwa 22 000 000 BRT betragen hatte. Die Zahlen zeigen die Größe der Leistung der deutschen U-Boot-Waffe und beweisen, wie anders die Atlantikschlacht verlaufen wäre, wenn Deutschland rechtzeitig rüstungsmäßig den Schwerpunkt auf den U-Boot-Bau gelegt hätte.

Es muß hier ferner auch erwähnt werden, daß die großen Schiffe und die Torpedoboote der Kriegsmarine bei der Besetzung Norwegens Entscheidendes geleistet haben.

Ebenfalls hat die deutsche Kriegsmarine sich am Ende des Krieges bewährt, als sie noch in einer unaufhörlichen Transportleistung, gemeinsam mit den ihr unterstellten Handelsschiffen, über die Ostsee mehr als 2 Millionen Soldaten, Verwundete, Flüchtlinge, auch Frauen und Kinder, von Ost nach West transportiert hat. Bis zum letzten Tage des Krieges ist die deutsche Kriegsmarine also im Einsatz gewesen. Marinedivisionen, die zur Unterstützung der Landfront am Ende des Krieges gebildet worden waren, haben sich trotz mangelnder Erfahrung im Landkrieg infolge ihrer tapferen Haltung gut bewährt.

So glaube ich, daß die Geschichte einmal diese kämpferische Haltung der deutschen Kriegsmarine im letzten Krieg lobend anerkennen wird. Aber ebenso wird die Geschichte feststellen müssen, daß sie gesamtstrategisch ihre Aufgabe nicht erfüllt hat und nicht hat erfüllen können: Der Seekrieg, die Schlacht im Atlantik gegen die englischen Lebenslinien, wäre anders verlaufen, wenn wir spätestens bei Kriegsbeginn beschleunigt U-Boote gebaut hätten, damit wir rechtzeitig mit größeren U-Boot-Zahlen hätten kämpfen können, und wenn wir in operativer Beziehung alle Maßnahmen eindeutig der alles überragenden Bedeutung des Tonnagekrieges durch die deutschen U-Boote untergeordnet hätten. Wenn wir also das getan hätten, was Churchill –

wie bereits einmal gesagt – mit Recht kurz und klar im Band IV seiner Erinnerungen auf Seite 110 ausgedrückt hat:

»The U-boat attack was our worst evil. It would have been wise for the Germans to stake all upon it.«

Sicherlich haben bei diesem Fehler auch psychologische Gründe mitgewirkt: Teilweise Skepsis der deutschen U-Boot-Waffe gegenüber von Offizieren, die in der reinen Überwasser-Marine groß geworden waren. So war es oft schwer für sie, ihre bisherigen Vorstellungen über Seestrategie fallen zu lassen, weil sie überholt waren durch die harte Realität, daß ein erfolgreicher deutscher Tonnagekrieg im Atlantik mit U-Booten geführt werden konnte. Derartige Diskrepanzen passieren aber im menschlichen Leben, und sie zeigen, wie groß der Einfluß von Persönlichkeiten auf politische und militärische Geschehnisse ist. Der Mensch ist es eben, der die Geschichte macht.

Wer die letzten sieben Jahrzehnte als Deutscher erlebt hat, neigt dazu, sich immer und immer wieder mit der Frage zu beschäftigen, wie es zu diesem Unglück für Deutschland kommen mußte und welches die Gründe hierfür waren, und er wird sich hierbei fragen, ob man nicht für die Zukunft aus diesen Ursachen etwas lernen kann.

Nur eine genaue historische Forschung, eine Wahrheits-Forschung, die untersuchen will, wie die Dinge wirklich gewesen sind, wird darüber einmal das Höchstmaß an sachlicher Auskunft geben können. Eine solche Forschung muß hierbei auch zugrunde legen, was die Handelnden damals gewußt haben und nicht etwa das, was wir heute wissen. Sie wird die gegebenen und bestimmenden Verhältnisse dieser vergangenen Zeit berücksichtigen und nicht etwa ganz andere Umstände der Gegenwart bei einer Beurteilung der Vergangenheit mitsprechen lassen.

Ich bin kein Historiker, ich kann daher die Frage 37 nur aus meiner Sicht und aus meiner persönlichen Erfahrung auch nur zum Teil beantworten.

Den ersten Weltkrieg hatten wir im Wesentlichen verloren durch den Eintritt der Vereinigten Staaten in den Krieg. Die Entfaltung der starken Kräfte dieser Nation über den Atlantik auf dem europäischen Kontinent, eine Gefahr, die wir unterschätzt hatten, entschied die Schlacht in Frankreich zu unseren Ungunsten.

Aber auch, daß es überhaupt zum ersten Weltkrieg kommen durfte – mit der Seemacht England als Gegner – und unsere Politik nicht alles tat, um ein solches Geschehen zu verhindern, hatte seinen Grund, wie wir heute erkennen, ebenfalls in unserem kontinentalen Denken. So konnten wir, wie es der deutsche Kaiser und große Teile des deutschen Volkes bei Kriegsbeginn 1914 taten, glauben, daß dieser Krieg nur wenige Monate dauern würde. Abgesehen von unserer Überzeugung einer schnellen erfolgreichen Landkriegführung glaubten wir, daß eine baldige gewonnene Seeschlacht gegen die englische Flotte so große

militärische und politische Folgen haben würde, daß sie eine sieg-
reiche Beendigung des Krieges gegen England bringen würde. Es war
uns nicht klar, daß für die Engländer kein strategischer Zwang für
eine Seeschlacht vorlag, solange die deutsche Flotte sich in der Nordsee
befand, also nicht die englischen Seeverbindungen im Atlantik, die
allein für England lebenswichtig waren, angreifen würde. Das konnte
aber die Tirpitzsche Flotte nicht, da hierfür der Aktionsradius, die
Seeausdauer der Schiffe, zu gering war. – So konnte die deutsche
Flotte die strategische Entscheidung gegen England nicht bringen. Ein-
gekapselt in der Nordsee war sie für England keine Gefahr erster
Ordnung.

Die deutschen U-Boote, die dann im Laufe des Krieges für den allein
entscheidenden Angriff auf die englischen Handelswege gebaut wurden, hatten im Jahre 1917 große Erfolge. Diese kamen aber dann zum
Erliegen, infolge der Einführung des englischen Geleitzugsystem, dem
von deutscher Seite aus Gründen der mangelnden Führungsmöglich-
keit durch die damalige Funktechnik keine zusammengefaßten U-
Boot-Gruppen gegenübergestellt werden konnten.

Als dann 1918 der Verlust des ersten Weltkrieges dem deutschen
Volk klargeworden war, hoffte es, aufgrund der idealistischen Thesen
über unparteiische Gerechtigkeit für Freund und Feind in der Verkündung der »14 Punkte« durch den amerikanischen Präsidenten Wilson,
zu einem gerechten Frieden mit den Siegermächten zu kommen, zu
einem Friedensvertrag, der wirklichen Frieden und damit Versöhnung
mit den ehemaligen Gegnern bringen würde.

Dies kam aber nicht so. Im Versailler Vertrag wurde Deutschland
die Alleinschuld am Ausbruch des ersten Weltkrieges zugesprochen und
es aufgrund dieser Behauptung zu unbeschränkten Reparationszahlungen und -leistungen verpflichtet. Im Osten, Westen und Norden von
Deutschland wurden Gebiete des deutschen Reiches abgetrennt. Das
gesamte private deutsche Auslandsvermögen wurde beschlagnahmt.
Das deutsche Heer wurde auf 100 000 Mann herabgesetzt, der Generalstab, eine deutsche Luftwaffe, und der U-Boot-Bau wurden verboten.

Es ist klar, daß die Masse der Deutschen aus allen Schichten des
Volkes die Bedingungen des Versailler Vertrags als Unrecht empfand.
Nur das Druckmittel des Gegners, sonst die Hungerblockade weiter-
zuführen und ganz Deutschland militärisch zu besetzen, veranlaßte
die deutsche Republik, den Versailler Friedensvertrag zu unterschrei-

ben. Diese Ratifizierung wurde, und zwar zu Unrecht, eine innenpolitische Belastung der neuen deutschen Republik. Denn alle national fühlenden Deutschen wünschten, von diesen harten Bestimmungen des Versailler Vertrages frei zu werden und lehnten die Alleinschuld Deutschlands am Kriege ab, die das Versailler Diktat aus politischen Gründen den Deutschen zuschrieb, ohne daß vorher eine neutrale Untersuchung, der alle Dokumente über den Kriegsbeginn zu Verfügung gestanden hätten, diese Frage geklärt hätte.

So kam es, daß das Versailler Diktat der Welt keinen Frieden brachte und auch in wirtschaftlicher Beziehung, selbst für die Siegerstaaten, sich nachteilig auswirkte. In Deutschland stieg die Zahl der Arbeitslosen bis Ende 1931 auf über 5 Millionen Menschen an. War es verwunderlich, daß in einer solchen Lage die rechtsstehende NSDAP und die linksstehende kommunistische Partei viel Resonanz im deutschen Volk fanden? – Die Reichstagswahlen im September 1930 brachten den Nationalsozialisten 107, statt bisher 12 Mandate. Ihr Programm der Einheit des deutschen Volkes und seiner Befreiung vom Versailler Vertrag gewann ihr auch viele Stimmen derer, die bisher die alten bürgerlichen Parteien gewählt hatten. Die Kommunisten erhielten bei der September-Wahl 77 Sitze, gegenüber bisher 54. – Diese Zahlen zeigen, daß die deutsche Wehrmacht, die letzten Endes für die innere Ruhe und Sicherheit des republikanischen Staates verantwortlich werden konnte, mit Recht diese Entwicklung mit Interesse, aber auch Sorge, betrachtete. Das Größerwerden dieser beiden Flügelparteien war nicht aufzuhalten. Dann war es der deutschen Wehrmacht selbstverständlich lieber, daß die nationale NSDAP die Oberhand gewann, als daß die internationale kommunistische Partei an die Spitze kommen würde.

Denn vergessen wir nicht, daß damals die NSDAP nicht von vornherein in allen ihren Tendenzen klar durchschaubar war.

Dies gilt vor allem auch für die Person von Adolf Hitler, der der Masse des deutschen Volkes sich nur von seinen guten Seiten zeigte. Heute wissen wir, daß Hitler ein »dämonischer Charakter« war, eine der menschlichen Naturen, die neben guten auch besonders böse Eigenschaften haben. Diese dämonische Natur solcher Charaktere befähigt sie, bei der Verdeckung der genannten bösen Eigenschaften sich nicht verstellen zu müssen, weil ihr gespaltenes Wesen es ihnen psychisch möglich macht, die eine Eigenschaft völlig zu verdrängen, wenn die andere die Oberhand hat. Dies ist der Grund, warum bis zum Schluß des Krieges selbst Männer der engsten Umgebung von Hitler ihn nicht voll erkannt hatten.

So kam Hitler 1933 zur Macht. Seine politischen Erfolge waren bis 1939 sehr groß. Die Arbeitslosigkeit wurde beseitigt, wirtschaftlich erfolgte ein Aufstieg. Die außenpolitischen Erfolge Hitlers waren außerordentlich und sind bekannt. Sie wurden selbstverständlich von der Masse des deutschen Volkes begrüßt. Der Machtzuwachs Deutschlands in Europa war jedoch nach dem Anschluß Österreichs und der Besetzung der Tschechoslowakei so stark, daß nun sicherlich eine außenpolitische Zurückhaltung der deutschen politischen Führung richtig gewesen wäre. Denn die Opposition anderer Nationen, vor allem Englands, gegen diesen Aufstieg Deutschlands in Europa war ohne Zweifel groß.

Aber Hitler, zu sehr auf kontinentales Denken eingestellt, unterschätzte die feindliche Haltung Englands. So kam es zum zweiten Weltkrieg, gegen den Willen der großen Masse des deutschen Volkes und wahrscheinlich auch Hitlers selbst.

Und wieder wurde der Krieg von uns verloren. Es bedarf einer gründlichen historischen Forschung, um alle Gründe hierfür festzustellen und gegeneinander und miteinander abzuwiegen. Auch dann werden wir nicht sicher sein, ob ein so gebildetes historisches Gesamturteil über die Ursachen für den Verlust des Krieges unbedingt in allen Punkten zutrifft. Es kann eben hierbei durch das wirkliche Geschehen nicht bewiesen werden, ob das Ergebnis bei etwaigen anderen Handlungen so oder so und nicht anders gewesen wäre.

Aber ich glaube, daß der Krieg wirklich anders verlaufen wäre, wenn Hitler den Seekrieg, die Bedeutung der Atlantikschlacht, rechtzeitig richtig verstanden hätte. Es war im letzten Krieg so, wie Montgomery, der englische Feldmarschall, also ein Landsoldat, es in seiner Rede im englischen Oberhaus am 11. Juli 1962 ausgedrückt hat: »Die große Lehre der Geschichte ist, daß der Gegner, der zur Kriegführung zu Lande verurteilt ist, am Ende der Besiegte sein wird. Der letzte Krieg war im Grunde ein Kampf um die Kontrolle der Seeverbindungen.«

Doch sicherlich war dieses kontinentale Denken der deutschen Regierung im ersten und zweiten Weltkrieg nicht allein der Grund für den Verlust der beiden Weltkriege. Sicherlich liegen die Gründe hierfür tiefer, in dem historischen Werdegang unseres Volkes.

Es fehlte den deutschen Stämmen in ihrer jahrhundertelangen Geschichte die nationale und politische Einheit. Deutschland lag in der

Mitte Europas, die deutschen Grenzen konnten von allen Seiten bedroht werden. So war die politische Einstellung der deutschen Stämme ja nach ihrem speziellen Grenzanliegen auch verschieden; so war z. B. das Verhältnis Preußens gegenüber Rußland, verglichen mit einer entsprechenden Einstellung Bayerns, anders. Oder das politische Verhalten Bayerns und des deutschen Westens Frankreich gegenüber unterschied sich von dem entsprechenden Verhältnis Preußens zu Frankreich.

Für das Inselreich England, an keiner seiner Grenzen bedroht, und auch ebenso für Frankreichs geographische Lage war es daher sehr viel leichter, die Einigkeit des Volkes und damit die einheitliche Politik der ganzen Nation herzustellen und dies Jahrhunderte, bevor das Gleiche im Jahre 1871 in Deutschland und dann auch nur unter Ausschluß Österreichs geschehen konnte.

Die mangelhafte deutsche Einheit verhinderte daher die Prägung eines einheitlichen politischen Charakters des gesamten deutschen Volkes, und zwar den der politischen Besonnenheit und nicht den einer etwaigen emotionellen Maßlosigkeit.

So mögen diese historischen Verhältnisse dazu beigetragen haben, daß bis in die Neuzeit in der deutschen Politik Fehler gemacht wurden. Aber andererseits ist es selbstverständlich, daß nicht nur in der deutschen Politik, sondern auch in der der anderen Nationen Fehler gemacht worden sind. Denn kein Mensch kann in die Zukunft sehen, auch in der Politik nicht. Politische Fehler werden also bei jeder Nation immer wieder geschehen. Um so mehr kommt es darauf an, daß die Politiker so sachlich wie möglich und sicherlich nicht aufgrund von Ideologien oder Emotionen versuchen, die jeweilige Lage für ihre politischen Entschlüsse zu beurteilen.

Zusammenfassend:

Es war ein Fehler, wie wir heute nachträglich wissen, daß wir es 1914 zu einem Krieg mit England kommen ließen, denn im Grunde waren wir durch eine Flotte, die nur in der Nordsee kämpfen konnte, für einen Krieg mit der Seemacht England ungerüstet.

Der Versailler Vertrag war ein Fehler. Er brachte keinen Frieden, sondern wirtschaftlichen Niedergang, besonders für Deutschland mit seinen innen- und dann auch außenpolitischen Folgen. Er ist damit letzten Endes auch eine der Ursachen, daß es zum zweiten Weltkrieg kam.

Der Ausbruch dieses zweiten Weltkrieges war ein Fehler. Die deutsche politische Führung hätte ihn auf jeden Fall vermeiden müssen. Aber auch Englands Kriegserklärung gegen Deutschland, das sich durch seinen großen Machtzuwachs in Europa die historisch und politisch zwangsläufig englische Gegnerschaft zugezogen hatte und Englands unversöhnliches jahrelanges Durchschlagen des Krieges, waren für England selbst und für die ganze freie Welt ein Fehler: England verlor hierdurch seine Stellung als erste Weltmacht und Europa seine führende Rolle in der Welt.

Die Forderung der Angloamerikaner nach unserer »bedingungslosen Kapitulation« und die dann bis 1945 folgende völlige Vernichtung Deutschlands, waren schwere politische Fehler. Diese vollkommene Vernichtung Deutschlands beseitigte das stärkste Bollwerk gegen den Bolschewismus und schuf dadurch in Europa ein Vakuum, das nunmehr bis nach Mitteldeutschland hinein von Sowjet-Rußland bzw. durch von ihm abhängige Staaten ausgefüllt wurde und noch heute ausgefüllt ist. Diese damalige politische Ahnungslosigkeit, besonders des amerikanischen Siegers, zwang und zwingt diesen heute noch, im übriggebliebenen Westdeutschland seine Armeen nach dem »gewonnenen« Krieg stehen zu lassen, um den Frieden zu schützen, den sie irrtümlicherweise glaubten, 1945 hergestellt zu haben.

Hierzu möchte ich zitieren, was der amerikanische General Wedemeyer darüber schreibt:

»We had no American conditions of peace. Instead of carrying out a policy by military means, we had used the means as ends in themselves. We failed to realize that unconditional surrender and the annihilation of German power would result in a tremendous vacuum in Central Europe into which the Communist power and ideas would flow unless firmly checked by American concepts of equity and democracy. These, in turn, needed to be supported by our great military and spirutual forces.«

.... »The huge and menacing power of the Communists, from the Elbe to the Yalu, now confronts the United States with a much greater and more present danger than any other we have experienced since the birth of our republic. The irony of it all is that the Soviet empire is largely one for our own creation.«

.... »Twice in our generation America has intervened with her incomparable might to insure victory for the friendly nations in Europe. On both occasions we helped win the war only to find that our victory was barren or had generated worse evils than those we sought.«

».. . »It was only at the eleventh hour that Winston Churchill began to take cognizance of the postwar balance of power. In the last stags of the war he began to stress the political desirability of reaching Berlin with our own armies before the Russians could get there. By this time, however, the American Chiefs of Staff were running the show. Their leaders, Roosevelt and Truman, had ordered them to smash Germany's armed forces and to adhere to the agreements made with Stalin despite the fact that he had already broken them in Poland. The hour had come and gone. It was already too late.«

In Deutschland schämen wir uns heute der im Dritten Reich begangenen Verbrechen, die ohne Wissen der Masse des deutschen Volkes geschehen sind. Jeden Deutschen deswegen aber schuldig zu sprechen, widerspricht daher jeder Rechtsauffassung.

Deshalb ist es auch falsch zu glauben, daß ein Volk moralisch schlechter sei als andere. Diese Annahme ist dann besonders ungerecht, wenn sie in Nationen erfolgt, die selbst während des Krieges und noch nach seiner Beendigung rechtswidrige Dinge getan haben, denen viele Menschenleben zum Opfer gefallen sind.

Vergessen wir nicht, daß 1945 und auch nach Beendigung des Krieges noch 11 Millionen 730 000 deutscher Menschen in aller Öffentlichkeit aus ihren östlichen Heimatgebieten ausgetrieben wurden und hierbei 2 484 000 Menschen, Männer, Frauen und Kinder, ihr Leben lassen mußten.

Dies geschah aber nicht, wie etwa die deutschen Judenvernichtungen, unter Mißbrauch der Staatsgewalt von einer Verbrecherclique hinter dem Schleier strengster Geheimhaltung vor dem deutschen Volk, sondern durch Teile der die Deutschen austreibenden Bevölkerung selbst. – Hierzu sagte Churchill am 16. August 1945 im Unterhaus:

».. . Besonders beschäftigen mich in diesem Augenblick die Berichte, die uns über die Bedingungen zukommen, unter denen die Vertreibung und der Auszug der Deutschen aus dem neuen Polen durchgeführt werden. Vor dem Kriege lebten 8 bis 9 Millionen Menschen in diesem Gebiet. Die polnische Regierung sagt, von diesen befänden sich noch 1,5 Millionen, die bisher nicht vertrieben wurden, innerhalb der neuen Grenzen. Andere Millionen müssen hinter den britischen und amerikanischen Linien Zuflucht genommen haben, wodurch sie die Lebensmittelknappheit in unserer Zone erhöhten. Über eine riesige Anzahl fehlt jede Nachricht. Wohin haben sie sich gewandt? Was war ihr Schicksal? Die gleichen Zustände können sich in veränderter Form bei der Ausweisung einer großen Anzahl Sudetendeutscher und anderer Deutscher aus der Tschechoslowakei wiederholen. Spärliche und vorsichtige Berichte über die Dinge, die vor sich gehen und gingen, sind durchgesickert; aber es ist nicht ausgeschlossen, daß eine Tragödie ungeheuren Ausmaßes sich hinter dem Eisernen Vorhang abspielt, der Europa gegenwärtig entzweischneidet.«

Wir Deutschen denken auch in diesem Zusammenhang an die Hunderttausende von zivilen Opfern, die der englische und amerikanische Luftangriff gegen die Wohnviertel der deutschen Städte gefordert hat. Abgesehen von der moralischen Seite wird dieser Luftkrieg heute von englischen Militärhistorikern sogar militärisch als sinnlos angesehen.

Ebenso ist in dieser Beziehung auch der Opfer zu gedenken, die die Atombombenangriffe auf Hiroshima und Nagasaki gefordert haben.

Für die künftige politische Entwicklung, nicht nur in Deutschland, sondern aller an den kriegerischen Verwicklungen seit dem ersten Weltkrieg beteiligten Völker, halte ich es für unerläßlich, sich von gegenseitigen Schuldvorwürfen zu lösen und weniger in die Vergangenheit als in die Zukunft zu blicken. Die sich dort abzeichnenden Probleme erscheinen mir so gewaltig, daß nur ein Zusammengehen aller alten Kulturvölker die Aussicht auf eine freiheitliche und friedliche Lösung bietet.

Wir müssen uns in Europa zusammenschließen, ein Vereinigtes Europa bilden. Die Jahrhunderte der Einzelstaaten in Europa sind vorbei. Wie soll sich jede dieser europäischen Nationen, winzig klein verglichen mit den großen Machtblöcken Sowjetrußland, China und die USA, allein auf sich gestellt, gegen diese großen Staaten behaupten können?

Und warum sollen wir uns nicht zusammenschließen? Ich sehe keine Gegengründe. Die Völker Europas sind miteinander verwandt. Die in der großen Linie gleiche europäische Kultur wird von allen Nationen Europas getragen. Wenn wir auch jahrhundertelang den Einzelstaat gebildet, entwickelt, gepflegt und uns gegeneinander auch verteidigt haben, so lag dies an den Lebensbedingungen und der politischen Situation der ganz anderen Verhältnisse der Vergangenheit. Diese Zeit ist aber nun vorbei.

Wir europäischen Völker sind in der Eigenentwicklung nun soweit fortgeschritten, daß hierdurch und durch die Nähe und Enge des europäischen Raums, man denke hierbei auch an die modernen Verkehrsmittel, der Weg zu einer europäischen Gesamtentwicklung geöffnet ist. Also finden wir aus all diesen Gründen eine Form, etwa durch ein gemeinsames außenpolitisches Führungsgremium, um eine zielbewußte einheitliche Politik der Vereinigten Staaten von Europa zu verfolgen. Dadurch schützen wir uns machtpolitisch am besten. – Diese Vereinigung kann doch auch besser unsere gemeinsame, so wertvolle europäische Kultur erhalten, als wenn wir einzeln sie beschützen wollten. In dieser europäischen Gemeinsamkeit werden wir auch auf geistigem Gebiet und in der technischen Entwicklung erhebliche Fortschritte machen können, bedeutendere, als wenn wir diese Dinge nur einzeln betreiben. Unser Vereinigtes Europa wird wirtschaftlich eine größere Macht sein, als die Wirtschaftskraft der nur alleinstehenden Staaten betragen würde.

So wird ein Vereinigtes Europa machtpolitisch den jetzigen großen

Machtblöcken wieder näherrücken, zum Vorteil der europäischen Sicherheit und auch zum Vorteil der USA, deren politische Hilfe wir besonders zur Zeit in unserem unvereinigten Europa selbstverständlich nicht entbehren können. Sind wir vereinigt, ist Europa stärker als früher. Dann haben wir, also die USA und Europa, machtpolitisch gewonnen, und es wird sich dann eher die Möglichkeit bieten, Rußland davon zu überzeugen, daß es in seinem Interesse liegt, mit dem Westen auszukommen und daher die jetzigen, zum Ostblock gehörenden europäischen Staaten für das Vereinigte Europa freizugeben. Vielleicht wird die russische Politik dann diesen Weg auch aus Gründen seines politischen Verhältnisses zu China beschreiten.

Ich möchte sagen, daß das Moment der Pflichterfüllung auch jetzt wieder wesentlich für mein tägliches Leben ist.

Hierzu die zwei hauptsächlichen Punkte:

1. Ich fühle mich verpflichtet, wenn Historiker in schriftlicher oder mündlicher Form an mich herantreten und mich nach Dingen der jüngsten Geschichte fragen, die ich selbst erlebt habe, daß ich ihnen unbedingt antworte. Dies erfordert oft viel Zeit und füllt meinen Arbeitstag aus. Man denke in dieser Hinsicht nur daran, welcher Zeitaufwand z. B. nötig ist, um ein fremdsprachliches Manuskript daraufhin durchzusehen, ob die Darstellung in jeder Beziehung zutrifft.

Es ist bei allen meinen Antworten in historischer Beziehung selbstverständlich, daß ich Handlungen, Ereignisse, Daten usw. als zutreffend nur dann schildere, sie nenne oder bezeichne, wenn ich hierbei unbedingt sicher bin, daß diese Dinge sich so verhalten haben.

Diese Arbeit füllt mich also sehr aus. Sie befriedigt mich aber auch, wenn ich z. B. erlebe, daß unzutreffende Darstellungen von anderer Seite, die sicherlich im guten Glauben, aber ohne entsprechende Unterlagen und ohne eigene Sachkenntnis geschrieben wurden, aufgrund meiner Erklärungen richtiggestellt werden.

Zu dieser Aufgabe, Historikern, soweit ich es kann, bei der Wahrheitsforschung zu helfen, fühle ich mich also verpflichtet. Tue ich dies nicht, mache ich mich einer Unterlassung schuldig, welche einen Schaden für die Erkenntnisse auf diesem Gebiet zur Folge haben würde.

2. Die zweite Aufgabe, die mich in meinem Alter noch beschäftigt, ist, die Fühlung mit den mir früher unterstellten Soldaten aufrechtzuerhalten. Diese braven Männer hängen zu großen Teilen innerlich noch heute an ihrer Dienstzeit in der Marine. Sie haben damals still und selbstlos ihre Pflicht erfüllt, sie haben sich bewähren müssen und haben sich bewährt. Hierbei haben sie den Geist der Gemeinschaft gespürt, der in einem Truppenteil der Kriegsmarine, sei es in einer Schiffsbesatzung oder in einer Abteilung an Land, geherrscht hat. Diese

Gemeinschaft war auch zwischen Untergebenen und Vorgesetztem vorhanden. Denn Letztere haben zum größten Teil gewußt, wie wichtig für die Kampfkraft ihrer Einheit eine solche seelische Gemeinschaft ist und haben diese daher gepflegt, sich bemüht Vorbild zu sein, nicht aufgrund ihres Dienstgrades, sondern aufgrund ihres Charakters und Handelns. Sie haben nichts von einem Untergebenen gefordert, das sie nicht selbst an seiner Stelle getan hätten – und haben so bei ihren Soldaten die bewußte oder unbewußte Überzeugung entstehen lassen, daß der befohlene Einsatz nötig ist und es höhere Werte gibt als das eigene Leben, nämlich die soldatische Pflicht, in einem Krieg Volk und Vaterland zu verteidigen.

Diese Erinnerung an diese »Bewährungszeit« ihres Lebens ist der eigentliche Grund, warum die alten Soldaten heute noch die Gemeinschaft miteinander pflegen. – Wenn ich z. B. heute, als ehemaliger Großadmiral und Oberbefehlshaber der Kriegsmarine, natürlich in zivil, in irgendeiner Wirtschaft, z. B. dem Wartesaal eines Bahnhofes, zum Essen sitze und dann ein Mann an meinen Tisch kommt und mich fragt, ob er sich zu mir setzen dürfe, da er auch bei der Marine gewesen sei, dann freue ich mich darüber und sage natürlich ja. Denn es erfreut mich, daß dieser ehemalige Matrose oder Unteroffizier keine Scheu hat, zu mir, seinem ehemaligen Oberbefehlshaber zu kommen und mit mir zu sprechen, wohl weil er weiß, daß ich die Untergebenen nach dem geachtet habe, was sie nach Charakter und Können in ihrer Dienststellung wirklich waren und nicht etwa nur nach ihrem Dienstgrad.

Deshalb ist es mir Pflicht und Herzensbedürfnis, diese Gemeinschaft der alten Marinesoldaten heute noch zu pflegen, so wie es mir möglich ist. Denn man kann doch im Kriege den Männern nicht richtigerweise sagen: »Wir gehören zusammen, wir sitzen in einem Boot« und dann etwa, sobald der Krieg zu Ende ist, als Vorgesetzter den früher unterstellten Soldaten gegenüber die Haltung einnehmen: »Nun geht, jetzt brauche ich Euch nicht mehr, laßt mich in Ruhe!«

Also diese zwei Dinge, Sachverkehr mit Historikern und Pflege der alten soldatischen Gemeinschaft mit früheren Kameraden sind wohl die beiden wesentlichsten Punkte, die mich in meinem Alter noch beschäftigen.

Ich möchte zum Schluß einen Auszug aus dem letzten deutschen OKW-Bericht bringen:

»Aus dem Hauptquartier des Großadmirals, 9. Mai 1945
Das Oberkommando der Wehrmacht gibt bekannt:
. . .
 Seit Mitternacht schweigen nun an allen Fronten die Waffen. Auf Befehl des Großadmirals hat die Wehrmacht den aussichtslos gewordenen Kampf eingestellt. Damit ist das fast sechsjährige heldenhafte Ringen zu Ende. Es hat uns große Siege, aber auch schwere Niederlagen gebracht. Die deutsche Wehrmacht ist am Ende einer gewaltigen Übermacht ehrenvoll unterlegen.

Der deutsche Soldat hat, getreu seinem Eid, im höchsten Einsatz für sein Volk für immer Unvergeßliches geleistet. Die Heimat hat ihn bis zuletzt mit allen Kräften unter schwersten Opfern unterstützt. Die einmalige Leistung von Front und Heimat wird in einem späteren gerechten Urteil der Geschichte ihre endgültige Würdigung finden.

Den Leistungen und Opfern der deutschen Soldaten zu Lande, zu Wasser und in der Luft wird auch der Gegner die Achtung nicht versagen. Jeder Soldat kann deshalb die Waffe aufrecht und stolz aus der Hand legen und in den schwersten Stunden unserer Geschichte tapfer und zuversichtlich an die Arbeit gehen für das ewige Leben unseres Volkes.

Die Wehrmacht gedenkt in dieser schweren Stunde ihrer vor dem Feind gebliebenen Kameraden. Die Toten verpflichten zu bedingungsloser Treue, zu Gehorsam und Disziplin gegenüber dem aus zahllosen Wunden blutenden Vaterland.«

Ich stimme auch heute noch diesen Worten des letzten deutschen Wehrmachtberichts des zweiten Weltkrieges voll zu.

Übersetzungen

der fremdsprachlichen Texte

Titel, Begriffe, Zeitschriften- und Buchtitel wurden nicht übersetzt

Seite 29, Abs. 1
»Das Unterseeboot sollte uns niemals wieder vor ein solches Problem stellen können wie 1917.«

Seite 43, Abs. 2
»Raeders Entscheidung für den langfristigen Plan sollte im Verein mit Hitlers Fehlberechnung des Kriegsbeginns sehr günstige Folgen für uns haben. Deutschland verlor dadurch viel von dem Vorteil, den es durch das englisch-deutsche Flottenabkommen gewonnen hatte, und tatsächlich unterschritt die deutsche Marine schließlich 1939 ihre zulässige Stärke.«

Seite 46, Abs. 5
»1. In der ersten Phase, während Japan stillhält, Italien zwar unentschlossen, aber neutral ist, scheint sich der Hauptangriff gegen die atlantischen Zugänge Großbritanniens zu richten.«
»2. Das Konvoi-System wird aufgebaut. Unter Konvoi-System ist ausschließlich der Anti-Unterseeboot-Konvoi zu verstehen. Die Frage des Verhaltens bei Angriffen von Kreuzern oder schweren Schiffen wird im vorliegenden Konzept nicht behandelt.«

Seite 52, Abs. 6
»Es war offenkundig, daß die Deutschen Hunderte von U-Booten bauen würden, und zweifellos lagen schon zahlreiche Geschwader in verschiedenen Stadien der Fertigstellung auf der Helling. In zwölf, mit Sicherheit in achtzehn Monaten mußten wir mit dem Beginn des eigentlichen U-Boot-Krieges rechnen.«

Seite 56 Abs. 7 bis Seite 57 Abs. 1
»Es sollte die günstigsten Folgen für England haben, daß die Deutschen ihren U-Boot-Bau so langsam ausweiteten.

Die Deutschen hatten dem U-Boot-Bau eine so geringe Priorität gegeben, daß sie nach fünfzehn Monaten Krieg ihre verlorenen 31 Boote noch nicht ersetzt hatten, bis Ende 1940 war ihre tatsächliche Operationsstärke auf die konstant niedrige Zahl von zweiundzwanzig Booten zurückgegangen. Die Langsamkeit, mit der die Hitler-Regierung die Notwendigkeit eines großen U-Boot-Bauprogrammes anerkannte, minderte zweifellos die Gefahr für England.«

Seite 57 Abs. 2
»Ihre einzige Aussicht auf einen Sieg lag jedoch in einem noch zügigeren Aufbau ihrer U-Boot-Flotte, in der Erzielung von Resultaten, bevor sich britische Gegenmaßnahmen auswirken konnten und bevor die ungeheure amerikanische Schiffbauanstrengung Ende 1942 Erfolge zeitigte. Dies unterließen sie, ein Versäumnis, das wahrscheinlich den Hauptgrund für den Fehlschlag des Kampfes abgab.«

Seite 57 Abs. 3
»Man könnte leicht folgern, daß die deutsche U-Boot-Offensive im zweiten Weltkrieg mit Leichtigkeit aufgefangen wurde und daß sie lediglich die frühere Geschichte des ›guerre de course‹ bestätigt habe, nach welcher U-Boot-Angriffe immer durch den Konvoi abgewehrt werden konnten. Das wäre jedoch eine viel zu leichtfertige Annahme. Der Fehlschlag war ganz knapp. Hätten die Deutschen ihre U-Boot-Flotte schneller gebaut, hätten die Briten es unterlassen, Konvois zu verwenden oder Asdics und Radar zu entwickeln, und wäre schließlich das amerikanische Schiffbau-Programm fehlgeschlagen, dann hätte das Ergebnis ganz anders aussehen können. Die Atlantikschlacht wurde nur gewonnen, weil die Alliierten in sie eine ungeheure militärische, zivile und wissenschaftliche Anstrengung investierten. Das mußten sie tun, eben weil das Unterseeboot durch seine Überfälle auf die Handelsmarine zu einer für die Seeherrschaft möglicherweise entscheidenden Waffe geworden war, und weil sie den Krieg sonst verloren hätten.«

Seite 67 Abs. 5 bis Seite 68
»Solange die feindliche (gemeint ist die deutsche, Anm. d. Übers.) U-Boot-Stärke klein blieb, hatte er (Dönitz) keine andere Wahl, als jedes Boot nach bestem Können seines Kommandanten für sich operieren zu lassen. Als aber die Zahl, über die Admiral Dönitz verfügte,

zunahm, war er in der Lage, Angriffen mehrerer gemeinsam operierender U-Boote einzuführen. Er hatte lange auf die Gelegenheit zu dieser taktischen Änderung gewartet, und die »Wolfsrudel«, wie man sie dann nannte, wurden schrittweise zwischen Oktober 1940 und März 1941 eingeführt. Diese Änderung traf uns unerwartet und unvorbereitet, aus Gründen, die gleich dargelegt werden sollen. ... Aber vom britischen Standpunkt hatte die Entwicklung die ernstesten Auswirkungen, denn der Feind hatte eine Angriffsform gewählt, die wir nicht vorhergesehen hatten und für die weder taktische noch technische Gegenmaßnahmen vorbereitet worden waren.«

Seite 69 Abs. 2
»Vor allem ist es bemerkenswert, mit welcher Sicherheit Dönitz die einzige Möglichkeit erkannt hatte, dieses Land auf die Knie zu zwingen, nachdem sich die Invasion als unmöglich erwiesen hatte, und wie hartnäckig er seine Strategie des langsamen Erdrosselns verfolgte, indem er unsere Handelsschiffe versenkte. Er hatte immer gewußt, daß der Atlantik der einzige Kriegsschauplatz war, auf dem ein deutscher Sieg errungen werden konnte, und deshalb wandte er sich beständig gegen Absplitterungen ins Mittelmeer und sogar gegen solche nach der arktischen Route.
Ich würde wieder sagen, daß er völlig richtig urteilte. Tatsächlich komme ich nach der Lektüre Ihrer Auszüge zu dem allgemeinen Schluß, daß Karl Dönitz wahrscheinlich der gefährlichste Gegner war, dem sich England seit de Ruyter gegenüber sah. Es war für uns sicher ein großer Vorteil, daß seine politischen Führer seinem Rat so wenig folgten.«

Seite 70 Abs. 3
»Wie ich vom Ersten Seelord erfuhr, hatte man voll erkannt, daß die größte Gefahr für uns in der Atlantikschlacht lag.«

Seite 70 Abs. 4
»Ich weiß nicht, ob Sie sich über die volle Bedeutung der Ereignisse außerhalb des Mittelmeeres im klaren sind. Die Atlantikschlacht hat den eindeutigen Vorrang vor allen anderen Verpflichtungen. Nicht nur unsere Küsten werden von U-Booten, Minen und Flugzeugen bedroht, sondern U-Boote operieren auch bereits im Raum vor Freetown und möglicherweise vor Neufundland.«

Seite 71 Abs. 3
»Aber auf lange Sicht ist es zweifelhaft, ob der Gegner irgendeinen
Vorteil aus der Verlagerung seiner U-Boot-Kräfte gewann, da sie eine
Schwächung seiner atlantischen Offensive unvermeidlich machte.«

Seite 74 Abs. 6 bis Seite 75 Ende
»Am 25. (Januar) erhielt Dönitz den gänzlich unerwarteten Befehl,
acht Boote in die Gewässer zwischen Island, den Färöer-Inseln und
Schottland zu schicken, um Norwegen vor der erwarteten Invasion
zu schützen. Der endgültige deutsche Abwehrplan sah für diesen
Zweck die Bereitstellung von nicht weniger als zwanzig Booten mitt-
lerer Größe vor. Obwohl Dönitz selbst heftig gegen die Verlagerung
seiner U-Boote protestierte, hat die deutsche Seekriegsleitung anscheinend keinen ernsthaften Versuch unternommen, Hitlers Besessenheit
durch eine begründete Argumentation gegen die Aussichten des Unternehmens abzufangen. Auch tat man nichts, um wenigstens die Auswirkungen auf den Atlantik aufzuzeigen. Unvermeidlich ließ die Stärke
der Offensive vor der amerikanischen Küste gerade zu dem Zeitpunkt
nach, als sie sich höchst wirksam gezeigt hatte.

Aber sowohl die geringe Gesamtzahl (der U-Boote), die in den ersten Monaten des Jahres zur Verfügung standen, als auch die Ver-
lagerungen zu unergiebigen Zwecken erscheinen uns heute als entscheidende Faktoren in der Atlantikschlacht.«

Seite 78 Abs. 1
»Die Überführung von fünfzig amerikanischen Kriegsschiffen nach
Großbritannien war ein entschieden unneutraler Akt der Vereinigten
Staaten. Er hätte nach allen Regeln der Geschichte der deutschen Regierung eine Rechtfertigung geliefert, den Vereinigten Staaten den
Krieg zu erklären. Der Präsident war der Auffassung, es sei unge-
fährlich, und ich hatte keine Hoffnung, daß so viele Probleme auf
eine so einfache Art gelöst werden würden. Es lag in Hitlers Interesse und auch in seiner Methode, die Gegner nacheinander niederzu-
werfen. Das letzte, was er wünschte, war, in einen Krieg mit den Vereinigten Staaten hineingezogen zu werden, bevor er mit England ab-
gerechnet hatte. Dennoch war die Überführung der Zerstörer nach
England ein Ereignis, das die Vereinigten Staaten eindeutig näher an
uns und an den Krieg heranbrachte, und es war der erste einer langen
Kette von zunehmend unneutralen Akten im Atlantik, die uns äußerst

dienlich waren. Damit zeichnete sich der Übergang der Vereinigten Staaten von der Neutralität zur Nicht-Kriegführung ab. Hitler konnte, es sich nicht leisten, darüber verärgert zu sein, aber die ganze Welt verstand, wie sich zeigen sollte, die Bedeutung dieser amerikanischen Demonstration.«

Seite 79 Abs. 1

»5. Die Gefahr, daß Großbritannien durch einen schnellen überraschenden Schlag zerstört wird, hat im Augenblick sehr abgenommen. An ihre Stelle ist eine lange, allmählich heranreifende Gefahr getreten, weniger plötzlich und weniger spektakulär, aber ebenso tödlich. Diese Todesgefahr ist die stetige, zunehmende Verminderung der Seetonage. Wir können es aushalten, daß unsere Häuser in Schutt gelegt werden, daß unsere Zivilbevölkerung in wahllosen Luftangriffen hingemordet wird, und wir hoffen, diese Angriffe mit der Entwicklung unserer Technik mehr und mehr abzuwehren und gegen militärische Ziele in Deutschland zurückzuschlagen, sobald die Stärke unserer Luftwaffe an die des Gegners heranreicht. Die Entscheidung 1941 aber liegt auf der See. Wenn es uns nicht gelingt, die Versorgung unserer Inseln mit Nahrungsmitteln zu sichern und alle Arten von Munition einzuführen, die wir brauchen, wenn es uns nicht gelingt, unsere Armeen zu den verschiedenen Kriegsschauplätzen zu führen, auf denen wir uns Hitler und seinem Verbündeten Mussolini entgegenstellen müssen, und sie dort zu versorgen – dies alles in der Zuversicht, es solange durchhalten zu können, bis der Geist der Festlanddiktatoren gebrochen ist – wenn uns dies nicht gelingt, werden wir vielleicht untergehen, und die Vereinigten Staaten werden möglicherweise nicht die Zeit haben, die sie für ihre Verteidigungsvorbereitungen brauchen. Bei den Schiffen und den Transportmöglichkeiten über See, vor allem über den atlantischen Ozean, liegt deshalb 1941 der Kern des ganzen Krieges.«

»6. Unsere Tonnageverluste, deren Zahl für die letzten Monate im Anhang angegeben ist, lagen auf einem Niveau, das dem des schlimmsten Jahres des letzten Krieges vergleichbar ist. In den fünf Wochen bis zum 3. November erreichten die Verluste insgesamt 420 300 Tonnen. Um unsere Anstrengungen in voller Stärke aufrecht zu erhalten, haben wir nach unseren Schätzungen einen jährlichen Importbedarf von 43 Millionen Tonnen; im September lief eine Tonnage von nur 37

Millionen Tonnen ein, im Oktober 38 Millionen Tonnen. Ein weiterer Rückgang in diesem Umfang wäre katastrophal, sofern nicht rechtzeitig eine Wiederauffüllung erreicht werden kann, die alles übertrifft, was zur Zeit in Aussicht steht. Wir tun alles, was in unserer Macht steht, um dieser Situation mit neuen Methoden zu begegnen, Aber das Problem der Verlustminderung ist offenkundig weit größer als im letzten Krieg.«

»12. Das erste Erfordernis liegt darin, den Tonnageverlust in den atlantischen Zugängen zu unserer Insel zu unterbinden oder zumindest zu begrenzen. Dies läßt sich durch eine Verstärkung der Seestreitkräfte erreichen, so daß sie mit den Angriffen fertig werden, und weiter durch Vergrößerung der Handelsschiffe, von denen wir abhängen.«

Seite 81 Abs. 3
»Seine (Hitler) politische Strategie, die bis zu einem gewissen Punkt Erfolg hatte, lag darin, jeweils nur einen Gegner zu vernichten, während die anderen Staaten durch Furcht oder Schmeicheleien neutral gehalten wurden. Falls Deutschland erstens England und zweitens Rußland wegen Nichtinternvention Amerikas erobert hätte, wäre eine anschließende Auseinandersetzung mit Amerika – wahrscheinlich durch irgendeinen Hitler-Putsch in Mittel- oder Südamerika ausgelöst – unvermeidlich gewesen. Falls die Vereinigten Staaten dann nicht aufgerüstet hätten und Deutschland die britische und französische Marine übernommen oder zerstört hätte, wäre Deutschland gewiß in der Lage gewesen, auf eine »TORCH« zurückzugreifen, und Großadmiral Dönitz wäre vielleicht Gauleiter von Amerika anstatt zweiter Führer geworden!«

Seite 82 Abs. 5
»Obwohl die Regierung Islands, von den Engländern unter Druck gesetzt, die Vereinigen Staaten um Schutz für ihr Land gebeten hatten, wurde die Besetzung von der Bevölkerung nicht gutwillig hingenommen. In ihrer leidenschaftlich nationalistischen und provinziellen Haltung erfaßten sie nicht die Notwendigkeit, geschützt zu werden.«

Seite 84 Abs. 6 bis Seite 85 Abs. 1
»Die Fakten der Greer-Episode waren kurz folgende: Der amerikanische Zerstörer befand sich mit Passagieren und Post auf Kurs Is-

land, als ihn ein britisches Patrouillenboot davon unterrichtete, daß ein Nazi-U-Boot zehn Meilen voraus auf Tauchstation liege. Daraufhin ortete die Greer das Unterseeboot, verfolgte es mehrere Stunden und gab dabei in Abständen dessen Position über Funk durch. Schließlich schoß der bedrängte Unterseebootkommandant zwei Torpedos ab, die beide ihr Ziel verfehlten. Darauf antwortete die Greer mit dem Abwurf von zwei Tiefenbomben, deren Wirkung unbekannt blieb. Der Zwischenfall hatte sich ungefähr 175 Meilen von Island ereignet, innerhalb einer Zone, die von den Deutschen zur Kriegszone erklärt worden war, aber auch ein gutes Stück in dem Bereich für den die amerikanischen Kriegsschiffe den Befehl erhalten hatten, über Wasser operierende Handelsstörer anzugreifen und zu vernichten. Bei vernünftiger Betrachtung ist dem Kommandanten der Greer kein Vorwurf zu machen, daß er reagierte, nachdem das U-Boot seine Torpedos abgeschossen hatte. Andererseits ist es schwer, die Verstimmung zu verstehen, mit der die Nachricht von dieser Episode in offiziellen und privaten Kreisen Amerikas aufgenommen wurde. Wenn man berücksichtigt, daß die Greer das Unterseeboot ausgemacht hatte, es stundenlang verbissen verfolgt und den englischen Flugzeugen durch Information den Angriff erleichtert hatte, wäre es verwunderlich gewesen, wenn das ausersehene Opfer sich nicht endlich doch gegen seine Verfolger gewandt hätte.«

Seite 90 Abs. 3
»Bei der Verheerung, die 1942 vor der amerikanischen Küste angerichtet wurde, ist es eine der überraschendsten Tatsachen, daß niemals mehr als zwölf U-Boote gleichzeitig in diesen Gewässern operierten.«

Seite 91 Abs. 1
»Lieber Admiral Dönitz!
Ich gratuliere Ihnen zu der Gesundheit und Gelassenheit, die Sie die Wechselfälle der Zeit von 1945–56 in Deutschland haben überstehen lassen. Dies war für Sie ebenso nervenaufreibend, wie die Zeit zwischen 1941–43 für mich. Ich war Kommandant der Karibischen Front, als wir den vollen Stoß Ihrer erstaunlichen U-Boot-Offensive in diesem Bereich auffingen.

Mit besten Wünschen«

Seite 93 Abs. 2

»Der U-Boot-Angriff war das größte Übel. Es wäre klug von den Deutschen gewesen, alles darauf zu setzen.

Die Atlantikschlacht war der maßgebende Faktor des ganzen Krieges. Wir konnten keinen Augenblick vergessen, daß alles, was anderswo zu Land, zur See oder in der Luft geschah, letztlich von ihrem Ausgang abhing. Inmitten aller anderen Sorgen beobachteten wir ihr wechselndes Geschick Tag für Tag mit Hoffnung oder Furcht.

Ungeheuere Anstrengungen, ihre Stärke an Geleitschiffen und Flugzeugen aufzubauen.«

Seite 94 Abs. 3

»Nun folgte hauptsächlich im Anti-U-Boot-Kommitee des Premierministers eine Zeit der Auseinandersetzungen und Diskussionen über die einander widerstreitenden Notwendigkeiten, der Angriffe auf den Golf von Biscaya, des Konvoi-Schutzes und der Luftangriffe gegen Deutschland. Die Admiralität schraubte ihre Forderungen nach zusätzlichen Flugzeugen für die Biscaya-Angriffe auf die hohe Zahl von 190 herauf und wünschte gleichzeitig ständige Bombenangriffe gegen die feindlichen U-Boot-Stützpunkte und -bunker. Das Luftfahrtministerium erklärte, daß die Erfüllung der vorstehenden Forderung eine drastische Schwächung der Luftoffensive gegen Deutschland bedeuten würde.«

Seite 95 Abs. 2

»Obwohl der Einfall der U-Boote in diese abgelegenen Gewässer kurz war, brachte er großen Nutzen. Sie hatten mehr Schaden verursacht, als die getarnten Handelsstörer, ihre Vorgänger im ›guerre de course‹ in diesen Gewässern, und dies unter weitaus geringeren Anstrengungen. Und selbst, wenn Dönitz seine U-Boote über Tausende von Meilen schicken mußte, brachte seine Politik, ständig die schwachen Stellen unserer Verteidigung zu sondieren, in diesen Monaten ihren größten Erfolg.«

Seite 96

»Alle waren sich einig, daß die Alliierten dem Anti-Unterseebootkrieg die erste Priorität einräumen mußten. Sonst konnte kein Vorstoß an anderer Stelle Erfolg haben.«

»Die Alliierten unternahmen eine ungeheure Anstrengung für den Aufbau ihrer Geleitschiff- und Flugzeugstärke. Es war etwa das Dreifache, was die Deutschen in die U-Boote steckten.«

Seite 99 Abs. 4

»Die für die Operation erforderlichen Britischen Kriegsschiffe, insgesamt ungefähr 160, konnten nur bereitgestellt werden, wenn die Heimatflotte um einen wesentlichen Teil ihrer Stärke beschnitten wurde, die russischen Konvois eingestellt, unsere atlantischen Geleitkräfte herabgesetzt und die zwischen England und Südamerika verkehrenden Handelskonvois zeitweise ausgesetzt wurden.«

Seite 100 Abs. 1 u. 3

»Die Möglichkeit, daß eine massive U-Boot-Konzentration die Konvois angreifen könne, war eine Quelle großer Besorgnis für die Admiralität. Falls der Gegner von unseren Absichten Wind bekam, so schätzte der Marinestab, könnte er bis Ende Oktober 50 U-Boote gegen die Expedition einsetzen und weitere 25 bis zum 6. November. Der Erste Seelord verständigte den Premierminister, daß sich die U-Boote für die zwei wertvollsten Konvois, die je diese Küste verlassen hatten, als außerordentliche Bedrohung erweisen könnten, und bat um mehr Langstreckenflugzeuge für die Patrouillen in der Bucht von Biscaya. Alle verfügbaren Geleitschiffe, insgesamt etwa 100, wurden den Konvois zugewiesen, ohne Rücksicht auf das Risiko für andere Routen.«

»Wäre der Gegner nicht so gebunden gewesen, hätte er leicht die große Bewegung von Truppen- und Nachschubschiffen erkennen können, hätte sie angreifen oder ihren Zweck und ihre Zielorte erraten und unsere Landetruppen so des wichtigen Überraschungsvorteils berauben können.«

Seite 108 Abs. 3

»Eintragungen in seinem Kriegstagebuch zeigen, daß Dönitz mit den ersten Erfolgen seiner neuen Offensive keineswegs zufrieden war.«

Seite 110 Abs. 1 u. 5

»Ein Tankerkonvoi von Trinidad nach Gibraltar (TM.1.) wurde in Stücke geschnitten.«

»Es war ein schwerwiegendes Unglück für die Sache der Alliierten.«

»Als die Admiralität Ende 1943 auf die Krise des vergangenen Frühjahrs zurückblickte, stellte sie fest, daß die Deutschen einer Unterbrechung der Verbindung zwischen neuer und alter Welt niemals so nahe waren, wie in den ersten Tagen des März 1943. Selbst bei dem gegenwärtigen Zeitabstand kann man spüren, welche Erleichterung die heraufdämmernde Erkenntnis, daß die eingetretene Krise glücklich überwunden war, in London hervorrief. Es ist heute noch unmöglich, an jenen Monat zurückzudenken, ohne über die Verluste, die wir erlitten hatten, so etwas wie Schaudern zu empfinden. In den ersten Tagen verloren wir in allen Gewässern 42 Schiffe, in den folgenden 10 Tagen 56. Mehr als eine halbe Million Laderaum war in jenen 20 Tagen versenkt worden, und daß beinahe $2/3$ der in diesem Monat versenkten Schiffe im Konvoi versenkt worden waren, machte die Verluste viel schlimmer, als die nackten Zahlen angeben können. »Es schien möglich«, schrieb der Marinestab, nachdem die Krise vorbei war, »daß wir fortan den Konvoi nicht mehr als wirkungsvolles Abwehrsystem würden ansehen können.« Er war während der dreieinhalb Kriegsjahre allmählich zum Eckstein unsrer Seestrategie geworden. Welche Richtung konnte die Admiralität einschlagen, wenn das Konvoi-System seine Wirksamkeit verloren hatte? Sie wußte es nicht; aber obwohl es niemand eingestand, muß sie gefühlt haben, daß ihr die Niederlage ins Angesicht starrte.«

Seite 115/116 Abs. 5
»Meine Ansichten über die strategische Lage zur See standen bereits zum großen Teil fest, als ich in die Admiralität kam. Die Beherrschung der Ostsee war lebenswichtig für den Gegner. Nachschub aus Skandinavien, schwedisches Erz und vor allem Schutz vor russischen Übergriffen auf die lange unverteidigte Nordküste Deutschland – an einer Stelle waren es wenig mehr als 100 Meilen nach Berlin – erforderten zwingend die deutsche Seeherrschaft über die Ostsee.«

Seite 116 Abs. 1
»Zu allererst kam für uns das Glitzern der Ostsee. Die Beherrschung der Ostsee durch eine britische Flotte brachte möglicherweise entscheidende Gewinne mit sich. Skandinavien, befreit von der Drohung einer deutschen Invasion würde dadurch ganz natürlich in unser Kriegs-

handelssystem, wenn nicht gar in eine eigentliche Kriegsbeteiligung, einbezogen werden. Eine die Ostsee beherrschende britische Flotte würde Rußland auf eine Weise stützen, die für die gesamte sowjetische Politik und Strategie entscheidend sein konnte. Diese Tatsachen wurden von verantwortlichen und gut informierten Männern nicht angezweifelt. Die Beherrschung der Ostsee bedeutete England.«

Seite 133 Abs. 4

»1945 lieferte Deutschland den Alliierten eine Unterseebootflotte aus, die so fortgeschritten war, daß es damals keine technische Abwehr dagegen gab. Bis die Unterseeboote anderer Seestreitkräfte nach dem Krieg modernisiert wurden, waren diese deutschen U-Boote vom Typ XXI die fortgeschrittensten Unterseeboote der Welt« . . »Drei Hauptmerkmale zeichneten die Klasse weit vor allen anderen Unterseebooten jener Zeit aus: Größere Batteriestärke, die größere Unterwassergeschwindigkeit und Ausdauer lieferte, die Stromlinienform von Rumpf und Überbau, die zur Unterwassergeschwindigkeit beitrug, und ein Schnorchel, der erste, der in den originalen Unterseebootentwurf mit eingeplant war. Obendrein stellte der Typ XXI eine beachtenswerten Produktionsleistung dar. Bei allem gebührenden Respekt für unsere eigenen Produktionsziffern während des zweiten Weltkriegs, ist die deutsche Anstrengung zur Herstellung des Typs XXI bewundernswert. Daß die Pläne innerhalb von sieben Monaten, nachdem die Idee geboren worden war, in den Grundzügen festlagen, ist schon bemerkenswert, aber die Leistung, in weiteren zehn Monaten unter störenden Bombenangriffen das erste Boot einer völlig neuen Klasse zu bauen, und neue Herstellerfirmen in der Produktion von Unterseebooten einzuweisen, ist phänomenal. Die Herstellung von 119 dieser Boote in einem Zeitraum von 13 Monaten trotz der Knappheit an Arbeitskräften und Material und unter ständiger Einwirkung von Luftangriffen ist ein Rekord, den wir respektieren können.«

Seite 134 Abs. 3

»Es scheint vielleicht überraschend, aber die ersten Monate des Jahres 1945 waren eine Zeit der Besorgnis für die britischen Marinebehörden, denn wir wußten, daß neue U-Boote weit schneller vom Stapel liefen, als wir sie versenkten; wir rechneten damit, daß die stark verbesserten Boote vom Typ XXI und XXIII in beträchtlicher Zahl einsatzfähig wurden, und wir wußten, daß unsere mit Radar ausgerüstete Luftwaffe seit der Einführung des Schnorchel viel von ihrer Wirksamkeit eingebüßt hatte. Deshalb bestand Grund zu der Annahme, daß, wenn wir die ungünstige Tendenz nicht rückgängig machen konnten, der Gegner genügend Initiative zurückgewinnen könnte, um die Offensive gegen unsere Nordatlantik-Konvois kraftvoll zu erneuern; und schwere Verluste auf diesem Schauplatz konnten nach dem Dafürhalten der Admiralität den ganzen Feldzug in Westeuropa gefährden. Da wir jetzt wissen, daß die deutsche U-Boot-Stärke tatsächlich ihre Höchstzahl von 463 Booten im März 1945 erreichte, und daß während der ersten zwei Monate jenes Jahres eine große Anzahl von Geleitschiffen und Küstenflugzeugen in der Heimat eingesetzt werden mußten, um mit den vier oder fünf Dutzend U-Booten fertig zu werden, die in unseren Küstengewässern operierten, wird deutlich daß die Befürchtungen der Admiralität keineswegs unbegründet waren. (Am 11. Januar 1945 hielten sich 426 Geleitschiffe in der Heimat auf, und 37 Verbände operierten allein im Bereich des Western Approaches-Command. Das Küstenkommando hatte damals 420 Flugzeuge, die ihre Basen in England und Island hatten.) Energische Schritte wurden unternommen, um die Situation zu verbessern. Die Stabschefs gaben ihre Zustimmung, daß einige 300 Geleitschiffe zurückgehalten wurden, die in Kürze nach dem Fernen Osten hätten auslaufen sollen, und wiesen das Bomberkommando an, ihre Anstrengungen mehr gegen die U-Boot-Basen und Werften zu richten.«

Seite 135 Abs. 2
»Dönitz hat auch sicheren Boden unter den Füßen, wenn er den neuen Booten (Typ XXI und XXIII) eine solche Bedeutung beimißt, denn sie stellten in jedem Punkt eine so ernste Drohung dar, wie er behauptet.«

»Ohne die Bombenangriffe auf Deutschland und die Landsiege im Sommer 1945 hätten wir uns mit ziemlicher Sicherheit einer sehr gefährlichen Erneuerung der Offensive gegenübergesehen, und die Initiative hätte wieder einmal in deutschen Händen gelegen.«

Seite 135 Abs. 3
»Die jetzt im Einsatz befindlichen Boote, die mit einem Schnorchel ausgerüstet sind und durch einen Schlauch Luft holen, während sie ihre Batterien unter Wasser laden, waren lediglich der Auftakt zu

dem neuen Konzept des U-Boot-Krieges, das Dönitz entworfen hatte. Er zählte auf die Einführung des neuen Bootstyps, von dem nun sehr viele hergestellt wurden. Die ersten davon wurden bereits erprobt. Echter Erfolg für Deutschland hing von ihrer baldigen Einsatzfähigkeit in großen Zahlen ab. Ihre hohe Unterwassergeschwindigkeit bedrohte uns mit neuen Schwierigkeiten und hätte tatsächlich, wie Dönitz voraussagte, den U-Boot-Krieg revolutioniert.«

Seite 137 Abs. 3
»Alle waren sich einig, daß die Alliierten dem Anti-U-Boot-Krieg die erste Priorität einräumen mußten. Sonst konnte kein Vorstoß an anderer Stelle Erfolg haben.«

Seite 139 Abs. 5
»Am Tage nach Beendigung der Konferenz von Casablanca überraschte Präsident Roosevelt die Staatsmänner und militärischen Führer der ganzen Welt, in dem er vor der Presse eine Politik verkündete, die er selbst in Übereinstimmung mit Premierminister Churchill formuliert hatte. Es war dies die Entscheidung, daß die Vereinigten Staaten und England nur eine bedingungslose Kapitulation Deutschlands, Italiens und Japans annehmen würden. Bedingungen würden weder angeboten noch verhandelt werden. Nicht einmal Napoleon hatte auf der Höhe seiner Eroberungen die Tür zu Verhandlungen so gänzlich geschlossen. Es war schlimm genug, sich für eine so starre Politik zu entscheiden, sie öffentlich zu verkünden, war schlimmer. Die Politik der bedingungslosen Kapitulation stand im Widerspruch zu der früheren Beteuerung der britischen und amerikanischen Staatsmänner, daß sie nicht gegen das Volk kämpften, sondern gegen die Führer, die es fehlgeleitet hatten. Diese Politik war ein Fehler von der Art, wie ihn die Staatsmänner des 17. und 18. Jahrhunderts nie begingen. Sie haben besser verstanden als einige ihrer heutigen Nachfolger, daß der Gegner von heute vielleicht als Verbündeter von morgen benötigt würde. Und ein Krieg, der bis zum völligen Sieg gehetzt wurde, kann Sieger und Besiegte gleichermaßen zu Grunde richten.«

Seite 179 Abs. 2
»Die Lage in Europa besorgt mich tief. Ich erfahre, daß die Hälfte der amerikanischen Luftwaffe bereits begonnen hat, auf den pazifischen Kriegsschauplatz überzuwechseln. Die Zeitungen sind voll von Be-

richten über die großen Truppenabzüge der Amerikaner aus Europa. Auch unsere Truppen werden vereinbarungsgemäß wahrscheinlich merklich vermindert werden. Die kanadische Armee wird sicher abziehen. Die Franzosen sind schwach und schwierig zu behandeln. Jeder kann erkennen, daß unsere bewaffnete Macht auf dem Kontinent in kurzer Zeit verschwunden sein wird, von bescheidenen Kräften zur Niederhaltung Deutschlands abgesehen.«

»2. Was soll in der Zwischenzeit hinsichtlich Rußlands geschehen? ... Wie wird es in ein, zwei Jahren aussehen, wenn die britischen und amerikanischen Armeen geschmolzen sind und die französische sich noch nicht nennenswert gebildet hat, wenn wir vielleicht eine handvoll Divisionen haben, in der Hauptsache französische, und Rußland vielleicht beschließt, zwei- oder dreihundert im aktiven Dienst zu belassen?«

Seite 178/179 Abs. 6
»Dönitz sagt auch, wie sehr ihn Eisenhowers blinder Eigensinn traf: Es handelte sich darum, die befremdlichen Verpflichtungen von Jalta zu ehren. Seit fünfzehn Jahren hat der Befehlshaber der amerikanischen Armee Gelegenheit, das Ausmaß des begangenen Fehlers festzustellen!«

»3. Ein eiserner Vorhang geht vor ihrer Front herunter. Wir wissen nicht, was dahinter vorgeht. Es scheint kaum zweifelhaft, daß sich das ganze Gebiet östlich der Linie Lübeck–Triest–Korfu bald völlig in ihrer Hand befinden wird. Dazu muß noch das weitere große Gebiet zwischen Eisenach und der Elbe gerechnet werden, das die amerikanischen Armeen erobert haben und das, wie ich annehme, in wenigen Wochen, wenn sich die Amerikaner zurückziehen, von der russischen Macht besetzt werden wird.«

»4. In der Zwischenzeit wird die Aufmerksamkeit unserer Völker davon beansprucht sein, Deutschland, das in Trümmern am Boden liegt, Härten aufzuerlegen, und es stünde den Russen offen, in sehr kurzer Zeit zu den Küsten der Nordsee und des Atlantik vorzurücken, wenn sie es wollen.«

Seite 187 Abs. 4

»Die Schwerfälligkeit und die Unklarheit dieser Sprache zeigt vielleicht auf, welche Verlegenheit die Mitglieder des Gerichtshofes empfanden, als sie den Fall Dönitz behandelten, und es ist nicht einfach, dem übrigen Teil des Urteils die genauen Tatsachen zu entnehmen, auf Grund derer er verurteilt wurde.«

Abs. 5

»Flagrante Rechtsverdrehung aus Heuchelei.«

Abs. 6

»Auch die Verurteilung des Admirals Dönitz scheint mir nicht gerechtfertigt.«

Abs. 7

»Ich teile völlig die Auffassung, die im Anhang zu Ihrem Brief ausgedrückt ist, und ich glaube, daß die Verurteilung des Großadmirals Dönitz – wie Admiral Gallery in dieser Note sagt – einfach eine Heuchelei ist.«

Seite 188 Abs. 1

»Als sich im September 1870 die Nationalzeitung über die milde Behandlung beklagte, die dem gefangenen französischen Kaiser zuteil wurde, war Bismarck keineswegs dieser Meinung. »Das Volksempfinden und die öffentliche Meinung urteilen immer so«, sagte er. »Die Leute bestehen darauf, daß der Eroberer in Auseinandersetzungen zwischen Staaten über den Geschlagenen zu Gericht sitzen soll, mit dem Sittenkodex in der Hand, und ihm Strafe auferlegen soll, für das, was er getan hat – nicht nur dem Sieger selbst, sondern auch Dritten. Dies ist eine völlig unvernünftige Forderung. Bestrafung und Rache haben mit Politik nichts zu tun. Die Politik darf nicht mit dem Ruf nach der Nemesis verquickt werden oder danach streben, das Richteramt auszuführen.« Zum Schaden für die ganze Welt konnten die westlichen Alliierten keinen Staatsmann vom Schlag Bismarcks hervorbringen.«

Seite 191 Abs. 2

»Der Löwe ist frei – reuelos und haßsprühend machte er Leibesübungen, um leistungsfähig zu bleiben, las, um seinen Geist wach zu halten.

Großadmiral Dönitz zeigt weiterhin keine Reue und bleibt Spandaus gefährlichste Persönlichkeit.«

Abs. 3
»Er ist ein vollendeter Herr, ein wenig zurückhaltend. Man tadelt an ihm gewöhnlich seinen politischen Fanatismus und seine große Reserviertheit gegenüber dem alliierten Gefängnispersonal. Es scheint immer mehr, daß der Ex-Großadmiral Dönitz erneut politischen Ehrgeiz nährt.«

»Ich hatte immer Sympathie für Dönitz, aber er war trotzdem der fanatischste von allen. Nicht auf morbide Weise wie Hess, aber mit dem Verstand, in einem Reflex der Abwehr. Seit Beginn seiner Haft hatte er sich selbst Unbeugsamkeit auferlegt. Sie werden mich nicht bekommen, mußte er denken, ich werde mich nicht beugen.«

Seite 200 Abs. 2
»Die U-Boot-Attacke war unser schlimmstes Übel. Die Deutschen hätten gut daran getan, alles darauf zu setzen.«

Seite 206 Abs. 3
»Wir besaßen keine amerikanischen Bedingungen für den Frieden. Statt eine Politik mit militärischen Mitteln durchzusetzen, hatten wir die Mittel als Selbstzweck benutzt. Wir übersahen, daß die bedingungslose Kapitulation und die Vernichtung deutscher Macht zu einem riesigen Vakuum in Mitteleuropa führen müßten, in das Macht und Gedankengut der Kommunisten fließen würden, wenn die Amerikaner dem nicht durch Begriffe von Gerechtigkeit und Demokratie eindeutig Einhalt geboten. Diese Begriffe jedoch bedurften der Unterstützung durch unsere großen militärischen und geistigen Kräfte.«

»... die ungeheure bedrohliche Macht der Kommunisten von der Elbe bis zum Jalu stellt die Vereinigten Staaten vor eine Gefahr, die viel größer und akuter ist, als irgendeine andere, der wir uns seit der Geburt unserer Republik gegenüber gesehen haben. Die Ironie bei der ganzen Sache liegt darin, daß das sowjetische Imperium zum großen Teil unsere eigene Schöpfung ist.«

»... zweimal in unsrer Generation hat Amerika mit seiner unvergleichlichen Macht eingegriffen, um den befreundeten Staaten Europas den Sieg zu sichern.

Beide Male halfen wir den Krieg zu gewinnen, um dann feststellen zu müssen, daß unser Sieg unfruchtbar war oder Übel hervorgerufen hatte, schlimmer als jene, gegen die wir ausgezogen waren.«

Seite 207 Abs. 1
»Es war bereits eine Stunde vor zwölf, als Winston Churchill das Kräftegleichgewicht nach dem Krieg zur Kenntnis nahm. In den letzten Stadien des Krieges fing er an, hervorzuheben, wie politisch erstrebenswert es wäre, daß unsere eigenen Truppen Berlin vor den Russen erreichten. Zu diesem Zeitpunkt gaben jedoch die amerikanischen Stabschefs den Ton an. Ihre Führer, Roosevelt und Truman, hatten ihnen befohlen, die bewaffnete Macht Deutschlands zu zerschlagen und sich an die Vereinbarungen mit Stalin zu halten, ungeachtet der Tatsache, daß dieser in Polen bereits dagegen verstoßen hatte. Die Stunde hatte geschlagen und war verhallt. Es war schon zu spät.«

Bernard & Graefe Verlag

Dönitz, Karl
10 Jahre und 20 Tage

7. ergänzte Auflage 1980, mit einem
Nachwort von Prof. Dr. Jürgen
Rohwer über den gegenwärtigen
Stand der historischen Forschung
zur Schlacht im Atlantik.

1980, 36 Seiten,
ISBN 3-7637-5186-6,
geb.

Großadmiral a.D. Karl Dönitz (geboren 1891 in Berlin) wurde im
unpolitischen Geist der Kaiserlichen Marine und der Reichs-
marine erzogen. Als erfolgreicher U-Boot-Kommandant zeichnete er sich im Ersten Weltkrieg aus.
„Zehn Jahre", das ist die Zeit vom Beginn der Wiederaufrüstung
bis zum Zusammenbruch 1945, in der Dönitz die U-Boot-Waffe
befehligte und zuletzt als Oberbefehlshaber der Kriegsmarine
(seit Januar 1943) den Seekrieg leitete. Was Dönitz darüber in
seinem Buch berichtet, ist dokumentarisch reich belegt und
von großer Dramatik. Die Darstellung der Erlebnisse und seine
Urteile, vor allem die Analysen der militärischen Situationen und
der sich daraus ergebenden Entschlüsse, sind von bleibendem
Wert für die Geschichtsschreibung.
„Zwanzig Tage" ist die kurze schicksalsschwere Spanne zwischen seiner Ernennung zum Regierungschef als Nachfolger
Hitlers und der bedingungslosen Kapitulation.

Bernard & Graefe Verlag, Hubertusstraße 5, 8000 München 19